T0268354

DESBLOQUEA TU
CEREBRO

Dr. Jeffrey M. Schwartz
y Beverly Beyette

DESBLOQUEA TU
CEREBRO

Libérate del comportamiento
obsesivo-compulsivo

HarperCollins

Editado por HarperCollins Ibérica, S. A.
Avenida de Burgos, 8B - Planta 18
28036 Madrid

Desbloquea tu cerebro. Libérate del comportamiento obsesivo-compulsivo
Título original: Brain Lock. Free Yourself from Obsessive-Compulsive Behavior
© 1996, 2016 by Jeffrey M. Schwartz
© 2023, del prólogo a la edición española, Rafael Santandreu Lorite
© 2023, para esta edición HarperCollins Ibérica, S. A.
© 2023, de la traducción, Jesús de la Torre

Diseño de cubierta: CalderónSTUDIO®
Ilustración de cubierta: Shutterstock
Maquetación: MT Color & Diseño, S. L.

ISBN: 978-84-9139-841-7
Depósito legal: M-24372-2022

Este libro está dedicado a la memoria de mi abuelo,
HARRY WEINSTEIN,

de mi padre,
ISRAEL VICTOR SCHWARTZ,

y de mi padrastro,
GARY FLUMENBAUM.

Tres hombres que sabían muy bien, cada uno a su manera,
que nada tiene sentido sin el pecado original.

ÍNDICE

PRÓLOGO

Hace un tiempo cayó en mis manos este magnífico libro. Lo leí ávidamente, y, desde entonces, ha sido un manual de referencia en mi trabajo con pacientes TOC. Me ayudó a entender mejor este problema y, sobre todo, cómo ayudar a las personas que lo soportan.

Durante todos estos años, en mis formaciones a profesionales, he sugerido siempre esta lectura a todos los psicólogos a mi alcance. Y, por fin, disponemos de él en nuestra lengua. A partir de ahora, lo recomendaré también a mis pacientes.

El doctor Schwartz es uno de mis héroes, un psiquiatra que ha dedicado su vida a profundizar en un tema con la intención de ayudar a mejorar a una comunidad de personas. ¡Así se hace! Así hacemos avanzar nuestra ciencia: dedicando un esfuerzo honesto, riguroso, paso a paso, hallazgo a hallazgo, con perseverante humildad. Todo lo que leeremos en este manual está contrastado científicamente. Todo ha pasado el escrutinio de la práctica independiente y de estudios publicados en prestigiosas revistas.

Lee este libro con toda atención. Distinguir el TOC de cualquier otro trastorno es básico. Estar convencido de que lo que tenemos delante es un bucle de pensamientos irracionales es esencial para poder encargarse de él de la manera correcta. Los pacientes TOC a menudo dudan de su propio diagnóstico porque su preocupación parece muy real, pero tienen que tener claro de qué se trata su problema.

Y un mensaje para todas las personas con TOC: la curación —o superación, como quieras llamarlo— es algo que hacemos por nosotros y por los demás. Será un proceso duro, pero es la salida. Y tras este maravilloso trabajo personal, luego podremos acompañar a otros.

Y no solo eso. Lo que estás a punto de aprender también tiene que ver con la gestión de las emociones en general. Y los pensamientos. Este aprendizaje te enseñará una serie de lecciones que convendrían a todo ser humano. De hecho, buena parte de las herramientas que encontrarás aquí coinciden con lo que se hace en la meditación budista, la milenaria forma de crecimiento personal.

Ten fe. Este camino lleva a la salida. Es importante que tengas esa confianza. Yo llevo toda una vida asistiendo a personas a salir del TOC. En mi canal de YouTube encontrarás cientos de testimonios que he ido recopilando en los últimos tiempos. Algunos han hecho terapia conmigo, pero otros han trabajado por su cuenta. Inspírate en sus brillantes historias.

Un libro preciso, completo y clarificador: de lo mejor sobre el TOC jamás publicado. Una lectura obligada.

Así que, amigo/a: ponte manos a la obra. Cientos de miles de personas lo han hecho antes que tú. Te esperan al final del camino.

RAFAEL SANTANDREU

Psicólogo, autor de *Sin miedo*
y director del Centro de Terapia Breve

www.rafaelsantandreu.es

AGRADECIMIENTOS

Este libro y todo lo aprendido en los veinte años posteriores sobre la forma de poner en práctica los Cuatro Pasos ha sido posible gracias a los pacientes de TOC con los que he tenido el privilegio de interactuar durante, entre otras, mi labor desarrollada en la Universidad de California en Los Ángeles (UCLA). También me gustaría mostrar un especial agradecimiento al doctor Peter Whybrow por su apoyo para mi designación en la UCLA, y a Beverly Beyette, que ha realizado un esfuerzo tremendo para que este libro resulte tan bueno y útil para tantas personas.

PRÓLOGO

Una noche de 1947, Howard Hughes estaba cenando con la actriz Jane Greer en Ciro's, en el Sunset Strip de Los Ángeles. En un momento durante la cena, él se excusó para ir al baño. Para sorpresa de Greer, no volvió hasta hora y media después. Cuando por fin volvió a aparecer, ella se quedó asombrada al ver que estaba empapado de la cabeza a los pies.

«¿Qué demonios te ha pasado?», le preguntó ella. «Bueno, es que se me han manchado la camisa y los pantalones con un poco de salsa de tomate y he tenido que ir a lavarlos al baño». Después, los colgó un rato sobre uno de los cubículos del baño para que se secaran. Cuando se volvió a poner la ropa, le explicó: «No podía salir del baño porque no podía tocar el pomo de la puerta. He tenido que esperar a que entrara otra persona».

Según Peter H. Brown, coautor con Pat Broeske del libro *Howard Hughes,* Jane Greer nunca más volvió a salir con él.

Howard Hughes era un excéntrico, desde luego, pero no era ningún bicho raro. Sufría de un trastorno obsesivo-compulsivo (TOC), un caso de los más graves y típicos. Al final de su vida, en 1976, se vio sobrepasado por esta enfermedad. Pasó sus últimos días aislado en su *suite* del ático del Princess Hotel de Acapulco, donde se encerró en una atmósfera parecida a la de un hospital, aterrado por los gérmenes. Unas cortinas opacas colocadas en todas las ventanas impedían que entrara la luz del sol. Pensaba que el sol podría transmitir esos gérmenes a los que tanto temía. Asistentes con las manos cubiertas con pañuelos le llevaban la comida, que tenía que estar cortada y medida con precisión.

Existieron muchos rumores de que se recluyó de esta forma debido a su abuso de las drogas, una enfermedad sifilítica o una demencia terminal. Lo cierto es que todos estos extraños comportamientos son fácilmente identificables como síntomas de un caso grave de TOC.

Por desgracia, en la época de Howard Hughes no existía ningún tratamiento para el TOC. Pasaría otra década antes de que esta enfermedad fuera identificada como un trastorno relacionado con el cerebro.

Con frecuencia, cito el caso de Howard Hughes para ayudar a que mis pacientes entiendan que esta enfermedad, el TOC, es un monstruo insaciable. Cuanto más sucumbas a ella, más voraz se vuelve. Ni siquiera Hughes, con todo su dinero y su séquito de sirvientes para realizar los extraños rituales que su TOC le exigía hacer, pudo conseguir librarse de ella. Al final, los falsos mensajes que procedían de su cerebro terminaron superándole.

Si eres una de las muchas personas que sufren un TOC, ya sea un caso suave o más grave como el de Howard Hughes, este libro te enseñará a enfrentarte a él y a vencerlo. El TOC es un enemigo tenaz, pero cualquier persona de voluntad fuerte y que esté motivada puede superarlo.

A lo largo de este camino vas a aprender también muchísimas cosas sobre tu cerebro y sobre cómo puedes controlarlo mejor. Vas a leer las historias de personas valientes que, con la aplicación del método de los Cuatro Pasos, aprendieron a vencer las temidas sensaciones de «bloqueo mental» provocadas por el TOC. Este método, que, según ha quedado científicamente demostrado, permite a las personas cambiar su propia función cerebral, se explica de tal modo que podrás ponerlo en práctica fácilmente y sin ayuda.

En la película de 2004 *El aviador*, Leonardo DiCaprio interpretaba a Howard Hughes. El doctor Jeffrey M. Schwartz actuó como asesor de la película enseñando al actor patrones de pensamiento y particularidades del TOC. DiCaprio dijo que también había leído *Desbloquea tu cerebro* para así «poder entender del todo la idea de la palanca de cambios atascada» del cerebro de Hughes.

Prefacio a la edición del vigésimo aniversario

La idea principal de *Desbloquea tu cerebro,* que las personas con TOC pueden vencer a su enfermedad a través de una terapia conductual autodirigida que provoca un cambio real en sus cerebros, ha resistido la prueba del tiempo. Ahora que han pasado veinte años desde la publicación de este libro, se considera como un hallazgo clásico en la historia de la neurociencia.

En términos científicos, esto se conoce como neuroplasticidad, un proceso que provoca cambios en la estructura, los circuitos, la química o las funciones del cerebro como respuesta a determinados cambios de su entorno. Y la neuroplasticidad autodirigida, mediante la utilización del programa de Cuatro Pasos que se describe en este libro, ha permitido que miles de personas con TOC cambien sus cerebros.

Existen escáneres cerebrales que han mostrado con claridad que los cerebros de los pacientes con TOC literalmente se encienden con un exceso de actividad que hace que envíen falsos mensajes tremendamente molestos e intrusivos. En las dos últimas décadas, posteriores estudios cerebrales han constatado la conclusión de que si se miran estas inquietantes sensaciones en un contexto adecuado, considerándolas como lo que son, síntomas de una enfermedad, esto permite a las personas que la sufren responder de una forma distinta a sus síntomas y, en consecuencia, regular las estructuras del cerebro emocional, que representa un papel clave en el procesamiento de sus sensaciones como reacción a los estímulos que son causantes del TOC.

Esta importante edición de *Desbloquea tu cerebro* no es una revisión. Sinceramente, creo que no hay necesidad alguna de revisar el método de los Cuatro Pasos. El enfoque del tratamiento cognitivo-perceptivo que se presentó por primera vez en este libro se considera ahora como un tratamiento ambulatorio habitual para el TOC.

Ahora, veinte años después, continúo investigando y trabajando para ayudar a pacientes con TOC. También me he centrado en un mayor desarrollo del método de los Cuatro Pasos para ayudar no solo a personas con problemas neuropsiquiátricos como el TOC, sino también a otras que no tienen un problema diagnosticado de forma específica, para que puedan actuar en un nivel superior y más efectivo.

Se ha demostrado que este método es muy valioso, por ejemplo, a la hora de mejorar la capacidad de las personas para desarrollar sus habilidades de liderazgo mediante el uso del concepto del Abogado Sabio, que describiremos con más detalle en estas páginas. En resumen, hemos aprendido que los Cuatro Pasos pueden servir para que cualquier persona entre más en contacto con su Verdadero Yo.

Desde la publicación de *Desbloquea tu cerebro,* he impartido conferencias en importantes ciudades de todo el mundo, he hablado ante las Naciones Unidas y he aparecido en programas de televisión de gran audiencia, incluidos *Good Morning America* y *The Oprah Winfrey Show.*

Este nuevo prefacio sirve para pulir y aclarar más los Cuatro Pasos de la terapia autodirigida: Reetiquetado, Reatribución, Reenfoque y Revalorización. Cuando los pacientes de TOC Reetiquetan, lo que hacen es llamar a sus perturbadores pensamientos e impulsos lo que realmente son: obsesiones y compulsiones. Cuando realizan la Reatribución, están reconociendo que esos pensamientos tan molestos no van a desaparecer debido a que son síntomas de una enfermedad, el TOC. Cuando Reenfocan, evitan esos pensamientos intrusivos mediante un comportamiento constructivo y placentero. Cuando Revalorizan, aprenden a no hacer caso de esos pensamientos y a verlos como distracciones sin importancia.

Muchos pacientes que se han servido de este método han contado historias valientes aunque, a menudo, dolorosas sobre cómo eran sus vidas antes de los Cuatro Pasos. Por suerte, muchas de esas historias han tenido un resultado estimulante. Al compartirlas, han proporcionado ideas que pueden servir de inspiración a todos los que sufren de TOC.

Anna, que contó su historia en *Desbloquea tu cerebro,* padeció en una época deseos suicidas. Durante años, había estado obsesionada con que su marido le era infiel. Le bombardeaba de forma incesante con preguntas como cuándo había visto por última vez a una antigua novia y si leía revistas eróticas.

Ahora que lleva veinticinco años de matrimonio y es madre de dos hijas adultas, Anna no se considera curada, pues eso no sería verosímil, pero sí que ha conseguido adquirir los conocimientos necesarios para gestionar su enfermedad. Es importante dejar también claro que cuenta con una pareja que la apoya. «Si tengo un impulso, podría hacer una pregunta y mi esposo respondería diciendo: "Sabes que esa pregunta la provoca el TOC". Necesitas que otra persona colabore y normalmente él no lo hace porque sabe que no es sano».

Consciente de que «hacer frente al TOC durante toda la vida requiere mantenimiento» y que para ella los Cuatro Pasos han sido herramientas fundamentales, sigue estando en contacto conmigo.

Reed es un actor cuyo TOC le provocó un pánico escénico tan paralizante que pasó quince años alejado de los escenarios. El suyo no era un pánico escénico común, sino un miedo causante de pánico que se alimentaba con la idea de que «todo lo que hacía tenía que ser perfecto». En las pruebas de *casting,* estaba seguro de que «los demás podían ver que era un impostor y que no era en absoluto perfecto».

La práctica del método de los Cuatro Pasos no solo ha reducido su pánico escénico y le ha permitido revalorizar su forma de enfrentarse a las pruebas: «Antes acudía para conseguir el papel. Necesitaba la aprobación y la validación» para enfrentarse a su baja autoestima. «Ahora voy para aportar al personaje lo que tengo dentro, consciente de que puede ser o no lo que le funcione al papel. No tengo que aparentar. No tengo que ser perfecto».

Es capaz de separar su identidad de la enfermedad y de verse a sí mismo como «una persona corriente que se enfrenta a un fallo mecánico. Ya no me siento más defectuoso que un coche que no estuviese funcionando con todos los cilindros». Sin estos conocimientos, dice que tratar de separar la enfermedad de la realidad era «como buscar un oso polar en medio de una tormenta de nieve».

Reed ha conseguido también usar los Cuatro Pasos con éxito para dejar de fumar. Igual que las personas con TOC se sirven de compulsiones para evitar el dolor que les provocan las obsesiones, él fumaba para evitar el dolor de no fumar. Así que Reetiquetó su ansia: «No soy yo. Es un hábito de nicotina, una adicción química». La Reatribuyó: «¿Por qué me molesta? Porque es un hábito desde hace tiempo que antiguamente relacionaba con el placer». Se Reenfocó en ser más saludable. Revalorizó: «Voy a estar bien sin el tabaco».

Jake y Carrie, matrimonio, son ambos pacientes de TOC. Carrie, que sufría miedos infundados de haber cometido actos violentos, fue la primera en buscar ayuda. Jake pasó años sin querer reconocerlo, aunque Carrie sí que podía ver los síntomas de TOC de su marido. Su obsesión: que Carrie ya no le amaba porque no respondía de forma efusiva a cada abrazo o beso. Cuando leyó su ejemplar de *Desbloquea tu cerebro,* se reconoció en el libro. «Siempre había pensado que estas personas, con sus obsesiones y sus compulsiones, eran unos chiflados y que yo era normal».

La negación de Jake no es poco común. El TOC es astuto: quiere que pienses que esas obsesiones y compulsiones son reales y no un problema químico de tu cerebro.

Cuando el TOC alcanzó su punto álgido, Jake ponía a prueba a Carrie entre cuarenta y cincuenta veces al día. Como ocupada madre trabajadora, había veces en que ella no le hacía caso, pues tenía que lavar los platos o preparar a los niños para el colegio. Carrie le aseguraba que tras más de treinta años de matrimonio no tenía por qué dudar de su amor. Para Jake, eso no era suficiente. Se pasaba varios días «rumiando que ya no podía esperar nada, que nuestro amor se había acabado. Lo que de verdad me dejó destrozado fue cuando me dijo que no podía seguir viviendo así conmigo. Quería divorciarse».

Hoy, su matrimonio ha vuelto a recuperarse. Si Carrie dice que está ocupada, él lo acepta. «Puedo sentir cómo empiezan a tomar forma esos pensamientos y los Reetiqueto diciendo que es el TOC, que no pasa nada, y sigo adelante. Es como si esa persona me estuviese mintiendo».

Como ingeniero a jornada completa y profesor a tiempo parcial, Jake se mantiene muy ocupado y entiende que el estar así le ayuda a Reenfocarse. «Cuando interactúo con otras personas, esos pensamientos quedan de algún modo bloqueados y me siento aliviado».

Esto es muy positivo. El simple hecho de invocar un pensamiento bueno es una mala táctica para reenfocar. Por ejemplo, alguien que sienta miedo a morir podría reenfocarse con la idea tranquilizadora de que tiene buena salud. ¿Por qué resulta esta una mala solución? Porque es muy fácil que ese pensamiento se convierta en una evasión, una forma de dejar de lado sin más el pensamiento de la muerte que está provocando los síntomas del TOC. Es un intento de neutralizar un pensamiento obsesivo, lo cual es una compulsión. Tu Abogado Sabio te dirá que ese pensamiento no es más que un pensamiento obsesivo. A continuación, aceptas el pensamiento y te concentras en un buen comportamiento.

En los últimos años hemos puesto cada vez más énfasis en escuchar al Espectador Imparcial, término que acuñamos en *Desbloquea tu cerebro*. Ese Espectador Imparcial no es más que la persona que hay en tu interior. A través de la terapia autodirigida, los pacientes aprenden a colocarse fuera de sí mismos y, por así decir, leer sus propias mentes. Tal y como dice Anna, esto es como «distanciarse de tu propio cerebro. Yo lo hago siempre».

Esto es percepción consciente. Como el término de «conciencia plena» ha sido incorporado a la cultura popular y su definición ha quedado ahora menos clara, lo usamos menos o tendemos a definirlo como conciencia plena progresiva. El simple hecho de estar en el momento presente, concentrado, no es verdadera conciencia plena ni tampoco es conciencia plena el estar libre de prejuicios. Aunque estos son aspectos importantes de la conciencia plena, a la hora de practicarla es necesario hacer valoraciones y tener criterio.

La conciencia plena es una actividad, no simplemente un estado de la mente o una forma de ser. Uno no observa solo sus pensamientos, sino que examina sus opciones y acciones, deja entrar pensamientos en una mente abierta, los valora y, después, decide qué hacer con ellos.

Para Reed, encontrar al Espectador Imparcial fue clave para alejarse de su enfermedad y recuperar su identidad «completamente limpia». «Nada de lo que te haya pasado habrá cambiado lo que eres ni quién eres. El TOC no te define. Es solo la persona que pensabas que eras».

Con la práctica de la terapia de Cuatro Pasos, dice, «aprendemos no solo cómo nos engaña el TOC, sino cómo nos engañamos a nosotros mismos», aferrándonos a falsas percepciones de nosotros mismos. «Vine por el TOC y me quedé por la conciencia plena».

Pensando de sí mismo que era un «fracaso absoluto», dejó durante quince años su carrera de actor. Con la terapia de los Cuatro Pasos recuperó la confianza en sí mismo para volver a la actuación. No ha quedado del todo libre de síntomas de TOC, como el almacenamiento compulsivo, pero, según dice: «Ya no es MI TOC. Es solo TOC. Eso forma parte de sacarlo de tu psique y enfrentarte a él como un fallo mecánico».

Hemos empezado también a usar la expresión Abogado Sabio, que apareció en mi libro de 2012, *You Are Not Your Brain,* y que escribí con la doctora Rebecca Gladding. El Abogado Sabio es otra forma de ver al Espectador Imparcial, pero puedes hablar con él, literalmente, establecer con él un diálogo interno. El Abogado Sabio es tu cariñoso guía interior que se preocupa de verdad por ti y que está de tu parte.

Tu Abogado Sabio tiene una visión global, sabe que el problema es tu cerebro, no tú ni tu mente. Sabe qué piensas y qué sientes y no deja de recordarte que esos mensajes engañosos de tu cerebro no forman parte de ti, sino del TOC. El Abogado Sabio te guía y te apoya en la toma de decisiones sensatas basándose en lo que más te conviene a largo plazo.

Es el quid de los Cuatro Pasos. Te permite afrontar situaciones difíciles y verlas como productos de la mente que pasarán. Cambiar los circuitos del cerebro hace que resulte posible sentir los pensamientos, deseos y sentimientos malos como partes del TOC y entender qué es lo que provoca tu dolor.

Con tu Abogado Sabio y tu Espectador Imparcial trabajando juntos, enseñas a tu cuerpo y a tu cerebro a esforzarse por ti, no contra ti. Reetiquetas los pensamientos (Paso 1) y los Reatribuyes (Paso 2). Ese Reetiquetado responde a la pregunta: «¿Qué es lo que me está molestando?». Solo son síntomas del TOC, esos mensajes engañosos del cerebro. La Reatribución te dice por qué esos pensamientos no van a desaparecer. Te recuerda que la ansiedad que sientes dentro se debe a un problema médico provocado por tu cerebro.

Con la ayuda de tu Abogado Sabio eres capaz de Reenfocarte (Paso 3) en un comportamiento sano en lugar de ceder a los impulsos. Con el tiempo, cuanta menos atención prestes a las sensaciones y actos desagradables, más se debilitan los circuitos cerebrales asociados con ellos. De ese modo, cambias de forma real la forma de funcionar de tu cerebro. Eso es la verdadera neuroplasticidad autodirigida.

Al principio, el Reetiquetado exige un esfuerzo consciente, el de decirte que esto no es más que una obsesión o una compulsión. Sin embargo, cuanto más reetiquetes, más automático se vuelve el proceso. La práctica habitual de los tres primeros pasos —Reetiquetado, Reatribución y Reenfoque— conduce al Paso 4, el de la Revalorización, reconociendo que tus pensamientos y compulsiones TOC no tienen importancia. En ese momento habrás fortalecido tu Espectador Imparcial y habrás creado una mayor conexión con tu Abogado Sabio.

Hace poco añadimos una subcategoría al paso del Reenfoque: Reenfoque con una Estrella o conciencia plena progresiva. Esto implica enfrentarse a aquello que es la causa misma de los síntomas. Si lo que te preocupa es la suciedad, quizá podrías reenfocarte en la jardinería. Seguramente, si esto es lo que haces, te pondrás más nervioso; pero, al Reenfocar, lo que estás haciendo es enfrentarte a la situación cara a cara y, después, centrarte en una actividad constructiva que desvía la atención hacia otra cosa y vuelve a conectar tu cerebro.

La conciencia plena progresiva es más humana y menos pasiva que la clásica terapia de exposición y prevención de respuesta, en la que se obliga al paciente a enfrentarse a esas situaciones que hacen que el TOC aparezca, pero se le dice que no realice la consecuente compulsión. Por el contrario, la conciencia plena progresiva permite que quienes sufren TOC entiendan qué es lo que de verdad les está ocurriendo y sepan que no tienen por qué reaccionar a sus síntomas. Están utilizando el paso del Reenfoque con la conciencia plena progresiva.

Reed se refiere a esto como «ir justo tras la bestia misma». Carrie lo llama «no dar munición al enemigo».

Continuamos aprendiendo de nuestros pacientes viendo cómo adaptan los Cuatro Pasos a sus vidas y se convierten prácticamente en terapeutas profanos. Un tema que no se abordó en un principio en *Desbloquea tu cerebro* es el de utilizar los Cuatro Pasos en el lugar de trabajo. En este caso, el objetivo es hacer todo lo posible para no quedarse atrapado en el TOC. En lugar de darnos por vencidos y no hacer nada, podríamos pensar: «Vale, ahora mismo no puedo hacer esta hoja de cálculo, pero sí puedo prepararme para esa reunión que tengo esta semana». Las actividades laborales se convierten en parte del paso de Reenfoque.

Matt, un verificador compulsivo, trabajaba antes en una empresa que se encargaba de la distribución de material médico. Se encargaba de gestionar la documentación de los clientes y, aunque intelectualmente sabía que lo hacía todo bien, la idea de que había cometido un error le volvía loco. «No paraba de darle vueltas a la cabeza si tal persona iba a recibir su oxígeno», dice.

Matt, que ahora tiene cuarenta y cinco años, era un adolescente británico cuando empezó su obsesión por la verificación. Y no es casualidad que apareciera con el estrés de los exámenes de ingreso en la universidad. Ni siquiera después de que esta enfermedad fuese la causa de que dejara los estudios, apenas le habló a casi nadie de su problema, con la esperanza de que desapareciera. «Hace veinticinco años, en Gran Bretaña, no se hablaba de salud mental». Acudió a un terapeuta, pero no le diagnosticó que tenía un TOC.

Tras mudarse a los Estados Unidos, acudió a otro terapeuta que le recomendó que leyera *Desbloquea tu cerebro*. Conocer los Cuatro Pasos, según él, fue «como un soplo de aire fresco». Todavía sigue teniendo pensamientos obsesivos y revisando y volviendo a comprobar que ha cerrado las puertas y que ha apagado las luces, pero describe su TOC como algo que tiene «bastante controlado».

Si interfieren pensamientos intrusivos en su trabajo actual en el campo de los seguros médicos, vuelve a reenfocarse en la tarea que tiene delante. Ahora, dice, «cuando tengo estos pensamientos, los Reetiqueto y me vuelvo a concentrar en mi trabajo. El trabajo es la terapia. Con el tiempo, se convierte en algo automático».

Algunos pacientes de TOC luchan también contra el alcoholismo. Existen similitudes entre los Cuatro Pasos y el programa de doce pasos de Alcohólicos Anónimos. Las personas que sufren ambas enfermedades se sienten impotentes ante el impulso. Un alcohólico puede pensar: «No quiero tomarme esa primera copa porque sé que no puedo parar».

Lo mismo les ocurre a las personas con TOC. Saben que están enganchados si ceden a esa obsesión y compulsión. Y, tal y como comentó con tono irónico un paciente de TOC, «nadie puede contar anécdotas buenas de verdad sobre el fin de semana con el TOC». Con la terapia, animamos a las personas con TOC a verse realmente separados de su enfermedad.

Roger, un director de cine y alcohólico con TOC en recuperación, ha experimentado los ciclos adictivos que provocan ambas enfermedades. Dice: «Con el TOC, tendría que realizar las compulsiones para evitar volverme loco. Sientes que vas a salirte de tu cuerpo, una sensación parecida a la que describen las personas que acuden a Alcohólicos Anónimos». Tanto hacer las compulsiones como tomar una copa son válvulas de escape y ambas son conductas destructivas. Al igual que con la bebida, «con el TOC, cuantas más compulsiones realices, peor se vuelve». Roger lo sabe y «no encuentro ningún placer en las compulsiones, mientras que sí lo encontraba en la bebida», dice.

Sus obsesiones y compulsiones comenzaron en la infancia. Recuerda que intentaba recorrer toda la extensión de la manguera del jardín en el césped, seguro de que algo terrible le pasaría si no lo hacía. Tumbado en la cama, contaba sin cesar los dibujos del papel de la pared.

De adulto, desarrolló una serie de obsesiones con hacer daño a otras personas. Una era que había atropellado a alguien con el coche. «Al principio, llamaba a las comisarías de policía para preguntar si había ocurrido algún accidente en la zona». Como eso provocaba un estigma social, empezó a volver a recorrer sus rutas. Cuando esto comenzó a ocupar ocho horas al día, dejó de conducir durante varios años.

Su toma de conciencia de que debía combatir su TOC llegó cuando vio sus encefalogramas. «Lo único que hice fue iluminar mi cerebro. Ahora sabía exactamente qué era lo que pasaba». Tenía una enfermedad.

Todavía vuelve a recorrer el camino que hace en el coche, pero algunos días solamente durante cinco minutos. Ha aprendido a Reenfocar, quizá aparcando a un lado de la carretera y esperando a que su cerebro «se enfríe». Y ha aprendido a Revalorizar el presentimiento de que algo va mal como un síntoma de TOC atractivo y, sin embargo, falso.

Roger se dio cuenta de que su obsesión a la hora de conducir significaba que no confiaba en sus propios instintos. Si llevaba pasajeros, se sentía obligado a pedirles que le tranquilizaran. Ver un coche de policía detrás de él resultaba tranquilizador porque sabía que, si hubiese atropellado de verdad a alguien, la policía le habría hecho detener el coche. «Efectivamente, la policía me estaba supervisando. Me di cuenta de que era mi Espectador Imparcial».

Desde entonces, ha recorrido más de doscientos cincuenta mil kilómetros aplicando de forma consciente los Cuatro Pasos y ha instalado sus propios Espectadores Imparciales electrónicos, unas cámaras de vídeo trasera y frontal. «Esto me permite Reenfocar, pues soy consciente de que puedo ver la grabación más tarde. No es una solución perfecta, pero es como llevar rueditas auxiliares, una muleta sin medicamentos». El objetivo de Roger es afianzar su propio Espectador Imparcial y eliminar las cámaras.

Reenfocar no es evitar. Existe una diferencia enorme e importante. Cuando evitamos a personas, lugares o situaciones que provocan síntomas de TOC, ese TOC se vuelve mucho peor. El mismo acto de evitarlos es en sí una compulsión. No hay nada que se pueda hacer para que desaparezcan las sensaciones del TOC, pero si nos reenfocamos, las adaptamos. Estamos realizando un comportamiento de adaptación sano mientras nos recordamos que «esto no es más que el TOC». Estamos valiéndonos de nuestro Espectador Imparcial o Abogado Sabio que nos guíe hacia un comportamiento que resulte bueno para nosotros. La clave está en aceptar que el pensamiento malo es solo un obstáculo para la superación.

A la hora de tratar trastornos cerebrales, entre los que se incluye el TOC, los profesionales tienden a pensar: «No es más que química.

Vamos a tratarlo con químicos». Sin duda, la medicación, normalmente los inhibidores de absorción de serotonina, pueden allanar el terreno hacia la terapia conductual autodirigida y pueden disminuir la intensidad y la frecuencia de las compulsiones, pero este método podría considerarse quizá como demasiado pasivo. Si añadimos un componente activo, como es la toma de conciencia de que «no es más que el TOC», podremos ir disminuyendo la dosis de forma gradual. Es considerar la medicación como si se tratase de unos manguitos para nadar. Con el tiempo, la mayoría de los pacientes podrán ir reduciendo las dosis de forma significativa. Y los que aplican los Cuatro Pasos aprecian el papel activo que tiene en su tratamiento.

La gente suele asociar el TOC con sus síntomas más conocidos, como el almacenamiento o el lavado de manos compulsivos, pero nosotros atendemos a pacientes con muchas otras manifestaciones de la enfermedad. Uno de ellos no podía comprar fruta en el supermercado porque se imaginaba que estaba envenenada y que encontrarían sus huellas en ella. También desarrolló el temor a que un trozo de papel que hubiesen dejado junto al cable telefónico podría prenderse fuego y que morirían docenas de personas en el incendio.

Muchos pacientes de TOC nos cuentan que durante años han tratado de ocultar sus síntomas. Aunque la vergüenza de poner en práctica sus compulsiones sigue siendo muy real, ya no se trata de una vergüenza por sufrir la enfermedad. Hace veinte años, el TOC era una afección incomprendida que incluso se diagnosticaba como esquizofrenia. Un diagnóstico de TOC, así como saber que está provocado por un desequilibrio químico del cerebro, provoca un enorme alivio para quien lo sufre.

Tanto la comunidad médica como la población en general son ahora mucho más conscientes de la existencia del TOC. Hollywood ha tenido un importante papel en esto. Pensemos, por ejemplo, en Leonardo DiCaprio cuando interpretó a Howard Hughes en *El aviador,* a la hora de colocar la comida en su plato o de crear una zona esterilizada en su casa.

Muchos síntomas de TOC resultan ahora tan familiares que la gente que no sufre la enfermedad puede decir: «Ah, yo tengo eso también». Pero tal y como me comentó uno de mis pacientes: «Si crees que tienes un TOC, probablemente no lo tengas». El dolor y sufrimiento intensos que provoca el TOC no es algo de lo que un paciente real de TOC hablaría de una forma frívola o despreocupada. De hecho, es este sufrimiento lo que ha llevado a algunos pacientes a la conclusión de haber encontrado un posible crecimiento espiritual en el hecho de tener un TOC, una vez que han identificado su enfermedad y han aprendido estrategias para afrontarla.

Según Matt: «En realidad, el TOC me ha convertido en una persona mejor y más madura. Todo lo que sufres hace que valores las cosas buenas».

Anna dice: «Las lecciones que he aprendido al enfrentarme al TOC me han convertido en una persona mucho más fuerte. Entiendo mis propios procesos de pensamiento de forma más profunda que otras personas. Eso hace que sea muy compasiva». Y añade: «Si pudiese elegir, preferiría no tenerlo. Pero se adquiere mucha fuerza mental al tener que hacer estos ejercicios y evaluar tus pensamientos de una forma consciente e imparcial. Todas estas destrezas resultan muy útiles en la vida, en general».

Muchos pacientes me preguntan: «¿Este TOC va a volverme loco?». La respuesta es no, siempre y cuando te sirvas de tu Abogado Sabio para recordarte a ti mismo que no tiene sentido, que son solo mensajes engañosos del cerebro. Eso no significa que vaya a desaparecer del todo. Pero sí puedes aprender a enfrentarte a él.

Tu Abogado Sabio estará presente. «Toda mi identidad no está ligada a esto. Es solo que mi cerebro está jugando conmigo de una forma cruel», te recordará.

Dr. Jeffrey M. Schwartz
(y Beverly Beyette)
Los Ángeles, California
Septiembre de 2016

Introducción

Obsesiones, compulsiones y el método de autotratamiento de los Cuatro Pasos

Todos tenemos nuestras pequeñas rarezas —hábitos y comportamientos— y sabemos que estaríamos mejor sin ellas. Todos deseamos tener más autocontrol. Pero cuando los pensamientos se descontrolan y se vuelven tan intensos e intrusivos que toman el mando de nuestra voluntad, cuando los hábitos se convierten en absorbentes rituales que realizamos para librarnos de abrumadoras sensaciones de temor y pavor, es que está sucediendo algo más grave.

ESTO ES EL TRASTORNO OBSESIVO-COMPULSIVO (TOC)

Las víctimas de TOC adquieren comportamientos extraños y autodestructivos para evitar alguna catástrofe imaginada. Pero no existe ninguna conexión realista entre esos comportamientos y las catástrofes que tanto temen. Por ejemplo, pueden ducharse cuarenta veces al día para «asegurarse» de que no va a haber ninguna muerte en la familia. O pueden hacer grandes esfuerzos para evitar ciertos números y, así, «impedir» que ocurra un accidente aéreo mortal. Al contrario que los que realizan compras o apuestas compulsivas, las personas con TOC no reciben ningún tipo de placer al realizar sus rituales. Les resultan tremendamente dolorosos.

Casi con toda seguridad, el TOC está relacionado con un desequilibrio químico en el cerebro que ahora sabemos que se puede tratar de forma eficaz sin ningún medicamento. Sabemos también que el método de autotratamiento de los Cuatro Pasos que vamos a ver en este libro permite que las personas con TOC cambien su química cerebral. Además, este método se puede aplicar de manera eficaz para tomar el control sobre una amplia variedad de hábitos y comportamientos compulsivos menos graves pero problemáticos y fastidiosos. —Si crees que puedes tener un TOC, el formulario del test de detección de la obsesión compulsión de la Universidad de Hamburgo de la página 303 puede servirte de ayuda para averiguarlo. Si no, las técnicas que verás en este libro quizá te ayuden a superar otros hábitos y comportamientos preocupantes y molestos—.

Definido de una forma sencilla, el TOC es un trastorno permanente que se puede identificar gracias a dos grupos de síntomas generales: las obsesiones y las compulsiones. En un principio, se pensó que se trataba de una enfermedad rara y curiosa, pero, en realidad, afecta a una de cada cuarenta personas de la población y a más de cinco millones de estadounidenses. El TOC, un trastorno que, generalmente, aparece en la adolescencia o al principio de la edad adulta, es más común que el asma o la diabetes. Se trata de una enfermedad abrumadora que con frecuencia provoca el caos en las vidas de sus víctimas y en las de sus seres queridos. La preocupación por comportamientos repetitivos, tales como la higiene, la limpieza, contar o verificar, es causa de problemas en el trabajo y conduce a conflictos maritales y dificultades para la interacción social. Algunos familiares pueden mostrarse impacientes, enfadados o exigentes. «¿Por qué no lo dejas ya?». O quizá pueden fomentar o inducir a la realización de estúpidos rituales con tal de tener un rato de paz —una muy mala idea—.

¿QUÉ SON LAS OBSESIONES?

Las obsesiones son pensamientos e imágenes mentales intrusivos, desagradables y angustiosos. La palabra «obsesión» procede de la palabra en latín que significa 'asediar'. Y un pensamiento obsesivo no es más que eso: un pensamiento que nos asedia y nos molesta en exceso. Rezamos por que desaparezca, pero no lo hace, al menos, no durante mucho tiempo y de una forma que podamos controlar. Estos pensamientos siempre provocan angustia y ansiedad. Al contrario que otros pensamientos desagradables, no desaparecen, sino que continúan colándose en nuestra mente una y otra vez, en contra de nuestra voluntad. En realidad, se trata de pensamientos que nos resultan repugnantes.

Digamos que hemos visto a una mujer guapa y que no podemos sacárnosla de la cabeza. Eso no es una obsesión. Es una rumia, algo que no es inapropiado, que es bastante normal e incluso agradable. Si el departamento de *marketing* de Calvin Klein hubiese entendido bien la palabra «obsesión», su perfume se habría llamado «Rumia».

RECIBIR EL MENSAJE (INCORRECTO)

Como estas obsesiones no desaparecen, resulta tremendamente complicado no hacerles caso. Complicado, pero no imposible. Ahora sabemos que el TOC está relacionado con un problema bioquímico del cerebro. A este problema lo llamamos «bloqueo mental» porque hay cuatro estructuras claves del cerebro que quedan bloqueadas a la vez y el cerebro empieza a enviar mensajes falsos que nos cuesta reconocer con facilidad como tales. Uno de los principales centros de procesamiento de señales del cerebro, compuesto por dos estructuras conocidas como núcleo caudado y putamen, se puede considerar como la caja de cambios de un coche. El núcleo caudado funciona como una transmisión automática para la parte frontal o pensante del cerebro. Al actuar con el putamen, que es la transmisión automática de la parte del cerebro que controla los movimientos del cuerpo, el núcleo caudado permite la coordinación increíblemente eficaz del pensamiento y el movimiento durante las actividades cotidianas. Sin embargo, en una persona con TOC, el núcleo caudado no realiza bien el cambio de marcha y los mensajes de la parte frontal del cerebro se quedan bloqueados ahí. Dicho de otro modo, la transmisión automática del cerebro tiene un fallo técnico. Al cerebro se le queda «atascada la palanca de cambios» y no puede pasar al siguiente pensamiento.

Cuando el cerebro se queda atascado, puede decirnos: «Debes lavarte las manos otra vez». Y le obedecemos, aunque no exista una razón real para hacerlo. O quizá el cerebro nos diga: «Será mejor que compruebes la cerradura de nuevo». Y lo hacemos una y otra vez, incapaces de deshacernos de la insistente sensación de que quizá la puerta no esté bien cerrada. O puede aparecer un deseo intenso de contarlo todo o de volver a leer algo sin razón aparente.

Con la aplicación de técnicas de terapia conductual, podemos cambiar el modo de responder a estos pensamientos e impulsos y **cambiar físicamente el modo en que funciona nuestro cerebro.** El uso de estas técnicas consigue que la transmisión automática del cerebro funcione de una forma más suave, de tal modo que, con el tiempo, esos impulsos invasivos van reduciéndose. Dottie, una paciente de la UCLA a la que le dijeron que su problema estaba causado por un desequilibrio bioquímico de su cerebro, sonrió de inmediato y acuñó el lema: **«No soy yo, es mi TOC».** Para la mayoría de las personas con TOC, el simple hecho de llegar a esta conclusión supone un enorme alivio.

Los de la higiene, contar y otros rituales propios del TOC consumen muchas horas al día y hacen desagradable la vida de las personas con TOC. Es posible incluso que estas personas teman estar volviéndose locas. Saben que su comportamiento no es normal. De hecho, ese comportamiento puede resultarles impropio de su personalidad o de la imagen que tienen de sí mismos. Pero hasta que aprenden el método de autotratamiento de los Cuatro Pasos, son incapaces de dejar de responder a las falsas alarmas de sus cerebros.

¿QUÉ SON LAS COMPULSIONES?

Las compulsiones son las conductas que las personas con TOC realizan en un intento vano de exorcizar los temores y angustias provocados por sus obsesiones. Aunque, por lo general, una persona con TOC reconoce que el impulso de lavarse, hacer verificaciones, tocar cosas o repetir números resulta absurdo y un sinsentido, la sensación es tan fuerte que la mente no entrenada se ve abrumada y la persona con TOC termina cediendo y realizando la conducta compulsiva. Por desgracia, el hecho de poner en práctica ese comportamiento absurdo tiende a desencadenar un círculo vicioso: puede provocar un alivio momentáneo, pero, a medida que se realizan más conductas compulsivas, los pensamientos y sentimientos obsesivos se vuelven más fuertes, más exigentes y persistentes. La persona afectada termina adquiriendo tanto una obsesión como un ritual compulsivo que con frecuencia resulta embarazoso. No es de sorprender que muchas personas con TOC terminen considerándose condenadas e incluso pueden aflorar en ellas pensamientos suicidas antes de buscar ayuda profesional. Además, tantos años de psicoterapia tradicional puede que solo hayan servido para confundirlas aún más.

Lista de síntomas habituales del TOC

OBSESIONES

Obsesiones con la suciedad y la contaminación

Miedos infundados a contraer una terrible enfermedad.

Excesiva preocupación por la suciedad: gérmenes —incluido el miedo a contagiar gérmenes a otras personas— y contaminantes medioambientales, tales como los productos de limpieza del hogar.

Sensaciones de repulsión por desechos y secreciones corporales.

Obsesiones con el propio cuerpo.

Preocupaciones anómalas por sustancias o residuos pegajosos.

Necesidad obsesiva de orden y simetría

Una abrumadora necesidad de alinear los objetos con exactitud.

Preocupación anómala por la pulcritud en el aspecto y el entorno personal.

Obsesiones con la acumulación y el ahorro

Guardar desechos inútiles tales como periódicos viejos u objetos rescatados de cubos de basura.

Incapacidad de deshacerse de nada porque «quizá alguna vez se pueda necesitar», un miedo a perder algo y a deshacerse de algo por error.

Obsesiones de contenido sexual

Pensamientos sexuales que pueden considerarse como inapropiados o inaceptables.

Rituales repetitivos
Repetir actos rutinarios sin ningún motivo lógico.
Repetir preguntas una y otra vez.
Volver a leer o a escribir palabras o expresiones.

Dudas sin sentido
Temores infundados de que no se ha realizado una tarea rutinaria como pagar la hipoteca o firmar un cheque.

Obsesiones religiosas (escrupulosidad)
Molestos pensamientos blasfemos o sacrílegos.
Excesiva preocupación por la moralidad, la corrección y la incorrección.

Obsesiones de contenido agresivo
Miedo a haber provocado alguna tragedia terrible, como un incendio mortal.
Repetitivas imágenes intrusivas de violencia.
Miedo a poner en práctica un pensamiento violento, como dar una puñalada o un disparo a alguien.
Miedo irracional a haber hecho daño a alguien como, por ejemplo, el miedo a haber atropellado a alguien con el coche.

Miedos supersticiosos
La creencia de que ciertos números y colores dan «suerte» o «mala suerte».

COMPULSIONES

Compulsiones de limpieza o higiene
Ritual de excesivo lavado de manos, duchas, baños o limpieza de dientes.
La firme sensación de que ciertos artículos del hogar, como los

platos, están contaminados y que por mucho que se laven nunca estarán «limpios de verdad».

Compulsiones con tener las cosas «como deben estar»

La necesidad de simetría y orden absoluto en el entorno personal como, por ejemplo, la necesidad de tener alineados los envases de la despensa en orden alfabético, colgar la ropa cada día exactamente en el mismo sitio del armario o ponerse determinadas prendas solamente en días determinados.

La necesidad de seguir haciendo algo hasta que quede «como es debido».

Compulsiones de acumulación y recopilación

Inspeccionar con minuciosidad la basura por si se ha tirado algún objeto «de valor».

Acumulación de objetos inútiles.

Compulsiones de verificación

Verificar de forma repetitiva si se ha cerrado una puerta o si se ha apagado algún interruptor.

Hacer verificaciones para asegurarse de que nadie ha salido herido, por ejemplo, dando vueltas con el coche a la manzana para ver si hemos atropellado a alguien.

Hacer varias verificaciones para ver si se ha cometido algún error, por ejemplo, al hacer el balance de un talonario de cheques.

Hacer verificaciones relacionadas con obsesiones corporales, tales como mirarse de forma repetitiva en busca de algún síntoma de una enfermedad terrible.

Otras compulsiones

Lentitud patológica a la hora de realizar incluso las actividades más rutinarias.

Rituales relacionados con parpadear o mantener la mirada fija.

Preguntar una y otra vez hasta estar seguros.

Comportamientos basados en creencias supersticiosas tales como
rituales a la hora de acostarse con el fin de «alejar» el mal o la
necesidad de evitar pisar las grietas en la acera.

La sensación de temor si no se realiza algún acto determinado.

La apabullante necesidad de decir, de preguntar o de confesar
algo a alguien.

La necesidad de tocar, acariciar o frotar ciertos objetos de forma
repetida.

Compulsiones de contar cosas: contar los cristales de las ventanas
o las vallas publicitarias de una carretera, por ejemplo.

Rituales mentales, como recitar oraciones en silencio con el fin de
que desaparezca un mal pensamiento.

Excesiva elaboración de listas.

LOS CUATRO PASOS

En los últimos años ha habido importantes avances en el tratamiento de esta enfermedad. Más de dos décadas de investigaciones realizadas por terapeutas conductuales han demostrado
la eficacia de una técnica llamada «exposición y prevención de la
respuesta». El uso de esta técnica implica la exposición sistemática a estímulos que provocan síntomas del TOC, tales como
hacer que una persona con TOC toque el asiento de un váter u
otros objetos que tema que puedan estar contaminados y hacer
que esa persona tenga obsesiones y compulsiones. En ese momento, el terapeuta impone largos periodos de tiempo durante
los cuales la persona se compromete a no reaccionar con comportamientos compulsivos. Esos periodos, a su vez, provocan
una gran cantidad de ansiedad que puede durar una hora como
mínimo y hacer que necesite mucha ayuda de un terapeuta experto. A medida que avanza la terapia, la intensidad de la ansiedad disminuye y esa persona consigue controlar mucho mejor
los síntomas del TOC.

En la Facultad de Medicina de la Universidad de California en Los Ángeles (UCLA), en la que hemos estado estudiando el TOC durante más de una década, hemos desarrollado una terapia cognitiva-conductual autodirigida como complemento y mejora de este proceso. Lo hemos llamado método de autotratamiento de los Cuatro Pasos. Se trata de una técnica que no necesita de una cara terapia profesional ni del uso de medicamentos. Enseñando a las personas a reconocer el vínculo entre los síntomas del TOC y el desequilibrio bioquímico del cerebro, pudimos desarrollar este método que trata a las personas con TOC de una forma muy efectiva solamente a través de la terapia conductual. En este libro enseño cómo cada uno se puede convertir de manera eficaz en su propio terapeuta conductual mediante la puesta en práctica de los Cuatro Pasos. Este método puede utilizarse con o sin ayuda de un terapeuta profesional. Mediante este método se aprende a combatir esos impulsos y redirigir la mente hacia otras conductas más constructivas.

Por primera vez en la historia de cualquier trastorno psiquiátrico o técnica psicoterapéutica, **contamos con pruebas científicas de que solo con terapia cognitivo-conductual se pueden provocar cambios químicos reales en el cerebro de las personas con TOC.** Hemos demostrado que, mediante el cambio de la conducta, una persona puede liberarse del bloqueo mental, cambiar su química cerebral y aliviar los terribles síntomas del TOC. El resultado final: mayor autocontrol y mejor dominio de uno mismo, lo cual tiene como consecuencia una más alta autoestima. Se dice que el conocimiento es poder. Existe una enorme diferencia en el impacto que tiene un pensamiento o impulso obsesivo sobre una mente entrenada en comparación con el que tiene sobre una mente no entrenada. Mediante los conocimientos que se adquieren al aprender los Cuatro Pasos, no solo se consigue tener un arma poderosa para la batalla contra los pensamientos e impulsos no deseados, sino que se adquiere fortaleza en un sentido mucho más amplio. De este modo, se da un gran paso hacia el refuerzo de la capacidad de lograr los objetivos y mejorar la calidad de nuestra vida cotidiana. Desarrollamos una mente más fuerte y estable, más perspicaz, más calmada y poderosa.

Si las personas con TOC consiguen esto, es muy probable que aquellos que sufren una amplia variedad de otros problemas de distintos grados de gravedad también lo puedan conseguir. Entre otros trastornos se incluyen los siguientes:

- comer o beber de forma incontrolada;
- morderse las uñas;
- arrancarse el pelo;
- hacer compras y apuestas de forma compulsiva;
- drogodependencia;
- comportamiento sexual impulsivo;
- rumias excesivas con respecto a las relaciones, la imagen personal y la autoestima.

Los Cuatro Pasos pueden servir para ayudarnos a controlar casi cualquier pensamiento o conducta intrusiva que decidamos que queremos cambiar.

El método de autotratamiento de los Cuatro Pasos supone un modo de organizar las respuestas mentales y conductuales a los procesos de pensamiento interno. En lugar de actuar sin más de una forma impulsiva o reflexiva, como una marioneta, cuando aparecen pensamientos o impulsos indeseados, podemos entrenarnos para responder de un modo orientado a determinados objetivos y evitar que nos distraigan pensamientos o impulsos autodestructivos.

A estos pasos los conocemos como las cuatro R:

> Paso 1. REETIQUETADO
> Paso 2. REATRIBUCIÓN
> Paso 3. REENFOQUE
> Paso 4. REVALORIZACIÓN

En el Paso 1 de Reetiquetado, al pensamiento o impulso intrusivo que realiza una conducta compulsiva molesta lo llamamos lo que es: un pensamiento obsesivo o un impulso compulsivo. En este paso, aprendemos a reconocer con claridad la realidad de la situación y a no dejarnos engañar por los desagradables sentimientos que provocan los síntomas del TOC. Desarrollamos la capacidad de ver con claridad la diferencia entre lo que es el TOC y la realidad. En lugar de decir: «Siento que necesito lavarme otra vez las manos, aunque sé que no tiene ningún sentido», empiezas a decir: «Estoy teniendo un impulso compulsivo. Esa compulsión me molesta. Ese pensamiento obsesivo me acosa».

La pregunta que surge es: «¿Por qué no deja de molestarme siempre esto?».

En el Paso 2, la Reatribución, respondemos a esta pregunta. Decimos: «No deja de molestarme porque tengo una enfermedad llamada TOC. Estoy teniendo los síntomas de un trastorno médico. Mis obsesiones y compulsiones están relacionadas con un desequilibrio bioquímico de mi cerebro». Una vez que somos conscientes de esto, empezamos a preguntarnos: «¿Qué puedo hacer al respecto?».

En el Paso 3, el Reenfoque, dirigimos nuestra atención a conductas más constructivas. Al negarnos a tomar esas obsesiones y compulsiones al pie de la letra, teniendo en cuenta que no son lo que dicen ser, sino mensajes falsos, podemos aprender a no hacerles caso o a esquivarlas reenfocando nuestra atención hacia otra conducta y hacer algo que resulte útil y positivo. A esto lo llamo «cambio de marcha». Al poner en práctica una conducta alternativa sana podemos reparar la caja de cambios de nuestro cerebro. Una vez que aprendamos a reenfocar de una forma coherente llegaremos rápidamente al siguiente paso.

En el Paso 4, el de Revalorización, revalorizamos esos pensamientos e impulsos cuando surgen. Aprendemos a restar valor a los pensamientos obsesivos y los impulsos compulsivos nada más aparecer y llegamos a ver los síntomas intrusivos del TOC como la basura inútil que es en realidad.

Los Cuatro Pasos actúan juntos. En primer lugar, **REETIQUETAMOS:** aprendemos a identificar lo que es real y lo que no y evitamos que los pensamientos e impulsos destructivos e intrusivos nos engañen. En segundo lugar, **REATRIBUIMOS:** somos conscientes de que esos pensamientos e impulsos no son más que ruido mental, señales falsas que nuestro cerebro nos envía. En tercer lugar, **REENFOCAMOS:** aprendemos a responder a esas señales falsas de una forma nueva y mucho más constructiva, evitando las señales falsas a la vez que redirigimos nuestra atención hacia una conducta más constructiva lo mejor que podamos en ese momento. Es en este punto donde se realiza la tarea más complicada y donde ocurre el cambio de la química cerebral. Al hacer el esfuerzo que requiere el Reenfoque estaremos cambiando de forma efectiva el modo en que funciona nuestro cerebro de un modo increíblemente sano e íntegro. Por último, la verdadera belleza del método de los Cuatro Pasos se aprecia en el paso de la **REVALORIZACIÓN,** cuando todo el proceso se vuelve fácil y eficaz y el deseo de actuar basándonos en pensamientos e impulsos no deseados ha quedado superado en un grado significativo. Habremos así aprendido a ver que esos molestos pensamientos e impulsos tienen poco valor o ninguno en absoluto y que, por tanto, nuestras obsesiones y compulsiones tendrán sobre nosotros un impacto mucho menor. Todo termina ocurriendo muy rápidamente y el resultado es una respuesta casi automática: «Esto no es más que una obsesión sin sentido. Es un mensaje falso. Voy a centrar mi atención en otra cosa». En este momento, la transmisión automática de nuestro cerebro empieza a funcionar de nuevo como debe.

En cuanto aprendemos a aplicar los Cuatro Pasos de forma habitual ocurren dos cosas muy positivas: la primera es que adquirimos un mejor control sobre nuestras respuestas conductuales ante nuestros pensamientos y sentimientos, lo cual hace que, a cambio, nuestra vida cotidiana sea mucho más feliz y sana. Y la segunda es que, con la alteración de nuestras respuestas conductuales, cambiamos la química defectuosa de nuestro cerebro que estaba provocando el intenso malestar de nuestros síntomas del TOC. Como ha quedado científicamente demostrado que la química cerebral en este grave trastorno psiquiátrico puede cambiarse a través de la práctica de los Cuatro Pasos, es probable que también podamos cambiar nuestra química cerebral alterando las respuestas ante muchos otros comportamientos o malos hábitos mediante la aplicación de los Cuatro Pasos. El resultado puede ser una menor intensidad e intrusión de esos hábitos y comportamientos indeseados haciendo que resulte más fácil acabar con ellos.

¿QUÉ ES TOC Y QUÉ NO LO ES?

Debido a la similitud de sus nombres, muchas personas tienden a confundir el término «trastorno obsesivo-compulsivo» con el mucho menos incapacitante «trastorno obsesivo-compulsivo de la personalidad» (TOCP). ¿Qué es lo que los diferencia? Dicho de una forma sencilla, cuando las obsesiones y compulsiones son tan malas que provocan una significativa discapacidad funcional, se trata de TOC. En el TOCP, estas «obsesiones» y «compulsiones» son más parecidas a rarezas o idiosincrasias de la personalidad, por muy desagradables que resulten. Por ejemplo, un hombre con TOCP puede guardar un objeto porque piensa que algún día puede necesitarlo. Pero un hombre con el TOC de almacenamiento compulsivo puede invadir cada centímetro cuadrado de su casa con objetos inútiles que sabe que jamás va a necesitar. A las personas con TOCP les suele costar «ver el bosque por culpa de los árboles». Por lo general, son personas que suelen hacer muchas listas y que suelen estar tan preocupadas por los detalles que nunca encuentran el modo de ver la situación global. Su búsqueda de la perfección les impide que puedan terminar las cosas. El TOCP es un caso clásico de que lo «mejor» es el «enemigo de lo bueno». Las personas con TOCP tienden a echar a perder cosas que son suficientemente buenas en su búsqueda de conseguir que todo sea «perfecto hasta el más mínimo detalle». A menudo, se muestran absolutamente inflexibles e incapaces de transigir. Según su punto de vista, si hay que hacer algo bien, se debe hacer a su modo. No están dispuestos a delegar. Resulta interesante que este tipo de personalidad es el doble de común en los hombres, mientras que el TOC no hace discriminación entre sexos.

La otra diferencia fundamental entre el TOC y el TOCP es que aunque las personas con TOCP se muestran inflexibles y tercas y dejan que sus ideas se desaten, «no tienen ningún deseo real de cambiar su forma de actuar». O no son conscientes de que su conducta molesta a los demás o simplemente no les importa. La persona con TOC se lava las manos una y otra vez, aunque eso le provoque un enorme dolor y no le aporte ningún placer. La persona con TOCP disfruta lavándose y limpiando y piensa: «Si todos limpiaran tanto como yo, todo sería mejor. El problema es que mi familia es una panda de cerdos». La persona con TOCP puede estar deseando volver a casa por la noche para poner en orden sus lápices encima de su escritorio como si fuesen soldaditos. La persona con TOC teme volver a casa, consciente de que cederá ante ese falso mensaje que le dice que pase la aspiradora veinte veces. Al contrario de las personas con TOCP, las que sufren TOC son conscientes de lo inapropiado de su conducta, se sienten avergonzadas y abochornadas por ella y están verdaderamente desesperadas por cambiar su comportamiento. Según palabras de dos personas con TOC, «mi cerebro se había convertido en un infierno indescriptible del que no podía escapar» y «menos mal que las ventanas del hospital estaban atrancadas, porque estaba dispuesto a tomar la salida más corta».

Este libro trata principalmente sobre personas con TOC. La mayoría de las historias son sobre sus esfuerzos por superar su enfermedad. Pero millones de personas con problemas menos incapacitantes pueden encontrar inspiración en estas historias y aprender un método de autotratamiento que puede ser aplicación a una amplia variedad de comportamientos molestos. Las que compartieron sus historias son personas que han superado una enfermedad médica. El método que aplicaron lo puede aprender y puede beneficiar a casi todo el mundo. Este libro está destinado a aquellos que quieran cambiar sus comportamientos y que estén buscando herramientas que los ayuden a hacerlo.

TOC: UN TRASTORNO «DIABÓLICO»

«Condenado si lo haces. Condenado si no lo haces». Exactamente así es como se sienten las personas que sufren un TOC antes de conocer los Cuatro Pasos para enfrentarse a sus abrumadores síntomas. Sienten impulsos de hacer cosas que las llevan a actuar de formas que no hacen más que reducir el control que tienen sobre sus vidas. Con esa pérdida de control viene una reducida capacidad para gestionar sus respuestas a tales impulsos destructivos, los cuales se vuelven más potentes e intensos a medida que va pasando el tiempo. Así pues, si realizan una conducta compulsiva, están condenadas en el sentido de que sus dolorosas sensaciones no dejan de empeorar cada vez más. Al mismo tiempo, sin un adecuado entrenamiento mental —los Cuatro Pasos—, carecen de las armas que necesitan para cambiar su desordenada química cerebral a través de la acción constructiva. Además, antes de conocer los Cuatro Pasos, surgen sentimientos muy incómodos provocados por la ansiedad cuando no actúan según los impulsos compulsivos. Así pues, se ven atrapadas en la parte de «condenado si no lo haces» de este dilema.

EL EXTREMO OPUESTO de GARY LARSON

«Vamos, vamos. Es uno o el otro».

El TOC es el diablo con su tridente pinchándolos por detrás. Este diablo sabe que tiene el mango por la sartén. Si las personas con TOC le escuchan y ponen en práctica estúpidos rituales que el demonio del TOC les ordena hacer, se verán realmente condenadas porque, a largo plazo, eso solo las conducirá a sentir impulsos aún más intensos para realizar cada vez más rituales. Sus vidas se convertirán en un verdadero infierno. Pero si no hacen caso a los desagradables impulsos del diablo del TOC, si se niegan a realizar las compulsiones en ese mismo momento, el diablo aprovechará la oportunidad para pincharlas con su tridente una y otra vez provocándoles un gran dolor.

Sin embargo, existe otra opción, una tercera puerta de la que el diablo nunca les hablará y que, de hecho, tratará de ocultarles. Si eligen atravesar esta puerta, podrán sacarle ventaja al diablo. Tras esta puerta se encuentra el programa de los Cuatro Pasos con la terapia conductual autodirigida que les dará la oportunidad de cambiar sus cerebros, superar estos impulsos diabólicos y librarse del comportamiento obsesivo-compulsivo.

TAL COMO ÉRAMOS: SEIS CASOS PRÁCTICOS

A continuación, vamos a ver las historias de algunas personas que atravesaron esa tercera puerta, personas que se sentían absolutamente abrumadas por el TOC cuando las conocimos, pero que han conseguido vencer al diablo. Los síntomas que describen no son excepcionales ni desconocidos, sino síntomas tremendamente comunes de esta enfermedad.

JACK

Jack, un auditor de seguros de cuarenta y tres años, se lavaba las manos, al menos, cincuenta veces al día, cien o más en los días malos. Tenía tanto jabón incrustado en la piel que se podía sacar espuma solo con mojarse las manos. Sabía que sus manos no estaban sucias, como también sabía que todo lo que tocaba no estaba contaminado por arte de magia. Si había alguna especie de contaminación masiva, reflexionaba: «La gente va a caer como moscas». Pero no podía vencer la sensación de que tenía las manos sucias, así que se las lavaba una y otra vez, con la preocupación constante de ¿me he lavado las manos de verdad?, ¿las he lavado bien? Las manos se le quedaron tan en carne viva y enrojecidas que se le abrieron grandes grietas entre los dedos. Apenas un poco de agua salpicada en su piel era como

---

echar sal en una herida abierta. Pero Jack seguía lavándose-
las. No podía evitarlo. Era su espantoso secreto que oculta-
ba con trucos que serían dignos de admiración de cualquier
agente secreto.

BARBARA

Barbara, una licenciada sobresaliente de treinta y tres años
de una prestigiosa universidad de la Ivy League, sabía que
su puesto en una agencia de trabajo temporal quedaba
muy por debajo de sus capacidades. Era inteligente y elo-
cuente, pero se veía invadida por pensamientos intrusivos
que le decían que verificara todo una y otra vez. ¿Había
desenchufado los aparatos? ¿Había cerrado la puerta? A
menudo, se marchaba temprano al trabajo consciente de
que tendría que darse la vuelta y volver a casa una o dos
veces para verificarlo. Un día malo de verdad, se metió la
cafetera y la plancha en la mochila y se las llevó al trabajo.
Se sentía muy avergonzada. «Si empiezas a hacer estas
cosas, vas a perder el poco respeto por ti misma que te
queda», se decía. Así que desarrolló nuevas estrategias para
enfrentarse a sus fastidiosos e ilógicos pensamientos: antes
de salir cada día para ir al trabajo, colocaba la cafetera
sobre la nevera, lejos de cualquier enchufe, y decía en voz
alta y con tono muy irónico: «¡Adiós, señor café!». Se le ocurrió un recurso mnemotécnico para ayudarse a recordar que
la había desenchufado. También se apretaba los dientes
del enchufe de la plancha en la palma de la mano y se dejaba profundas huellas para, así, poder seguir viéndolas
treinta minutos después y tener la tranquilidad de que la
había desenchufado.

BRIAN

Brian, un vendedor de cuarenta y seis años, se quedaba despierto en la cama todas las noches, atento por si oía alguna sirena. Si oía una sirena de bomberos y otra de la policía sabía que había ocurrido algún accidente de tráfico cerca. Cualquiera que fuera la hora, se levantaba, se vestía y daba vueltas con su coche hasta que encontraba el lugar del accidente. En cuanto la policía se marchaba, él sacaba de su coche un cubo de agua, un cepillo y bicarbonato sódico y empezaba a cepillar el asfalto. Tenía que hacerlo. Podría haberse derramado el ácido de la batería con la colisión y Brian, que tenía que conducir por esas calles cada día, tenía el macabro temor de verse contaminado por el ácido de la batería. En cuanto terminaba de frotar —podrían ser las tres de la mañana— volvía a casa, se duchaba, metía sus zapatillas de deporte en una bolsa de plástico y lanzaba la bolsa al cubo de la basura. Se compraba el calzado en ofertas, una docena o más en cada compra, consciente de que solo se lo pondría una noche.

DOTTIE

Dottie, de cincuenta y dos años, había estado luchando contra sus obsesiones desde que tenía cinco. Una de ellas era el miedo a cualquier número que incluyera un cinco o un seis. Si, mientras iba en el coche con alguna amiga, veía otro coche con un cinco o un seis en la matrícula, tenía que detenerse y esperar a que pasara otro coche con un número «de buena suerte». «Podíamos quedarnos varias horas allí sentadas», recuerda. Pero sabía sin más que, de lo contrario, algo terrible iba a pasarle a su madre. Cuando Dottie se convirtió en madre, sus obsesiones se dirigieron hacia su hijo y se volvieron aún más estrambóticas. «Se trataba de los ojos», dijo. «De repente, se me metió en la cabeza que si yo lo hacía todo bien, a mi hijo no le pasaría nada en los ojos y a mí tampoco». Ni Dottie ni su hijo tenían problemas oculares. Pero, aun así, no podía soportar estar cerca de alguien que sí los tuviera. «La simple palabra "oftalmólogo" me provocaba muy malos pensamientos. No podía poner el pie donde lo hubiese puesto cualquier persona que no pudiera ver bien, o tendría que tirar mis zapatos». Mientras Dottie y yo hablábamos, noté que se había escrito la palabra «visión» cuatro veces en la palma de una mano. Me explicó que mientras veía la televisión esa tarde había tenido un mal pensamiento relacionado con los ojos y que estaba tratando de exorcizarlo.

LARA

Lara describió sus obsesiones de la siguiente manera: «Me desgarran el alma. Un solo pensamiento y las obsesiones estallan como una bola de fuego, un monstruo que está fuera de control». Eran los cuchillos los que habían convertido su vida en un infierno. «Podía ser un cuchillo de mantequilla, pero, si lo cogía, me daban deseos de clavárselo a alguien, sobre todo, si era alguien que estuviese cerca de mí. Era horrible. ¡Dios, yo jamás haría daño a nadie! Lo que más me asustaba era cuando dirigía estas obsesiones hacia mi marido».

ROBERTA

Roberta pasaba con su coche por un bache o una pequeña sacudida y, de repente, entraba en pánico, imaginándose que había atropellado a alguien. En una ocasión, saliendo de un centro comercial, vio una bolsa de plástico en el aparcamiento.

«En un instante, algo que decía que se trataba de un cuerpo. Me detuve y me quedé mirándola, consciente de que solo era una bolsa de plástico. Pero empecé a sentir miedo y pánico. Di la vuelta con el coche para mirar de nuevo...». Cada vez que iba, miraba por el espejo retrovisor con un nudo en el estómago. ¿Era un periódico lo que había en un lateral de la carretera? ¿O se trataba de un cuerpo? Sintiendo terror de conducir, se convirtió en una prisionera en su propia casa.

EL CEREBRO TESTARUDO

Como investigador y psiquiatra de la Facultad de Medicina de la UCLA, he tratado a más de mil personas con TOC durante la última década, tanto en sesiones personales como en terapias de grupo semanales sobre TOC. La gran mayoría de ellas resultan mucho más funcionales y cómodas como consecuencia de la puesta en práctica del método de autotratamiento de los Cuatro Pasos. Algunas de ellas toman también modestas dosis de medicamentos y ven que eso mejora su capacidad de realizar las tareas que les exige la terapia.

Nuestro equipo de la UCLA llegó al estudio del TOC como una derivación del estudio de la depresión. Habíamos notado cambios cerebrales específicos en pacientes con depresión y, conscientes de que muchas personas con TOC sufrían también depresión, nos preguntamos si los pacientes con TOC también sufrían cambios cerebrales. Así pues, pusimos un anuncio en el periódico local en el que preguntamos: «¿Tienes pensamientos o rituales repetitivos que no puedes controlar?». Esperábamos recibir un puñado de respuestas de personas que estarían dispuestas a acudir al Instituto Neuropsiquiátrico de la UCLA para someterse a una tomografía por emisión de positrones (TEP) que mide la actividad metabólica del cerebro. Para sorpresa nuestra, la respuesta fue abrumadora. Resultó evidente que el TOC era más predominante de lo que creíamos. Y cuando hicimos los escáneres de TEP de los cerebros de esas personas, pudimos ver que sí existían cambios relacionados con su TOC.

Durante más de diez años he aprendido muchísimas cosas sobre estas personas, su valentía, su voluntad de sobrevivir y mejorar, su capacidad para cambiar y controlar sus respuestas ante falsos mensajes que proceden de sus cerebros como consecuencia del TOC.

Hasta hace relativamente poco, poca cosa podían hacer los médicos por las personas con TOC. Sigmund Freud y sus seguidores creían que esas obsesiones y compulsiones estaban motivadas por conflictos emocionales muy arraigados. Los pacientes nos hablaban a menudo de años de diagnósticos equivocados por parte de terapeutas cargados de buenas intenciones. Brian recordó que un psicoterapeuta le dijo que su miedo al ácido de la batería tenía implicaciones sexuales y sugirió que quizá habría sufrido abusos por parte de su padre. Fue entonces cuando Brian buscó ayuda en la UCLA.

PREOCUPARSE POR LAS PREOCUPACIONES

Desde el punto de vista de un médico, el mayor problema al que se enfrentan las personas con TOC es lo mucho que se preocupan por lo preocupadas que se sienten. Lo que de verdad les inquieta es la angustia que les despiertan ciertas cosas que saben que no merecen su preocupación. Cuando empezamos a ver el alcance de esta angustia mental, es cuando empezamos a comprender algunas de las verdades que subyacen en la relación entre una persona y su cerebro.

Un modo de entender esta relación es conocer la diferencia entre la forma del trastorno obsesivo-compulsivo y su contenido.

Cuando un médico pregunta al principio «¿qué es exactamente lo que te inquieta?», la mayoría de las personas con TOC suelen contestar: «No puedo dejar de preocuparme por que mis manos estén sucias». Pero un médico que ya ha tratado a varias personas con TOC sabe que este no es el verdadero problema. El problema de verdad está en que por mucho que ellos hagan como reacción a lo que les preocupa, el impulso de hacer verificaciones o de lavarse no va a desaparecer. A esto nos referimos cuando hablamos de la forma del TOC: pensamientos e impulsos que, en realidad, no tienen sentido y que no paran de introducirse en la mente de una persona con un bombardeo continuo. Junto con muchos otros científicos que estudian el cerebro, nuestro equipo de la UCLA cree que el TOC es una enfermedad cerebral, en esencia, un problema neurológico. El pensamiento no desaparece porque el cerebro no funciona bien. Así pues, el TOC es fundamentalmente un problema biológico vinculado con una defectuosa conexión química dentro del cerebro. La forma del TOC, la constante intrusión y el hecho de que estos pensamientos no dejan de repetirse, está causada por un desequilibrio bioquímico en el cerebro que puede ser genéticamente heredado.

El contenido, es decir, el motivo por el que una persona siente que algo está sucio mientras que otra no puede dejar de preocuparse por que una puerta no esté bien cerrada, puede muy bien atribuirse a factores emocionales de su pasado y a sus circunstancias familiares, tal y como tradicionalmente creía la psiquiatría freudiana. Cualquiera que sea el motivo, no existe una explicación biológica que describa por qué una persona se lava las manos y otra hace verificaciones, pero el TOC es, en realidad, una enfermedad neuropsiquiátrica. Su síntoma más distintivo, el de los pensamientos y preocupaciones intrusivos, es casi con toda seguridad provocado por un problema en el cerebro. Pero, por supuesto, sufrir un problema así conlleva una importante inquietud emocional e inseguridad personal. Y el estrés de estas respuestas emocionales puede intensificar la dificultad relacionada con el cerebro. En este libro aprenderemos a enfrentarnos a estos dos problemas.

TOMAR EL CONTROL

Así que tienes TOC. ¿Qué podéis hacer tú y tu médico para que desaparezcan esos desagradables impulsos y compulsiones? El mensaje fundamental a la hora de tratar el TOC es este: no cometas el error de esperar con actitud pasiva a que desaparezcan esas ideas e impulsos. Una comprensión psicológica del contenido emocional de los pensamientos e impulsos rara vez hará que desaparezcan. Sucumbir a la idea de que no se puede hacer otra cosa hasta que ese pensamiento o impulso pasen es el camino hacia el infierno. Tu vida terminará reduciéndose a una gran compulsión. Pensemos en la analogía de la insistente alarma de coche que tanto nos molesta cuando estamos tratando de leer una novela o una revista. Por muy molestos que nos sintamos, no vamos a quedarnos sentados diciéndonos: «Voy a hacer que esa alarma se apague y ni siquiera voy a tratar de leer esto hasta que eso pase». Más bien, haremos todo lo posible por no hacerle caso, por sortearla. Vamos a volver a dirigir nuestra mente al lugar donde deseamos que esté y continuar leyendo lo mejor que podamos. Estaremos tan absorbidos en lo que estamos haciendo que casi no oiremos la alarma. Así, al centrar nuestra atención en una nueva tarea, lo que antes resultaría de lo más molesto ahora puede ser sorteado e ignorado.

Como el TOC es una enfermedad, aunque fascinante, y está relacionada con los mecanismos internos del cerebro, solo un cambio en el cerebro mismo o, al menos, en la química del cerebro podrá traer aparejada una mejora duradera. Podemos conseguir estos cambios mediante terapia conductual solamente o, en algunos casos, con terapia conductual combinada con medicación. Sin embargo, la medicación no es más que un método «de manguitos» para tratar el TOC; ayudará a mantenernos a flote mientras aprendemos a nadar por las agitadas aguas del TOC. En la UCLA, usamos la medicación solamente para ayudar a las personas a ayudarse a sí mismas. Pero el principio subyacente es: «Cuanta más terapia conductual realices y más apliques el método de los Cuatro Pasos, menos medicación necesitarás». Esto se ve especialmente a largo plazo. —Veremos con más detalle la terapia conductual en el capítulo ocho y la medicación en el capítulo nueve—.

En el desarrollo de un nuevo método para tratar a las personas con TOC, nuestro equipo de investigación pensó que si conseguíamos que los pacientes comprendieran que un desequilibrio bioquímico dentro del cerebro estaba provocando sus impulsos intrusivos, podrían ver de forma diferente su necesidad de actuar según esos impulsos y fortalecer su determinación para enfrentarse a ellos. Podría surgir así un nuevo método de terapia conductual.

Para que los pacientes entendieran este desequilibrio químico, les mostramos imágenes de sus cerebros en funcionamiento. Durante un estudio de la actividad de la energía cerebral en personas con TOC, mi colega, el doctor Lew Baxter, y yo tomamos algunas imágenes de alta resolución por medio de la tomografía por emisión de positrones, o escáner TEP, en la que se inyectaba una cantidad muy pequeña de una sustancia química parecida a la glucosa en una persona y se rastreaba dentro de su cerebro. Las imágenes resultantes indicaban con claridad que en personas con TOC, el uso de energía es sistemáticamente más alto de lo normal en la corteza orbitofrontal, la parte inferior del frontal del cerebro. Así pues, la corteza orbitofrontal está, en esencia, realizando un trabajo adicional, literalmente calentándose. —La Imagen 1 de la siguiente página muestra un escáner TEP, de un paciente típico de TOC. Fijémonos en el alto uso de energía en la corteza orbitofrontal en comparación con la de una persona que no sufre TOC—.

Ya sabíamos que mediante la terapia conductual podríamos provocar cambios reales e importantes en el modo en que las personas se enfrentan a sus impulsos. Se nos ocurrió que tal vez podríamos servirnos de estas imágenes tan visualmente llamativas del cerebro para que sirvieran de inspiración para las personas con TOC. Como parecía que un problema cerebral estaba siendo

Imagen 1. TEP que muestra un aumento de energía en la corteza orbitofrontal, la parte inferior del frontal del cerebro, en una persona con TOC. Los dibujos muestran dónde se localiza la corteza orbitofrontal dentro de la cabeza. Las flechas señalan hacia la corteza orbitofrontal.

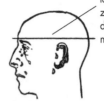

localización de la zona del cerebro de donde se ha tomado la fotografía

CORTEZA ORBITOFRONTAL   CORTEZA ORBITOFRONTAL

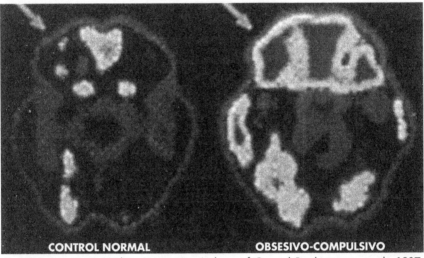

CONTROL NORMAL   OBSESIVO-COMPULSIVO

© 1987, Asociación Médica Americana. *Archives of General Psychiatry*, marzo de 1987, volumen 44, páginas 211-218.

corteza orbitofrontal

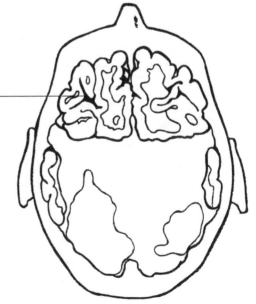

la causa de sus impulsos intrusivos, el hecho de fortalecer su voluntad de resistirse a esos impulsos podría provocar un cambio real en la química de sus cerebros, además de suponer una mejora en su trastorno clínico.

Benjamin, un administrativo de cuarenta y un años de un extenso distrito escolar y cuyas fotos de su cerebro se muestran más adelante, en la Imagen 3, sufría una necesidad compulsiva y ardua de mantener todo su entorno limpio y ordenado hasta un nivel fuera de lo normal. Recuerda con claridad cómo le tomaron fotografías de su cerebro y que, después, le mostraron la prueba de que estaba sobrecalentándose. «¡Eso sí que me impresionó de verdad!», dijo. «Resultó muy angustioso saber que tenía un trastorno cerebral, que no era perfecto. Al principio, me costó aceptarlo». Al mismo tiempo, el hecho de ver las imágenes resultó fundamental para que comprendiera que tenía un TOC. Según sus propias palabras: «Una prueba irrefutable de que tenía un trastorno cerebral». En nuestro programa de la UCLA, Benjamin dominó el autotratamiento cognitivo-bioconductual de los Cuatro Pasos y, en la actualidad, seis años después, sus síntomas están en gran parte bajo control y disfruta de un buen rendimiento tanto en lo profesional como en sus relaciones personales.

Comprender la diferencia entre la forma de los impulsos del TOC y su contenido es el primer paso hacia la comprensión de que el mal funcionamiento del cerebro es la principal causa de estos impulsos. Recordemos a Barbara y su obsesiva preocupación por el señor Café. Estaba sometida a una distracción al preocuparse por si había apagado la cafetera. Ese era el contenido de su obsesión. En la superficie, ese era su problema. Pero durante el tratamiento, enseguida quedó claro, tanto para ella como para nosotros, que su verdadero problema era que no podía deshacerse de la sensación de que el señor Café podía seguir enchufado. El hecho de que se viera invadida por esa preocupación cientos e incluso miles de veces al día nos dio una pista importante para resolver el misterio del TOC: ¡Barbara podía tener esa abrumadora preocupación aun cuando tuviese en la mano el cable desenchufado del señor Café!

Del mismo modo, Brian sabía que en una batería nueva no podía haber una fuga de ácido. Aun así, si alguien colocaba una batería en su mesa, sentía pavor: «El hombre que trabajaba conmigo me dijo que había visto a tipos en medio de un tiroteo en Vietnam que no mostraban tanto miedo en sus rostros como yo».

Y Dottie sabía que su hijo no iba a quedarse ciego si ella no realizaba una compulsión determinada. Pero si por casualidad veía un programa en televisión sobre una persona que fuera ciega, tenía que meterse corriendo en la ducha, con ropa y todo.

Lo que de verdad preocupaba a Barbara, a Brian y a Dottie era ver lo mucho que les preocupaba algo tan absurdo.

Probablemente jamás sepamos por qué Barbara se obsesionó tanto con el señor Café, Brian con el ácido de las baterías y Dottie con los ojos. Puede que las teorías de Freud aporten alguna clave, aunque el mismo Freud creía que este tipo de problemas tienen su origen en «factores constitucionales», que era como llamaba a los motivos biológicos. En la actualidad, la mayoría de los psiquiatras que siguen la tradición freudiana reconocen que la comprensión del contenido psicológico de estos síntomas, los profundos conflictos internos que llevan a una persona a preocuparse por provocar un incendio y a otra a temer que pueda ejercer violencia sobre otra, sirve de poco o nada para conseguir que esos síntomas desaparezcan. ¿Por qué? Pues porque la esencia del problema del TOC está en su forma, en el hecho de que la sensación de preocupación aparece repetidamente en la mente y no desaparece. El culpable es un desequilibrio neurológico en el cerebro.

En cuanto las personas entienden la naturaleza del TOC, cuentan con más armas para llevar a cabo la terapia conductual que las lleva a su mejoría. El simple hecho de ser conscientes de que «no soy yo, es mi TOC» sirve como un reductor del estrés que les permite concentrarse de forma más eficaz en su recuperación. De vez en cuando, les recordamos que no están empujando una roca hacia la cima de una colina para que vuelva a bajar de nuevo rodando una y otra vez. Lo que en realidad están haciendo es cambiar la colina. Están cambiando sus cerebros.

LO QUE HACES ES LO QUE CUENTA

El cerebro es una máquina tremendamente complicada cuya función es generar sensaciones y sentimientos que nos ayuden a comunicarnos con el mundo. Cuando funciona correctamente, es fácil asumir que «soy yo». Pero cuando el cerebro comienza a enviar mensajes falsos que no podemos reconocer de inmediato como tales, que es lo que ocurre con el TOC, puede surgir el caos.

Aquí es donde la **percepción consciente,** la capacidad de reconocer que estos mensajes son falsos, puede servir de ayuda. Aprendimos de los pacientes con TOC que cada uno tiene la capacidad de utilizar el poder de la observación para realizar correcciones conductuales ante los mensajes falsos y engañosos del cerebro. Es como escuchar una estación de radio que está plagada de interferencias. Si no escuchamos con atención, es posible que oigamos cosas engañosas o que no tienen sentido. Pero si hacemos el esfuerzo de escuchar con atención, oiremos cosas que el oyente distraído puede perderse por completo, sobre todo si se nos ha enseñado a escuchar. Con una buena formación en lo que hay que hacer ante mensajes confusos, podemos encontrar la realidad en medio del caos.

A mí me gusta decir que «no es lo que sientes, sino lo que haces, lo que cuenta». Porque cuando actuamos de manera correcta, los sentimientos suelen mejorar de forma natural. Pero si pasamos demasiado tiempo preocupados por sentimientos incómodos, es posible que nunca consigamos encontrar tiempo para hacer lo necesario para mejorar de verdad. Hay que centrar nuestra atención en los actos mentales y físicos que mejorarán nuestra vida. Esa es la filosofía elemental de este libro y el camino para superar el bloqueo mental.

Los Cuatro Pasos no son ninguna fórmula mágica. Llamar a un impulso por su nombre, Reetiquetándolo, no sirve para hacerlo desaparecer de inmediato. La ilusión excesiva por una recuperación inmediata es uno de los principales motivos de fracaso, especialmente al comienzo del tratamiento. Aquí el objetivo no es hacer que los pensamientos obsesivos desaparezcan sin más, pues no lo harán a corto plazo, sino más bien tomar el control de nuestras respuestas ante ellos. Las directrices de la terapia conductual que vamos a aprender al poner en práctica los Cuatro Pasos nos ayudarán a recordar este principio fundamental. Nos haremos con el control y cambiaremos nuestro cerebro principalmente mediante la utilización de nuestro nuevo conocimiento para organizar mentalmente nuestras respuestas conductuales y aprendiendo a decir: «No soy yo, es mi TOC».

La clave que hay que recordar es esta: **¡Cambia tu comportamiento, desbloquea tu cerebro!**

PUNTOS CLAVE QUE HAY QUE RECORDAR

- El TOC es una enfermedad que está relacionada con un desequilibrio bioquímico en el cerebro.

- Las obsesiones son pensamientos e impulsos intrusivos y no deseados que no desaparecen.

- Las compulsiones son los comportamientos repetitivos que las personas realizan en un vano intento por deshacerse de las tan incómodas sensaciones que provocan las obsesiones.

- El hecho de realizar compulsiones tiende a empeorar las obsesiones, especialmente a largo plazo.

- Los Cuatro Pasos nos enseñan un método de reorganizar el modo de pensar como respuesta a pensamientos e impulsos no deseados. Nos ayudan a cambiar nuestra conducta para convertirla en algo útil y constructivo.

- Cambiar nuestro comportamiento cambia nuestro cerebro. Cuando cambias tu comportamiento de un modo constructivo, las sensaciones incómodas que te envía el cerebro empiezan a desaparecer con el tiempo. Esto hace que tus respuestas resulten más fáciles de gestionar y controlar.

- No es lo que sientes, sino lo que haces, lo que cuenta.

PARTE I

Los Cuatro Pasos

MÁXIMAS QUE NOS GUIARÁN EN ESTE VIAJE
(en orden cronológico)

Mejor es el lento para la ira que el guerrero, y el que domina su espíritu es mejor que el que toma una ciudad.

Rey Salomón, Proverbios 16, 32

Eres tú quien debe hacer el esfuerzo extenuante. Solo los Sabios podrán mostrar el camino.

Buda Gautama, *Dhammapada* 276

No os engañéis; de Dios nadie se puede burlar. Pues todo lo que siembres también cosecharás.

Apóstol san Pablo, Gálatas 6, 7

Dios ayuda a quienes se ayudan a sí mismos.

Benjamin Franklin, *Almanaque del pobre Richard,* 1736

1
Paso 1. Reetiquetado

«No soy yo, es mi TOC»

Paso 1. REETIQUETADO
Paso 2. Reatribución
Paso 3. Reenfoque
Paso 4. Revalorización

Paso 1. El **Reetiquetado** responde a la pregunta **«¿Qué son estos pensamientos tan molestos e intrusivos?»**. Lo más importante que no podemos olvidar es que debemos **Reetiquetar estos pensamientos, impulsos y comportamientos indeseados.** Debemos considerarlos como lo que son en realidad: obsesiones y compulsiones. Debemos hacer el esfuerzo consciente de mantener los pies bien anclados en la realidad, tratar de evitar el convencimiento de que esa sensación de que necesitamos hacer verificaciones, contar o lavarnos, por ejemplo, es una necesidad real. No lo es.

Esos pensamientos e impulsos son síntomas del trastorno obsesivo-compulsivo (TOC), una enfermedad.

EL EXTREMO OPUESTO de GARY LARSON

El profesor Gallagher y su controvertida técnica de enfrentarse de forma simultánea al miedo a las alturas, a las serpientes y a la oscuridad.

Como vemos, el profesor Gallagher tiene sus propias ideas sobre cómo «curar» a pacientes que sufren de pensamientos u obsesiones aterradores e intrusivos.

En realidad, está realizando una variación en forma de viñeta de lo que se conoce en el lenguaje de la terapia conductual tradicional como «inundación». Por desgracia, es más que probable que este pobre paciente terminara más loco que curado.

En su trabajo con pacientes con TOC, nuestro equipo de la UCLA ha obtenido excelentes resultados con la terapia conductual combinándola, en ocasiones, con medicación. El nuestro no es el método de húndete o nada del doctor Gallagher, sino, más bien, una terapia autodirigida a largo plazo que conocemos como autotratamiento cognitivo-bioconductual.

Por lo general, nuestra primera consulta con una persona con TOC comienza con el relato por parte de esa persona de una considerable cantidad de situaciones embarazosas. «Doctor, sé que esto puede parecer una locura, pero...».

A continuación, la persona nos describe al menos uno de los clásicos síntomas del TOC: verificaciones o lavado de manos compulsivos, irracionales pensamientos violentos o blasfemos o sensación de una inminente fatalidad o catástrofe a menos que se realice algún ritual rocambolesco o sin sentido.

Generalmente, estas personas saben que se supone que nadie tiene unos pensamientos tan extraños. Por tanto, se sienten humilladas y desesperadas. Su autoestima cae en picado, es muy posible que su TOC haya afectado a su rendimiento en el trabajo e incluso puede ser que se hayan vuelto socialmente disfuncionales, alejándose de sus familiares y amigos en un intento de ocultar estos desagradables comportamientos.

NO ES LOCURA, SINO BLOQUEO MENTAL

Al principio del tratamiento se comunica a esa persona que su diagnóstico no es más que un TOC. Tan solo se trata de mensajes falsos que le envía su cerebro. Le mostramos imágenes de cerebros de personas con TOC que demuestran de manera concluyente que el TOC está relacionado con un problema bioquímico que provoca un sobrecalentamiento en la parte inferior de la zona frontal del cerebro.

En pocas palabras, esa persona sufre bloqueo mental. El cerebro se ha quedado atascado en una rutina inadecuada. La clave para desbloquear el cerebro está en la terapia conductual, que comienza con el paso del Reetiquetado.

Reetiquetar significa simplemente llamar a esos pensamientos e impulsos no deseados por su verdadero nombre: pensamientos obsesivos e impulsos compulsivos. No se trata de sensaciones incómodas como «quizá esté sucio», sino de obsesiones continuas e implacables. No son solamente fastidiosos impulsos de verificar algo por cuarta o quinta vez, sino crueles impulsos compulsivos.

Es una guerra en la que el enemigo es el TOC. Para defendernos es fundamental tener siempre en mente lo que en realidad es el enemigo. La persona con TOC cuenta con un arma poderosa: ser consciente de que «no soy yo, es el TOC». Y se va a esforzar constantemente por evitar confundir su verdadero yo con la voz del TOC.

Muy bien, pensarás, pero el TOC cuenta con su propia mente. No va a callarse. Ante esto, mi respuesta es: «Sí que se va a callar, pero requiere su tiempo». Rezar para que el TOC desaparezca no va a servir para que eso ocurra de inmediato, como tampoco las maldiciones vanas e inútiles.

Si quieres rezar, lo que deberías pedir es conseguir la fuerza para ayudarte a ti mismo. Dios ayuda a quienes se ayudan a sí mismos y es bastante lógico creer que Dios va a ayudar a alguien que está inmerso en una batalla tan loable. En este caso, implica concentrarse en hacer lo correcto mientras te alejas de una excesiva preocupación por tus sensaciones y comodidad. En el mejor de los sentidos, esto es hacer un buen trabajo.

Al mismo tiempo, el autotratamiento médico comienza con la aceptación de lo que no se puede cambiar, al menos, a corto plazo.

De entrada, es fundamental entender que el simple acto de Reetiquetar no va a hacer que tu TOC desaparezca. Pero cuando ves a este enemigo como lo que es, un TOC, minas su fuerza y, a cambio, tú te vuelves más fuerte.

Con el tiempo, no importará tanto si los pensamientos molestos desaparecen, porque no vas a actuar conforme a ellos. Además, cuanto más capaz seas de restar importancia a tu TOC, más control sentirás y, así, más irá desapareciendo. Por otra parte, cuanto más te concentres en él, cuanto más desees, esperes o supliques que te deje en paz, más intensas y molestas serán esas sensaciones.

CONTESTAR AL TOC

Como el TOC puede ser un oponente tremendamente listo y activar endiablados mecanismos de autoprotección, negará que se trate tan solo de un mensaje falso procedente de tu cerebro. Probablemente digas: «Un avión no va a estrellarse porque no me haya lavado otra vez las manos». Pero el TOC dirá: «Ah, sí que se va a estrellar y va a morir mucha gente». Ese es el momento de mostrar un poco de fe y fortaleza, pues sabes cuál es la verdad.

No puedes permitirte escucharlo. Si te quedas sentado y preocupado por si el TOC va a inundar tu vida algún día, lo único que vas a conseguir es asegurarte más miedo y dolor. Lo que debes decir es: «Adelante, alégrame el día. Intenta obligarme a que me lave otra vez las manos».

A continuación, deberás enfrentarte a la constante inseguridad: «¿Cómo puedo estar seguro de que este no soy yo, sino mi TOC?». Puede que no exista ninguna garantía metafísica de que no hay una relación posible entre lavarte las manos y que un avión se estrelle, pero sí puedo asegurarte que si cedes y te vuelves a lavar las manos, solo vas a conseguir que las cosas empeoren y que el TOC se vuelva más fuerte. Por otra parte, a los pocos minutos tras Reenfocarte en otro comportamiento y no responder al TOC, el miedo a que ocurra alguna consecuencia espantosa empezará a desvanecerse y tú podrás empezar a ver la compulsión del TOC como la absurda insensatez que, en realidad, es.

La decisión es clara: escucha a tu TOC y deja que afecte a tu vida y, en definitiva, la destruya, o bien defiéndete, consciente de que en pocos minutos empezarás a sentirte cada vez más seguro de que ningún avión se va a estrellar con una montaña ni ningún coche va a chocar solo porque no te hayas lavado las manos o no hayas vuelto a verificar que la puerta está cerrada con llave.

Se trata de realizar un esfuerzo para que el bien triunfe sobre el mal.

ES SOLO QUÍMICA

En la UCLA, nuestros pacientes han encontrado modos increíblemente creativos de poner en práctica los Cuatro Pasos: Reetiquetado, Reatribución, Reenfoque y Revalorización.

Chet, que desde entonces ha conseguido controlar su TOC mediante la terapia conductual y que ahora ha entrado en la Facultad de Odontología, estaba obsesionado con pensamientos violentos. Si veía un incendio, pensaba que lo había provocado él. Si oía que alguien había muerto de un disparo al otro lado de la ciudad, se obsesionaba con que lo había matado él. Empezaba a dar vueltas mientras se decía: «Tío, estás fatal. Eres una mala persona». Tenía un trabajo sin perspectivas de futuro que odiaba y le acosaban las deudas. Estos factores hicieron que su nivel de estrés se multiplicara y sus síntomas de TOC empeoraran. En general, el estrés eleva la ansiedad producida por el TOC.

Al principio, cuando Chet empezó a Reetiquetar diciéndose a sí mismo que sus pensamientos violentos no eran más que un TOC, este le contestaba: «Ah, ¿esto te molesta? ¿Por qué? Quizá sea porque de verdad vas a hacerlo». Al ir siendo consciente de que el TOC es un desequilibrio bioquímico de su cerebro, Chet pudo por fin hacer uso de esta frase con su TOC: «No crees polémica. Es solo química».

La anticipación es una fase del Reetiquetado y Chet lo tuvo perfectamente claro. Cuando veía una película en la que sabía que se acercaba una escena violenta, se decía: «Vale, aquí llega mi pensamiento obsesivo». Cuando lo hacía, ya no le afectaba tanto.

A la hora de enfrentarse a su TOC, Chet fue tan pragmático como filosófico. Siempre había deseado ser quince centímetros más alto, pero sabía que por desearlo no iba a crecer y que podría lidiar con el hecho de ser bajito. Se dio cuenta de que con el TOC ocurría lo mismo: desearlo no iba a hacer que desapareciera, pero podía aprender a lidiar con él.

Chet encontró otra forma de vencer el TOC: cada vez que tenía un pensamiento TOC hacía algo bonito por su prometida, como comprarle rosas o prepararle la cena. Cuando el TOC quería que estuviese triste, él se obligaba a estar feliz haciendo feliz a su novia.

Como hombre de profundas creencias religiosas, Chet también acudió a las Escrituras en busca de inspiración y encontró consuelo en este pasaje: «El Señor ve todos los corazones y entiende todo intento de los pensamientos» —1 Crónicas 28, 9—. Chet entendió perfectamente cómo podía aplicar estas palabras a su vida: Dios entiende mi corazón y sabe que mi mente está hecha un desastre. Debo esforzarme por dejar de mortificarme por ello.

Resulta interesante ver que existe para esto un precedente de varios siglos atrás. John Bunyan, el autor británico del siglo XVII de *El progreso del peregrino,* sufría de lo que ahora sabemos que era un TOC. Como Bunyan era un hombre profundamente religioso —un predicador ambulante que estuvo en prisión por predicar sin permiso— se sentía angustiado por sus pensamientos blasfemos provocados por el TOC. Se enfrentó a su sentimiento de culpa, igual que Chet, mediante la convicción de que Dios se enfadaría con él si se castigaba a sí mismo por tener pensamientos falsos y carentes de sentido. Por esta toma de conciencia tan brillante, considero a Bunyan el padre de la terapia cognitivo-conductual para combatir el TOC.

EL ESPECTADOR IMPARCIAL

Durante el aprendizaje del Reetiquetado no es suficiente con encogerse de hombros y decir: «No soy yo. Es mi TOC», como si uno fuese un autómata. Es fundamental la percepción consciente, que no es lo mismo que la conciencia simple y superficial, pues la primera exige que reconozcamos de forma consciente y tomemos nota de esa sensación desagradable, Reetiquetándola como un síntoma del TOC provocado por un mensaje falso del cerebro. Cuando nos va invadiendo esa sensación, debemos decirnos: «No pienso ni siento que mis manos estén sucias; más bien, estoy teniendo una obsesión con que mis manos están sucias». «No siento la necesidad de verificar que la puerta está cerrada; más bien, estoy teniendo un impulso compulsivo de verificar que está cerrada». Esto no hará que el impulso desaparezca, pero sí que sentará la base para resistirnos de forma activa a los pensamientos e impulsos del TOC.

Podemos aprender de los escritos del filósofo del siglo XVIII Adam Smith, que desarrolló el concepto del «Espectador Imparcial y bien informado», que no es ni más ni menos que «la persona que llevamos dentro». Cada uno de nosotros tiene acceso a esta persona que está en nuestro interior y que, aunque es completamente consciente de nuestros sentimientos y circunstancias, es, aun así, capaz de adoptar el rol de espectador u observador imparcial. Esto no es más que otro modo de entender la percepción consciente. Aumenta nuestra capacidad de hacer notas mentales, tales como «No es más que el TOC».

Con el Reetiquetado, sacamos al Espectador Imparcial, un concepto que Adam Smith utilizó como elemento central de su libro *La teoría de los sentimientos morales*. Definió al Espectador Imparcial como la capacidad de colocarse fuera de uno mismo y observar cómo actúa, lo cual equivale prácticamente al mismo acto mental que el antiguo concepto budista de la percepción consciente. Las personas con TOC se sirven del Espectador

Imparcial cuando dan un paso atrás y se dicen a sí mismos: «Esto no es más que mi mente enviándome un mensaje falso. Si cambio mi comportamiento, en realidad, estaré cambiando el modo en que funciona mi cerebro». Resulta estimulante ver cómo las personas con TOC pasan de una comprensión superficial de su trastorno a una conciencia profunda que les permite superar sus miedos y angustias, organizar mentalmente sus respuestas, cambiar de rumbo y modificar su comportamiento. Este proceso supone la base para superar el TOC.

Una vez que una persona con TOC aprende la terapia conductual y decide cambiar su respuesta ante un pensamiento intrusivo y doloroso sin poner en práctica una conducta patológica, entra en juego una determinación consciente: «No voy a lavarme las manos. En lugar de ello, voy a practicar con el violín». Pero, al principio, esa persona se siente asediada por el miedo y el terror y es posible que tenga pensamientos catastróficos como «pero, entonces, puede que mi violín se contamine...».

Adam Smith fue consciente de que mantener la perspectiva del Espectador Imparcial en circunstancias dolorosas resulta una tarea complicada que exige, según sus propias palabras, «de esfuerzos extremos y de lo más fatigosos». ¿Por qué? Porque concentrarnos en un comportamiento útil cuando el cerebro nos está bombardeando con dudas que nos distraen y con inquietantes aberraciones mentales requiere un grandísimo esfuerzo.

Por supuesto, realizar una conducta compulsiva de forma repetida, sin descanso, resulta también agotador. Pero se trata de un agotamiento que no tiene una recompensa positiva. Cuando se acude al Espectador Imparcial, cuando se realiza un acto de forma consciente, esto constituye un cambio significativo en el modo en que el cerebro funciona. Y esa es la clave para superar el bloqueo mental. Esto es lo que ha conseguido demostrar nuestra investigación científica en la UCLA.

Habrá ocasiones en las que el dolor sea demasiado grande y el esfuerzo que se requiere demasiado agotador y tendremos que ceder y realizar una compulsión. Habrá que considerarlo como un diminuto paso atrás. Dite a ti mismo que la próxima vez ganarás tú. Tal y como lo explicó Jeremy, un hombre con TOC: «Incluso cuando caes, triunfas, siempre y cuando perseveres. Siempre y cuando te enfrentes a este enemigo, el TOC; con la percepción consciente».

Anna, una estudiante de filosofía, describió cómo realizaba el paso del Reetiquetado a la hora de enfrentarse a la obsesión de que su novio —ahora su marido— le era infiel. Aunque sabía que sus temores eran en realidad infundados, le bombardeaba con preguntas sobre antiguas relaciones, sobre si alguna vez había visto revistas pornográficas, sobre qué bebía y en qué cantidad, qué comía y dónde estaba a cada minuto del día. Sus incesantes interrogatorios casi condujeron a la ruptura de su relación. Según recuerda Anna, «el primer paso cuando empecé a vencer mi TOC fue aprender a Reetiquetar mis pensamientos e impulsos. El segundo paso fue Reatribuirlos al TOC. En mi tratamiento, estos dos pasos iban de la mano. En el aspecto intelectual, yo sabía que el TOC era un problema químico de mi cerebro y que las sensaciones que este problema provocaba eran, más o menos, insignificantes efectos secundarios de ese problema químico. Aun así, una cosa es ser consciente de esto en un nivel intelectual y otra poder decir en medio de un ataque del TOC que lo que en realidad estás sintiendo no es importante *per se*. Lo más molesto del TOC es que cuando lo tienes, tus preocupaciones, impulsos y obsesiones parecen lo más importante del mundo. Alejarte de ellos lo suficiente como para identificarlos como algo provocado por el TOC, por tanto, no es ninguna tontería».

En las primeras etapas del aprendizaje de Anna a Reetiquetar, su novio, Guy, no dejaba de recordarle que sus obsesiones «solo eran un TOC», pero no siempre podía convencerla. Según sus propias palabras, con el tiempo y con la práctica, se le empezó a dar «bastante bien reconocer lo que es el TOC y lo que es una preocupación o angustia "real". Por tanto, ahora suelo evitar dejarme convencer por el TOC cuando aparece. Ya no me angustio cada vez que un pensamiento obsesivo entra en mi mente. A menudo, puedo ver más allá de él y decirme a mí misma: "Sabes que no te va a hacer ningún bien molestarte tanto por este pensamiento. Ya he pasado antes por todo esto y no consigo nada si permito dejarme absorber por los engaños del TOC". Hacer esto me permite alejarme un poco de una forma calmada y satisfactoria». Anna descubrió que el pensamiento intrusivo, o, al menos, la intensa angustia que conllevaba, se termina disipando normalmente a los quince o treinta minutos.

Para Dottie, que tenía la obsesión de que su hijo perdiera la visión y que acuñó la frase de «No soy yo. Es mi TOC», el Reetiquetado fue lo que más la ayudó a la hora de enfrentarse a su compulsión. «Consistía en no obcecarse con ella, reconocerla y decir: "No pasa nada, solo es un pensamiento y nada más". La mayoría de los días esto me funciona. Otros días resulta difícil. Yo siempre digo que las personas con TOC siempre tendrán el TOC a menos que encuentren una pastilla milagrosa». Pero, tal y como veremos en las historias que aparecen en este libro, la fuerza y el poder mental que adquirimos al luchar contra el TOC jamás se podrán conseguir con una «pastilla milagrosa».

Jack, el que se lavaba continuamente las manos, había estado buscando esa pastilla milagrosa. «Así es América. Te tomas una pastilla y tu vida será maravillosa; serás una persona completamente nueva, más agresiva, más amable, más delgada o más lo que sea». Pero cuando la medicación no consiguió que los síntomas de su TOC se redujeran y los efectos secundarios de aquella se volvieron demasiado molestos, recurrió a la terapia cognitivo-bioconductual. Para él, el primer paso del Reetiquetado fue reconocer lo absurdo de lavarse las manos y convencerse de que carecía de lógica. Cuando estaba en casa, se lavaba casi de forma continua, pero cuando salía, no le parecía tan importante hacerlo. «Con la terapia conductual, pensé: "Un momento. Sales a sitios de comida rápida y no te lavas las manos. Después, tocas dinero o lo tocan ellos y todavía no te ha pasado nada malo, y lo sabes. Y hasta cuando vas a sus baños para lavarte las manos, es difícil salir sin tocar el pomo de la puerta"». Jack no tenía las manos sucias. Tenía un TOC y estaba empezando a utilizar su mente racional para superarlo.

Barbara, que tenía obsesiones con el señor Café, mencionó la percepción consciente como herramienta para ayudarla a Reetiquetar. «Al colocarme de forma deliberada en un estado de percepción o consciencia cada vez que iba a hacer una verificación, podía alejarme del lugar donde estaba la compulsión, si no con la seguridad de que el aparato estaba apagado, al menos, con la conciencia real y firme de que sí lo había verificado. Cuando sentía la terrible inseguridad de si, por ejemplo, la cocina estaba apagada, aprendí también a decirme a mí misma: "No soy yo, es el TOC. Es la enfermedad la que me hace sentir insegura. Aunque sienta que la cocina no está apagada, lo he verificado de forma consciente y ahora debería alejarme. La angustia terminará reduciéndose y quince minutos después incluso me sentiré más segura de que la cocina está apagada"». Si tienes problemas con compulsiones de verificación, toma buena nota de lo que Barbara cuenta. Es un consejo excelente sobre cómo realizar la conducta de la verificación de un modo que te prepare para enfrentarte a los impulsos compulsivos.

Lara, que tenía la aterradora obsesión con los cuchillos, aprendió a decirse a sí misma: «Lara, no es más que una obsesión. No es real. Estás asustada porque parece horrible e increíble. Se trata de un trastorno, igual que cualquier otro». Entender que el TOC es una enfermedad y que las obsesiones son mensajes falsos sin ningún poder ni significado reales «reduce su poder y su impacto». Las obsesiones no toman el control de tu voluntad.

Siempre puedes controlar o, al menos, modificar tus respuestas ante ellas.

Jenny desarrolló una obsesión persistente con la contaminación nuclear cuando trabajaba en la Unión Soviética. Ser consciente de que tenía un problema bioquímico en su cerebro «aligeró parte de la carga», según dijo. «Siempre había estado muy enfadada conmigo misma. "¿Cómo puedes ser tan fuerte y conseguir tantas cosas en tantos aspectos de tu vida y, aun así, tener este problema?". Siempre había sentido que la culpa era del todo mía porque no era capaz de psicoanalizarme. Nunca podía acceder ahí dentro para averiguar qué era lo que me estaba fastidiando ni tampoco podía encontrar el mantra adecuado, el psiquiatra adecuado, lo que fuera». Ahora, cuando aparecen los ataques del TOC, ella habla consigo misma y se dice: «Bueno, ya sé lo que es». Y normalmente consigue pasar página.

Roberta, que tenía la obsesión de haber atropellado a alguien con el coche, dijo: «Sigo teniendo ese pensamiento no deseado, pero ahora lo puedo controlar. Ahora, cuando paso por un bache de la carretera me digo a mí misma que no es más que un bache. La idea de que he atropellado a alguien es simplemente un mensaje erróneo. ¡Es el TOC, no yo! Intento no mirar hacia atrás ni volver a recorrer el mismo camino. Me obligo a seguir adelante. Ya no me da miedo conducir. Entiendo que si aparece el pensamiento obsesivo, sé que puedo enfrentarme a él. Cuando me siento frustrada, incluso lo digo en voz alta: "No soy yo, es el TOC". Y después, digo: "Muy bien, Roberta, tú sigue avanzando"».

Jeremy, un joven aspirante a guionista, se ha librado en gran parte de su TOC después de ocho meses de terapia conductual. En la actualidad, nos dice: «Aún siento el entusiasmo de la libertad. Duele, pero es el precio que debo pagar por ser un hombre libre».

Desde la infancia, Jeremy se sentía abrumado por compulsiones de tener que tocar y verificar las cosas, actos que hacía sin falta, temeroso de que un miembro de su familia pudiera morir «y Dios me condenaría al infierno por ello». Su casa se convirtió en una «cámara de tortura» llena de rituales. En su adolescencia, Jeremy ya trataba de huir del alcohol y las drogas. Y en su primera juventud, dejó su hábito de tomar alcohol con la ayuda de Alcohólicos Anónimos, pero empezó a obsesionarse con que algo de lo que comiera pudiera contener alcohol. Podría ser arroz con pasta o cualquier otra cosa igual de ilógica. Aquí, la lógica no tenía ningún papel.

En su gimnasio, Jeremy se imaginaba que alguien había tomado drogas o alcohol antes de tocar las barras o las pesas y que, de algún modo, él lo absorbería. En los baños públicos le invadía la idea de que un borracho habría vomitado en el váter justo antes de que él lo usara y, mediante alguna especie de transmisión mágica, el alcohol iba a entrar en su cuerpo. Tanto mental como emocionalmente, Jeremy estaba agotado de tener que enfrentarse a sus obsesiones y compulsiones. La primera vez que acudió a la UCLA en busca de ayuda, dijo: «Siento como si hubiese atravesado la jungla de Vietnam».

Durante el tratamiento, Jeremy llevaba consigo un pequeño cuaderno en el que había escrito «NÚCLEO CAUDADO». Se trata de la parte del cerebro que no está filtrando como debe los pensamientos del TOC. Era su recuerdo constante de que tenía un problema de conexión cerebral, que sufría un TOC. Le ayudé a ser consciente de que tenía que filtrar los pensamientos del TOC a través de su propio poder mental. «Una vez que el mal tiene un nombre, deja de ser tan malo», dice. Al final, la puesta en práctica de recordatorios mentales hizo que el sistema de filtrado de su cerebro empezara a funcionar mejor.

Anteriormente hemos citado una fase dentro del paso de Reetiquetado, la Anticipación. La otra fase del Reetiquetado es la Aceptación. Jeremy se volvió un experto en las dos. Antes del tratamiento, había vivido con el temor de quedar sorprendido en algún acto cruel imaginario y de que le echarían de su trabajo como vigilante nocturno. Gracias la terapia conductual pudo ser capaz de decir: «¿Y qué? Nadie es perfecto. Que me despidan.

Encontraré otro trabajo. ¿Qué sería lo peor que podría pasar? Tener que acudir a comedores sociales. Pues George Orwell lo hizo y escribió un libro estupendo sobre el tema», *Sin blanca en París y Londres*. Y si de verdad había alcohol prohibido en algo que hubiese comido, Jeremy decía: «Un despiste. No ha sido intencionado». Sin culpables ni recriminaciones.

En cuanto se liberó de los síntomas del TOC, Jeremy tuvo una reacción que no es inusual del todo. «Durante años, el TOC había regido —y sido— mi vida. No pensaba en mucho más. Lo cierto es que eché en falta mi TOC». Pero ese periodo de luto duró poco y enseguida Jeremy empezó a llenar el vacío con actividades positivas y sanas.

RECETA: ACCIÓN

Aprender a superar el TOC es como aprender a montar en bicicleta. Una vez que lo aprendes, nunca lo olvidas, pero para que se nos dé bien hay que practicar. Nos podremos caer, pero debemos volver a montar. Si nos rendimos, jamás aprenderemos. La mayoría de los pacientes ven que al principio viene bien tener rueditas auxiliares para la bicicleta. Es ahí donde interviene la medicación. Combinada con la terapia conductual, la medicación ha demostrado tener una tasa de éxito de un ochenta por ciento.

Para la amplia mayoría de los que no han conseguido responder a este tratamiento combinado, la razón ha estado en que se han desanimado y han tirado la toalla. Es fundamental no realizar nunca la compulsión ni decirse a uno mismo: «No puedo evitar hacerlo. Es más fuerte que yo». Es normal sentirse abrumado por la compulsión e incluso actuar conforme a ella, siempre que recordemos lo siguiente: «Esto es una compulsión. La próxima vez, voy a enfrentarme a ella».

La pasividad es el enemigo. La actividad es nuestra amiga. El mayor enemigo es el aburrimiento. Contar con otra cosa que de verdad necesitemos hacer, algo mucho más importante que un ritual sin sentido, sirve de enorme motivación. Las personas que no tienen nada que hacer quizá no desarrollen la fuerza mental ni emocional para hacer esos cambios en el cerebro y pasar a ejercer una conducta positiva. Si tienes un trabajo, corres el peligro de perderlo si vuelves a casa una vez más para verificar si has cerrado bien la puerta. De este modo, estarás mucho más motivado para dejarlo atrás. Cuando lo haces, estás tratando tu TOC. La pereza es, sin duda, el peor de los males. Si no tienes un trabajo, puedes hacer alguna labor de voluntariado, pero lo más importante es **mantenerse ocupado.** Asegúrate de tener siempre algo útil que hacer. Ser útil servirá para mejorar la confianza en ti mismo y será una motivación para mejorar porque los demás te van a necesitar. Es también una increíble ayuda para el paso del Reenfoque.

Algunas personas se sienten demasiado deprimidas para trabajar. A menudo, aunque no siempre, la depresión va de la mano del TOC. Si tu patrón de sueño se ve alterado y te despiertas en repetidas ocasiones a lo largo de la noche, si no estás comiendo bien y estás perdiendo peso, si no tienes mucha energía y tienes serios pensamientos de suicidio, es posible que estés sufriendo una depresión grave. Si ese es el caso, deberás acudir a un médico.

Como ya hemos visto, actuar conforme a una compulsión solo provoca un alivio momentáneo que rápidamente va seguido de una mayor intensidad en el impulso o el pensamiento intrusivos. Un auténtico círculo vicioso.

Tras haber tratado a más de mil personas con TOC, he visto que una de las cosas más sorprendentes de este trastorno es que esas personas siguen sufriendo el impacto de una sensación interna de que hay algo que va terriblemente mal —que se han dejado la cocina encendida o algo parecido— por muchas veces al día que aparezca en su mente ese pensamiento. Se podrían acostumbrar, por ejemplo, a una descarga eléctrica con el tiempo, pero parece que nunca consiguen acostumbrarse a estos miedos e impulsos del TOC. Por eso es tan importante la percepción consciente y la práctica de los recordatorios mentales. En el primer paso, el Reetiquetado, aumentamos nuestra percepción. Aprendemos a llamar obsesión a la obsesión y compulsión a la compulsión.

MANTENERSE FIRME

Tras el Reetiquetado, muchos pacientes preguntan: «¿Por qué narices me sigue molestando esto?». Esto se debe a un problema de conexión cerebral. El esfuerzo no está en hacer que la sensación desaparezca, sino en no ceder ante esa sensación. La comprensión emocional no va a hacer que esos síntomas del TOC desaparezcan por arte de magia, pero la terapia cognitivo-bioconductual te ayudará a que puedas gestionar tus miedos. Si logras aguantar durante las primeras semanas de terapia autodirigida, podrás adquirir las herramientas que necesitas. Te habrás vuelto más fuerte que el TOC. Dominar estas habilidades de la terapia es como tener dentro de tu cabeza un equipo de ejercicios. Te hace más fuerte. El TOC es una enfermedad crónica. No puedes huir ni salir de ella, pero sí puedes defenderte.

A menudo, los pacientes me dicen: «Ojalá pudiera tener a alguien que me lavara la ropa cada vez que siento que tengo que lavarla una y otra vez...». Piensan que así se solucionaría su TOC. Están completamente equivocados. Recordemos a Howard Hughes. Eso fue precisamente lo que hizo y ya vemos cómo terminó. El TOC es insaciable. No podemos realizar compulsiones suficientes —ni hacer que otros las realicen por nosotros— para tener la sensación de «Con eso es suficiente». Cuanto más lo hagamos, peor será. No importa si eres tú quien lava la ropa o si contratas a otra persona para que lo haga. Ceder ante el TOC es rendirse. ¡Hace que vaya a peor!

En su libro *Howard Hughes,* Peter H. Brown y Pat Broeske presentan más pruebas de que la obsesión de Hughes por los gérmenes y la contaminación hizo que actuara de un modo irracional.

Ahora sabemos que su forma de actuar solo sirvió para que sus síntomas empeoraran. Durante cierto tiempo, Hughes invitó cada semana a cenar a sus amigos del hampa Lucky Luciano y Bugsy Siegel. Como le obsesionaba la idea de que los gánsteres tuvieran gérmenes, guardaba en un armario un juego de porcelana especial para esas ocasiones. Esta porcelana solo podía usarse una vez. En una ocasión, Hughes compartió una casa en Los Ángeles con Katharine Hepburn y Cary Grant. Una noche, al encontrarse a la asistenta rompiendo los platos de la cena, Hepburn se enfrentó a Hughes: «¡Eso es una estupidez! La gente no va esparciendo sus gérmenes así». Hughes no se quedó convencido. De hecho, le dijo a Hepburn: «Como mujer que se ducha dieciocho veces al día, no creo que estés en posición de discutir conmigo».

Es posible que Hepburn también sufriera un TOC. Sabemos que no es del todo inusual que las personas con TOC se sientan atraídas entre sí. En primer lugar, resulta reconfortante encontrar a otra persona que entienda la angustia, que oiga esa voz interior que pregunta: «¿Por qué hago todas estas cosas tan raras?». Las personas con TOC saben que hacen cosas que resultan un poco extrañas. Así pues, puede que resulte un consuelo conocer a otras que también las hagan. En la UCLA pusimos en marcha la primera terapia grupal conductual para el TOC del país. Este grupo sigue todavía reuniéndose cada semana. Es un lugar donde las personas con TOC se sienten libres de expresar sus pensamientos y comportamientos más estrambóticos y pueden intercambiar las técnicas de terapia personal que han podido desarrollar por su cuenta. —El método de los Cuatro Pasos da cabida a una buena ración de creatividad personal—. Al principio, preocupaba un poco que estas sesiones pudieran resultar contraproducentes, pues en estos grupos de apoyo cargados de buenas intenciones, sus participantes pueden entrar en una especie de enfermiza competición por ver quién ha sufrido más. Además, varios pacientes me expresaron su miedo a que, a través del poder de la sugestión, pudieran desarrollar nuevos síntomas que se sumaran a los ya existentes. Ninguno de esos miedos ha terminado haciéndose realidad en los casi diez años que lleva reuniéndose el grupo.

Una de las historias de éxito del grupo de personas con TOC es la de Domingo, un antiguo fontanero que ahora es un marchante de arte autodidacta. Domingo, que fue diagnosticado de TOC en su México natal, estaba en lo más profundo del TOC cuando llegó a la UCLA para tratarse. Durante un periodo de quince años, entre sus síntomas se incluía ducharse durante un mínimo de cinco horas al día, el miedo a la ducha, rituales de verificaciones y de comidas y, el más extraño de todos, su obsesión de que tenía cuchillas en las uñas. Esta última obsesión le llevó a negarse a vestir determinadas prendas de ropa, incluida su vieja chaqueta de motero preferida por miedo a que pudiera rajarla con sus imaginarias uñas en forma de cuchillas. «No puedo tocar a los bebés», dice. «Son muy delicados. Juego con mi perro, pero no le puedo tocar la cara ni los ojos por miedo a cortarle». En ocasiones, cuando Domingo y su mujer hacían el amor, él evitaba tocarla, sobre todo, el pecho. Tal y como contó en su momento: «Creo que voy a cortarla. No dejo de pensar que tengo cuchillas en mi cuerpo y la mano me empieza a temblar, los músculos se me ponen en tensión y tengo que apartarme. Mis ojos ven que no hay ninguna cuchilla, pero mi mente no se lo cree. Y tengo que preguntarle a mi mujer si está bien y si le he hecho daño».

Mediante la terapia, ha aprendido lo más básico: «Tienes que ser más fuerte que el TOC, tanto física como mentalmente. Si no, podrá contigo. Te dejará postrado en la cama y te pudrirás como una lechuga». La mayoría de los días, cuando se ve invadido por una compulsión de lavarse o de hacer alguna verificación, es capaz de decirse a sí mismo: «Esto no es real. Debes parar. Tienes cosas que hacer».

Domingo se obliga a elegir: «¿Voy a hacer caso a este TOC o voy a ir a hacer la colada? Y me contesto: "Voy a pasarlo muy mal, pero tengo que seguir adelante". Cierro los ojos, respiro hondo y lo hago, empujando con todas mis fuerzas».

Como es capaz de ver con bastante claridad la diferencia entre el comportamiento normal y el comportamiento del TOC, puede tomar conciencia y concentrarse en la realidad. Se recuerda a sí mismo que una hermosa mujer ha decidido ser su esposa y que ha visto algo especial en él. «Mira todo lo que has conseguido», se dice. «Esta es la realidad a la que debes aferrarte. Tienes que poner fin a este pensamiento ahora mismo. Debes hacerlo. Si no lo detienes, podrá contigo y, entonces, ¿qué?». Domingo sabe que si cede ante la compulsión o el pensamiento, seguirá apareciendo en su cerebro, minándole la energía y haciendo que desperdicie su tiempo. A esto lo llama «bucle cerebral».

Sabe también que aun cuando nunca consiga curarse de su TOC, ahora tiene la sartén por el mango. «Antes, no sabía reconocer las compulsiones. Desaparecía una, y luego, otra ocupaba su lugar. Ahora sé a cuántas me estoy enfrentando. Antes venían de todos lados. Me sentía abrumado. Ahora sé de dónde va a venir a por mí. Estoy preparado. Ya no hago caso a mi TOC porque sé que es falso. Me alejo de él rápidamente».

CUÉNTASELO A TU GRABADORA

Otro habitual del grupo de TOC es Christopher, un joven y devoto católico que durante más de cinco años se ha estado enfrentando a pensamientos blasfemos provocados por un TOC. La enfermedad de Christopher alcanzó su punto crítico durante un peregrinaje a un santuario europeo conocido por ser el lugar donde se ha informado de numerosas apariciones de la Virgen María. Aunque él había acudido en busca de enriquecimiento espiritual, un día en el que estaba en la pequeña iglesia descubrió con horror que estaba pensando: «La Virgen María es una zorra». Con un profundo sentimiento de pesar y vergüenza, se vino abajo y empezó a llorar. De vuelta en su casa, estos pensamientos blasfemos fueron en aumento. Empezó a pensar que el agua bendita es «agua de mierda», que la Biblia es «un libro de mierda», que las iglesias son «casas de mierda». En misa se imaginaba las estatuas de los santos desnudas. En su cerebro inundado por el TOC, los sacerdotes se habían convertido en «sinvergüenzas». La simple visión de una iglesia hacía que se encogiera.

Desesperado, Christopher ingresó por voluntad propia en un hospital psiquiátrico en el que le diagnosticaron psicosis paranoide y llegaron a dudar si estaría «poseído por el demonio». Pasarían dos años antes de que recibiera un diagnóstico correcto de TOC.

Christopher es uno de los pacientes que ha encontrado en las cintas de las grabadoras una útil herramienta para poner en práctica el paso del Reetiquetado. Esta sencilla y eficaz técnica la desarrollaron en Inglaterra los doctores Paul Salkovskis e Isaac Marks. Cualquiera puede practicarla en casa. Lo único que se necesita son cintas grabadoras, de treinta segundos, sesenta segundos y tres minutos, un reproductor de casete y unos auriculares. La idea consiste en grabar la obsesión, repetir el pensamiento una y otra vez y, después, escucharlo de manera repetida, quizá durante cuarenta y cinco minutos cada vez. La cinta seguirá reproduciéndose en bucle para que no sea necesario rebobinar.

Christopher sugiere escribir las obsesiones complejas antes de grabarlas en forma de un relato corto, en el que las temidas consecuencias terminen haciéndose realidad. Por ejemplo, «si tienes obsesiones con la escrupulosidad religiosa, haz que Dios te aseste un golpe de muerte y te lance al fuego al terminar. Si te obsesiona haber cometido algún delito, haz que la policía te arreste y te obligue a pasar el resto de tu vida en la cárcel. Si tu miedo es a la suciedad y a los gérmenes, haz que parezca que te has caído en un charco de barro y terminas con una enfermedad por la propagación de microbios que te lleva a la muerte. Lo importante es hacer que la obsesión parezca todo lo tonta y absurda que te sea posible». En una escala del uno al diez, reproducir esas cintas debería provocar una angustia de grado cinco o seis al comienzo de una sesión de cuarenta y cinco minutos.

Otro consejo de Christopher: «Yo prefiero usar uno de esos radiocasetes grandes. Vi que con los reproductores pequeños, sentía a menudo la tentación de levantarme y ponerme a hacer otras cosas porque resulta muy fácil moverte de un sitio a otro llevando esos aparatos. Para la terapia conductual eso no resulta muy eficaz. Con un aparato grande casi te ves obligado a quedarte sentado». En caso de que sea importante tener intimidad, por supuesto, podrás usas auriculares.

La idea de las cintas consiste en crear una angustia que alcance su punto más alto y, después, decaiga. La persona escucha la cinta quizá un par de veces al día durante varios días, puede que hasta una semana. «Al final, llegará un momento en que no puedas soportar seguir escuchándola», asegura Christopher, «no porque te provoque demasiada angustia, sino porque resulta demasiado aburrido. Por eso funciona». Según él, también resulta útil tener un cuadro gráfico con los niveles de angustia en intervalos de diez o quince minutos. Después de unos días, el nivel de angustia es cero y ha llegado el momento de volver a grabar la cinta, esta vez con un lenguaje que provoque mayor angustia, y después, otra, grabando cada vez aspectos de la obsesión que provoquen más angustia.

Christopher avisa: «No esperes que tras estas sesiones ya no vayas seguir teniendo el pensamiento obsesivo. Es solo que te resultará más fácil sacarlo de tu mente y, al final, terminará decreciendo».

Antes de la terapia conductual, Christopher tenía literalmente docenas de obsesiones, incluidos pensamientos violentos relacionados con cuchillos voladores. «Sufría unos ataques terribles y descontrolados en los que cogía una almohada y golpeaba mi cara contra ella con mucha fuerza y gritaba con todo mi ser mientras daba puñetazos a la almohada o al sofá. Así de malo era el TOC. Era terrible». Al principio, identificar sus angustias con la repetición de la cinta no era nada fácil. «Había veces en las que la ansiedad se extendía por todo mi cuerpo con tanta intensidad que me sentía como una mujer dando a luz... de tanto dolor. Sudaba y sentía un hormigueo por los brazos y las manos. Eso ya no me pasa».

«QUERIDO DIARIO»

Como parte del autotratamiento cognitivo-bioconductual, insto a los pacientes a escribir un diario con sus avances. Christopher, fiel a sus anotaciones en un diario, dice: «Vi que siempre que me recupero de un síntoma del TOC, la tendencia es que ese síntoma quede relegado a la parte posterior de mi mente o que lo olvide. Ese es el objetivo, por supuesto, pero a la vez que olvidas cada síntoma, olvidas también tus avances». Sin este registro por escrito, el camino hacia la recuperación es «como emprender una travesía por un desierto pero caminando solo marcha atrás, mientras vas borrando tus huellas con la mano. Es como si siempre estuvieses en la casilla de salida». El punto crítico está en hacer un trazado de tu avance, mantener un registro de tus esfuerzos durante la terapia conductual. Puede ser corto y sencillo. No tiene por qué ser muy elaborado ni complicado.

Christopher se sirve también del Espectador Imparcial en el Reetiquetado. Prefiere llamarlo «mi mente racional». Por ejemplo: «Mi mente racional dice que esto no es verdad. Esto es la realidad. Esto no. Voy a seguir el consejo de mi mente racional». Este nombre alternativo resulta completamente legítimo y acertado. Lo importante es el acto de hacer una nota mental, no como se llame el proceso de la anotación mental.

Consideremos al Espectador Imparcial como un vehículo para alejar a la voluntad del TOC. O lo que es lo mismo, crear una zona segura entre tu espíritu interno y el impulso compulsivo no deseado. En lugar de responder al impulso de una forma mecánica e irreflexiva, piensa en alternativas. Tal y como veremos más adelante, es bueno guardar bajo la manga algunos comportamientos alternativos, para así poder estar preparados cuando aparezca el dolor intenso. Como decía Domingo: «Esto, el TOC, es condenadamente listo. Debes mantenerte alerta para vencerlo».

Con frecuencia algunos pacientes descubren que algún síntoma desaparece, pero que es sustituido por otro. Sin embargo, un nuevo síntoma siempre resulta más fácil de controlar que otro que lleva tiempo arraigado. Sin tratamiento, el TOC te someterá. Anticípate, prepárate desde el principio para resistir a esta cosa y resultará mucho menos dolorosa.

HUGHES: MUCHO MÁS QUE ESTRAMBÓTICO

Esta enfermedad, el TOC, se manifiesta en formas que dan un nuevo significado a la palabra «estrambótico». Recordemos, una vez más, a Howard Hughes. Llegó incluso a desarrollar una teoría a la que llamó «reflujo de gérmenes». Cuando su mejor amigo murió por la complicación de una hepatitis, Hughes no tuvo valor para enviarle flores al funeral, temiendo en su mente controlada por el TOC que, si lo hacía, los gérmenes de la hepatitis terminarían encontrando el modo de llegar hasta él. Hughes era también compulsivo cuando se sentaba en el váter. En una ocasión estuvo cuarenta y dos horas sentado, incapaz de convencerse de que había terminado la labor que estaba realizando. Este no es un síntoma extraño de TOC. He tratado a muchas personas con el mismo. Cuando están listas para recuperarse, dicen: «Prefiero mancharme los pantalones a seguir sentado aquí un minuto más». Por supuesto, ninguno de ellos se ha manchado jamás la ropa.

La repetición inconsciente era otro síntoma común que Hughes sufría. Hughes, piloto transnacional, llamó en una ocasión a un ayudante para que le diera el pronóstico del tiempo en Kansas City antes de despegar. No le pidió esa información solo una vez. Aunque recibió la información que necesitaba para su vuelo la primera vez, la pidió treinta y tres veces, haciendo la misma pregunta. Después, negó haberse repetido.

Cuando me entrevistó para su libro sobre Hughes, Peter Brown me preguntó por qué no podía evitarlo, tratándose de alguien tan brillante. La brillantez no tiene nada que ver. Hughes tenía la sensación de que algo realmente malo iba a suceder si no repetía la pregunta treinta y tres veces. En este caso, el pensamiento apocalíptico podía ser que el avión se iba a estrellar. Quizá tenía pensado repetir la pregunta solamente tres veces para apaciguar la ansiedad provocada por su TOC, pero la tercera vez no puso el acento en la sílaba adecuada o algo igual de absurdo y, por tanto, se sintió obligado a hacerlo hasta treinta y tres veces. De no haberlo hecho bien en ese momento, quizá habría tenido que preguntarlo trescientas treinta y tres veces. Este tipo de síntomas son comunes en el TOC severo. El hecho de que negara haberse repetido indica que se sentía humillado al haber realizado la compulsión.

Mientras comprobaba el funcionamiento de un hidroavión, Hughes insistió en aterrizar en aguas picadas 5116 veces, aunque la nave ya había probado tiempo atrás su navegabilidad. Continuó insistiendo sin que nadie pudiera detenerle. Cuando se mencionó este incidente en anteriores biografías de Hughes, lo justificaban diciendo que se trataba de la necesidad de Hughes de tener el control. En aquella época había otros aspectos de su vida que se estaban descontrolando, entre ellos, su fortuna. Puede que aquello fuese en parte la explicación de su comportamiento, pero yo creo que la respuesta está menos relacionada con factores emocionales profundos y que Hughes no se habría comportado así de no haber sufrido un TOC.

EL CASO DE LOS SUJETAPAPELES VOLADORES

Josh tenía toda una gama de estrambóticos síntomas de TOC. Uno de ellos era el miedo a rozarse contra la mesa de algún compañero de su oficina y, así, hacer que un clip cayera dentro de la taza de café de esa desafortunada persona. En el peor de los casos, según Josh, esa persona se bebería después el café y se atragantaría con el clip. Es cierto que Josh sabía que había una posibilidad entre un millón de que el clip cayera en la taza de alguien, pero no podía sacarse esa idea de la mente.

Josh desarrolló después la obsesión de que había rozado un coche aparcado mientras conducía y, al hacerlo, le había soltado el embellecedor del capó o una moldura cromada. A continuación, se imaginaba: «Ese tipo irá conduciendo por la autopista y esa parte se le caerá y matará a seis personas». Josh llegó incluso a memorizar las matrículas de todos los coches que normalmente aparcaban en la calle donde vivía para así comprobarlos cada día y asegurarse de que estaban ahí, intactos, y que no pasaba nada. Pero continuamente le invadía la preocupación por los coches con los que pudiera entrar en contacto durante el día y que no podría localizar. En una ocasión, estuvo conduciendo durante dos horas en un vano esfuerzo de localizar un coche al que había provocado un daño imaginario.

En otra ocasión, Josh fue en avión a San Luis por trabajo y tomó otro de vuelta a su casa de Los Ángeles. A continuación, se dio la vuelta y volvió a tomar un vuelo hasta San Luis con la intención de buscar un coche al que se imaginó que le había soltado el embellecedor del capó.

Josh sabía que ninguno de esos actos tenía sentido, pero también mencionó —y esto demuestra un profundo conocimiento del TOC— que, a veces, cuando se enfrentaba a un problema del trabajo especialmente fastidioso, veía que sus compulsiones, por muy desagradables que fueran, tenían el poder de distraerle. Durante una época muy estresante, literalmente prefería realizar la compulsión antes que pensar en lo que se suponía que tenía que hacer en el trabajo. Del mismo modo, Howard Hughes podría haberse servido de una compulsión como vía de escape. Primero, sentía solo la emoción por el aterrizaje en el agua, pero enseguida desarrolló una compulsión al respecto. Sin una terapia conductual que nos enseñe a resistir esos impulsos, estos pueden intensificarse hasta convertirse en un bucle imposible de detener. La lección que aprendemos aquí es: si dejas que tus emociones se aferren a un comportamiento de TOC, ese comportamiento puede fácilmente descontrolarse.

De un modo parecido, Josh solía tener recaídas durante el tratamiento porque, según él mismo confesó, bajó la guardia cuando los síntomas de su TOC habían desaparecido, digamos, en un ochenta por ciento. Como consecuencia, ha estado enfrentándose a los mismos síntomas durante varios años, sin poder deshacerse nunca de este endiablado TOC, poniendo en práctica el método de los Cuatro Pasos lo suficiente para alcanzar un nivel llevadero de comodidad. Luego, en periodos de estrés, su TOC vuelve a brotar a lo grande. Josh tuvo la inteligencia de darse cuenta de que, efectivamente, su cerebro buscaba cometer alguna travesura durante todo el tiempo que lo había dejado en punto muerto. Mentalmente, estaba permitiendo que su TOC permaneciera escondido sin atacarlo con suficiente agresividad.

Lo que debería haberse dicho a sí mismo era que al realizar la compulsión solo estaba asegurándose de que después vendría otra, que su capacidad de actuar de forma eficaz se reduciría y que su nivel de estrés se dispararía. Tenía que ser valiente, enfrentarse a su TOC y poder con él. En este caso, es cierto que el cobarde muere mil veces antes de su muerte, pero el valiente se enfrenta a su TOC ahora mismo.

La teoría del reflujo de gérmenes de Howard Hughes es parecida a la obsesión que describe Jenny, una profesional de treinta y pocos años con una larga implicación en el ámbito de la ecología y el medio ambiente. Cuando trabajaba para una agencia del Gobierno estadounidense en Moscú, desarrolló la obsesión de que la radiación podía propagarse y quedarse impregnada en las cosas. Esto ocurrió apenas unos años después del desastre nuclear de Chernóbil, por lo que, como ocurre con muchos otros pensamientos provocados por el TOC, había un pequeño elemento de lógica. Sin embargo, el razonamiento de Jenny era completamente ilógico. «Cuando venía gente de Kiev o de Chernóbil, me preocupaba que trajeran con ellos la radiación y contaminara mis cosas. Cualquier lógica que trataba de invocar sobre la física de la radiación no me funcionaba. Era una especie de miedo primario a la contaminación».

Lo que de verdad le preocupaba siempre era que, además, ella pudiese contaminar a otras personas. Empezó a mantener separada en el armario la ropa que todavía podía ponerse cuando estaba con amigos. Se trataba de prendas que jamás se había puesto cuando estaba con alguien que hubiese estado cerca de Chernóbil. Tuvo que deshacerse de ciertos libros y papeles. «Me deshice de cosas que estaban en perfecto estado porque pensé que estaban contaminadas. No quería que la gente las pudiera sacar de la basura, así que las hice pedazos para dejarlas inservibles». Llegó a sentir miedo de llamar a su casa por temor a que, de algún modo, la «radiación» pudiera transmitirse a través de la línea telefónica.

MIENTRAS UNO ACUMULA, OTRO FRIEGA

Con respecto a la forma y al contenido del TOC, es realmente posible que la experiencia vital de una persona tenga algo que ver, sobre todo, en el contenido de los miedos irracionales de esa persona. Muchos de mis pacientes creen esto. Jenny, por ejemplo, se pregunta si podría haberse visto afectada subliminalmente por una película sobre el bombardeo de Hiroshima que había visto en la televisión cuando tenía doce años. Todavía lo recuerda con toda claridad: «No podía dormir. No dejaba de pensar en manos abrasadas que aparecían por detrás de mi almohada y en caras con la piel quemada, rostros que me miraban».

Los primeros pensamientos de Jenny relacionados con el TOC, en los que se sentía compelida a decir cosas desagradables a la gente, datan de su primera infancia. Cuando llegó a la adolescencia, el TOC era un monstruo que tenía un control absoluto sobre ella. Esta conmovedora entrada en su diario la escribió cuando tenía dieciocho años:

> Eres el horror... el horror. Esto ha ido demasiado lejos. No hay mensaje ni motivación, solo dolor. Tanto que todo lo demás que está bien queda en la sombra. Tú eres quien lo provoca, el horror... ¿Qué culpa tengo yo? ¿Quizá la de haber permitido que me hagas esto? No. Yo no tenía ningún control. Te apoderaste de mí, el miedo me controla. Aparta tus horrorosos dedos de mi mente..., horror. Serás condenado en el cielo. Mejor irás al infierno. Lo odio. Lo odio. Lo odio. Quiero ser libre.

Con la terapia autodirigida de los Cuatro Pasos en combinación con el Prozac para que le resulte un poco más fácil, Jenny es ahora capaz de controlar su TOC. Ya no siente miedo de enviar cartas por correo por la absurda idea de que puedan estar contaminadas. Se obliga a ponerse toda la ropa de su armario. Dice que no siente ninguna aprensión por pasar con el coche junto a una planta nuclear ni por trabajar cerca de un reactor nuclear. Jenny se encontró una caja en la que había guardadas viejas tapas de cartón para láminas transparentes de laboratorio. «Se me ocurrió que podía haber enfermedades ahí dentro. Pues las saqué, las subí a mi mesa, las toqué y dije: "Esto es absurdo. Los patógenos mueren a los pocos segundos. No soy yo, es mi TOC"». Y así, pudo dejar de lado ese absurdo pensamiento.

En la UCLA hemos aportado pruebas científicas de que el TOC está relacionado con un desequilibrio químico en el cerebro, que determinadas partes de los cerebros de las personas con TOC utilizan demasiada energía porque el circuito cerebral está estropeado. Esto ocurre en todo el espectro de personas con TOC. Pero el TOC se manifiesta en una gran variedad de formas, algunas extravagantes y otras absurdas. En mi grupo de terapia conductual, a veces, los pacientes no pueden evitar reírse de sí mismos, pero la enfermedad es tan dolorosa que aprendí hace mucho tiempo a no menospreciar ningún síntoma.

Aquí comparto alguno más de nuestros historiales clínicos de la UCLA:

OLIVIA

Olivia, ama de casa de mediana edad, desarrolló poco después del terremoto de Los Ángeles de 1994 una obsesión con que el agua de su lavadora estaba contaminada. Incluso se imaginaba que el váter desaguaba en la lavadora.

LISA

Lisa, técnica de rayos X, desarrolló un miedo irracional al plomo. Como trabajaba rodeada de plomo, esto se convirtió en un problema terrible. Al principio, se imaginaba que tenía las manos contaminadas, después, los zapatos y, por último, cualquier lugar que hubiese pisado. Empezó a delimitar en su casa «zonas limpias». Avisaba a los demás de que trabajaba con plomo y que, por tanto, debían alejarse de ella. La higiene se convirtió en una ardua compulsión.

LYNN

Lynn, una atractiva estudiante de universidad, se obsesionó con pellizcarse la cara en un intento de deshacerse de imperfecciones imaginarias. Tenía una enfermedad conocida como trastorno dismórfico corporal, que puede estar relacionado con el TOC. Al final, tuvo que bajar la intensidad de todas las luces de su apartamento y cubrir con papel los espejos. —Un trastorno parecido, la tricotilomanía, consistente en arrancarse pelo de forma compulsiva, puede también estar relacionado con el TOC—.

KAREN

Mucho más típico es el caso de Karen, un ama de casa y anteriormente auxiliar de dentista de cincuenta y pocos años. Karen es acumuladora compulsiva. Su problema comenzó como un entretenimiento inofensivo al principio de su matrimonio, cuando ella y Rob, su marido, se dedicaron a asistir a mercadillos en busca de tesoros baratos para su nueva casa. Poco después, Karen empezó a llevar a casa objetos inútiles que encontraba en la calle. Con el tiempo, todas las estancias de su casa estaban tan invadidas de trastos que resultaba imposible abrir las puertas. Incluso la bañera se convirtió en un vertedero de esta basura. Había tantas cosas apiladas sobre la cocina que solo podía utilizar un quemador. La sala de estar solo se podía atravesar a través de un camino estrecho, entre bolsas de basura y cajas amontonadas a rebosar. Con sus dieciséis gatos y cuatro perros que, a veces, se aliviaban tras aquellos montones de basura, el hedor se volvió nauseabundo.

Karen recuerda: «Nos daba mucha vergüenza invitar a gente a casa». No había calefacción en la casa porque temían que se prendiera fuego si se encendía el piloto de la caldera. En toda la casa solamente había dos sillas que pudieran utilizar. Los aparatos se estropeaban, pero Karen y Rob no podían arreglarlos porque les daba pavor que algún técnico los denunciara al departamento de sanidad. Taparon la parte inferior de las ventanas y dejaron crecer los arbustos para que nadie pudiera asomarse a mirar el interior. Rob había vivido tanto tiempo con esta suciedad que ya no le parecía que aquella situación fuera de lo más estrambótica. «Nuestra casa ya no era un refugio», dice Karen. «Se había convertido en una cárcel. Nos íbamos a pique, como un barco que dependiera de un viento que nunca llegaba».

Para ellos, la ayuda llegó sin darse cuenta gracias a uno de los antiguos compañeros de Karen que fue a visitarlos sin avisar. Karen se sintió tan humillada que dejó de ir a mercadillos de un día para otro, aunque empezó a asistir a tiendas de libros antiguos. Entonces, Rob tuvo que empezar a formar pilas de libros para poder albergar todos los que ella llevaba a casa. Aun así, Karen no buscó ayuda, temerosa de que la internaran en un hospital psiquiátrico. Al final, desesperada, fue a ver a un psiquiatra que le sugirió que colocara un contenedor en su entrada y que limpiara a fondo la casa. Karen no estaba dispuesta a hacer eso. «Podía verme a mí misma salir corriendo al patio, gritando y lanzándome sobre el contenedor mientras me obligaban a llevarme a un hospital psiquiátrico, todo a plena vista de mis vecinos».

Al final, tras diez años de acumulación compulsiva, entró en Obsesivos-Compulsivos Anónimos, un programa de doce pasos que se realizaba en Alcohólicos Anónimos. Allí conoció a una persona que la convenció de iniciar un largo y duro proceso de limpieza que duraría varios años.

«Mi gran error fue pensar que tenía que solucionar mi problema yo sola», dice Karen. «Tenía falso orgullo. No quería que nadie viese mi desgracia».

En la UCLA enseñamos a Karen los Cuatro Pasos, que sigue teniendo pegados en el espejo de su baño y a los que acude de forma consciente cada vez que ve un tentador mercadillo o un atractivo objeto asomando por un cubo de basura. Cuando Karen Reetiqueta una obsesión y se dice a sí misma «¡déjalo!», se refiere a dejar tanto el pensamiento obsesivo como el deseo fugaz de hacerse con otro trasto. «Si tomo la decisión correcta, consigo estar bien conmigo misma», dice. «Consigo estar mucho más cerca de un entorno sin basura ni engorros. Consigo estar sana y puedo tener amigos. ¡Consigo tener una vida!». Una técnica que utiliza es la de ponerse furiosa con todo ese asunto por cómo le ha arruinado la vida. «No solo tiro cosas a los cubos de basura. Las tiro con sensación de venganza, como si las matara, como si nuestras vidas dependieran de ello y es que, en el fondo, es así».

¿SE PUEDE CULPAR A LOS GENES?

A la hora de contar su historia, Karen menciona que se crio en un entorno muy rígido y perfeccionista, con un padre excéntrico que constantemente despotricaba contra el despilfarro. Se pregunta si esa experiencia determinó el contenido de su TOC, cosa que es posible, especialmente porque no existe aún una explicación biológica que responda a por qué una persona se lava constantemente mientras que otra se dedica a acumular cosas.

Otros pacientes reflexionan también sobre su infancia y su herencia genética a la hora de buscar respuestas que expliquen por qué han desarrollado un TOC. No cabe duda de que la genética sí que parece estar relacionada. En numerosas ocasiones, muchos pacientes me han hablado de madres, hermanas o abuelos que mostraban tendencias al TOC mucho antes de que a la enfermedad se le pusiera nombre. Muchos estudios oficiales han demostrado lo mismo: el TOC suele ser un rasgo familiar. Con frecuencia, los padres de personas con TOC eran personas rígidas e inflexibles que se mostraban muy molestas si las cosas no se hacían de una manera determinada. Por ejemplo, a las cinco en punto todos los días, los abuelos de Howard Hughes salían al porche de su casa de verano. De niño, Howard tenía que estar puntual a las cinco o tendría que atenerse a las consecuencias. Podría pensarse que este tipo de rigidez es un TOC leve. Estos rasgos pueden resultar tremendamente ventajosos cuando uno es, por ejemplo, cirujano o contable, pero pueden convertirse en patológicos si se intensifican. Así pues, no sorprende ver que un precursor de un desequilibrio bioquímico de un TOC es esta función cerebral mucho menos perturbadora y que tiene su origen en un hábito.

Hay enfermedades que tienen su aparición en la infancia y que también están vinculadas con el TOC. El grupo de la doctora Susan Swedo en el Instituto Nacional de Salud ha encontrado un vínculo entre el TOC y la corea de Sydenham, una variante de la fiebre reumática que provoca un ataque autoinmune sobre el cerebro. Su labor estuvo relacionada con la corea de Sydenham tanto en su comienzo como en la intensificación del TOC. El hecho de que exista un fuerte vínculo entre el síndrome de Tourette, una enfermedad motora que provoca tics nerviosos, y el TOC resulta también curioso. La relación entre las experiencias psicológicas durante la infancia, especialmente las traumáticas, y el TOC clásico resulta menos clara, pero algunos de mis pacientes están convencidos de su existencia.

Michael, taquígrafo, está convencido de que su TOC tiene su origen en el hecho de haberse criado en una casa con un padre que mostraba una gran obcecación por minucias y con una madre a la que describe como una limpiadora compulsiva y controladora. Según recordaba: «Mi madre solía ser muy posesiva. Pero, aunque me asfixiaba con sus muestras de cariño, no me lo fomentaba en otros aspectos. Lo cual es lo mismo que hace mi TOC. Sabes que tienes todo ese potencial reprimido. Recuerdo que otros niños recibían clases de piano o de lo que fuera, pero ella nunca me permitió tener esas cosas. Solo se dedicaba a agobiarme. Con el TOC, puedes tener el potencial, pero te asfixia y no permite que lo saques fuera».

Michael se describe a sí mismo como si tuviera «un cerebro como el doctor Jekyll y Mr. Hyde», con un lado bueno y otro malo, el del TOC. Tenía compulsiones relacionadas con contar y tocar las cosas, compulsiones con números «buenos» y números «malos» y compulsiones relacionadas con repetir frases una y otra vez en su cabeza. Pero su compulsión más estrambótica, a la que todavía se enfrenta, empezó en quinto de primaria. «Me sentaba en clase y, de repente, sentía que los pantalones me apretaban mucho». No estaba contento en el colegio, en parte, porque su TOC le hacía difícil poder concentrarse y ahora se pregunta si esa sensación de los pantalones sería una especie de técnica de distracción inconsciente.

Aunque Michael ha superado la mayor parte de sus otras obsesiones, dice que su TOC «parece decidido a atrincherarse con todas sus fuerzas y ganar la batalla definitiva», la batalla de los pantalones demasiado apretados. O, tal y como Michel lo explica de una forma algo más tosca: «El miedo a que los calzoncillos se me suban por el culo y se me salgan por la boca de tanto que se encogen». Antes de recibir terapia conductual, se quitaba la ropa en un intento de deshacerse de esa sensación. Ahora, se da cuenta de que ceder a un pensamiento absurdo es lo peor que podía hacer.

Michael superó por fin su obsesión con la contaminación pesticida, una obsesión tan grave que «el simple hecho de ver un bote de Raid en el supermercado» le dejaba traumatizado. «Si colocaba las cosas en la caja y alguien delante de mí llevaba un bote de Raid, yo tenía que coger toda mi comida, todo, volver a colocarla en los estantes y empezar a llenar de nuevo mi cesta. Pensaba que todo había quedado contaminado. Por supuesto, tenía que ir después a una caja distinta, porque no sabía si la cinta de la caja se había contaminado. A veces, tardaba tanto rato que hasta tenía que irme sin comprar la comida». Si Michael veía una furgoneta de una empresa fumigadora en la calle, tenía que irse a su casa, lavarse la ropa y darse una ducha. Según dice, «siempre sentía como si ese velo de veneno me cubriera por completo».

El momento de la verdad llegó cuando le informaron de que el apartamento en el que vivía lo habían vendido y que iban a cubrir el edificio entero para someterlo a un tratamiento contra las termitas. Michael entró en pánico. ¿Debía ir al Ayuntamiento a denunciarlo? ¿Pedir un informe psiquiátrico que impidiera entrar a los fumigadores porque sufría una enfermedad mental? Después, consiguió controlarse. «Pensé: "Un momento. Voy a dejar que lo hagan porque quizá así me sienta mejor". Había llegado a la conclusión de que tenían que hacer esto y que yo no me iba a morir. Suponía algo realmente importante para mí». Un momento de claridad tras veinte años sufriendo esta obsesión. La labor de servirse de la percepción consciente para distinguir lo que en realidad son obsesiones empezó a compensarle en gran medida. Michael dio entonces un paso más allá. Cuando llegó el encargado de la fumigación, Michael le pidió su tarjeta de visita. La cogió y se la llevó con él para que le sirviera de recuerdo de que no iba a morir. Al exponerse de forma deliberada a lo que antes le aterraba, supo que estaba empezando a sentirse mejor.

Mediante la puesta en práctica de los Cuatro Pasos, Michael ha aprendido a pensar en el TOC como «ese tipo malo de mi cerebro que ya no me puede seguir engañando. Sé que no voy a morirme por culpa de los pesticidas. Sé que puedo tocar dos veces una mesa sin tener que tocarla una tercera vez» y que no va a ocurrir ninguna catástrofe por ello. Pero esos pantalones apretados le siguen fastidiando. «Forman parte de mi cuerpo. Están en mi piel. Están ahí todo el tiempo y no puedo huir de ellos». Aunque Michael sigue sufriendo una modesta parte del TOC, es muy consciente de la tremenda mejora que ha conseguido y de lo mucho que ha aumentado su capacidad de rendimiento.

En la batalla contra el TOC, ha aprendido «que haces todo lo posible por sabotearte a ti mismo. Hacen falta muchísima energía y un verdadero esfuerzo para poder resistirse ante él. Es un dolor intenso, tan malo como cualquier dolor físico». También ha aprendido que una puesta en práctica automática de los Cuatro Pasos, sin una percepción consciente, no funciona. Esta es la descripción que Michael hace de sí mismo cuando está sumergido en la batalla contra su TOC, practicando la terapia de la exposición autodirigida: «Piensas: "Bueno, si toco esto, mi padre se va a morir, pero voy a hacerlo de todos modos". Así que lo tocas y sigues sintiendo que tu padre va a morirse. Pero solo tienes que pensar: "Vale, pase lo que pase, es mejor que seguir viviendo así. Sigue los Cuatro Pasos y ten fe"». ¡Qué percepción tan profunda es esta! En la actualidad, Michael dice que se encuentra «en plena batalla contra el TOC». Yo no apostaría contra alguien que puede luchar con tanta fuerza.

En la UCLA, tenemos muchos historiales clínicos de miedos de contaminación relacionados con el TOC. En el caso de Jack, un trabajador temporal, el dolor físico real fue lo que le animó a buscar ayuda para su lavado de manos compulsivo. No podía enfrentarse a otro invierno con las manos agrietadas, enrojecidas y en carne viva. Se lavaba tanto las manos que su hija pequeña las llamaba «palitos de jabón», congeladas y con un olor a jabón incrustado del que nunca podía deshacerse. Durante el tratamiento, aprendió que cuando se niega a ceder ante los impulsos de lavarse las manos, no ocurre ninguna catástrofe. «Sé que si no lo hago no va a ser el fin del mundo». Antes, siempre sentía como si «alguna catástrofe me esperara a la vuelta de la esquina. Mis lugares seguros, como el coche o mi casa, iban a quedar invadidos si no realizaba esas compulsiones.

No es fundamental que Jack ni otros pacientes consigan hacer el Reetiquetado cada vez que aparece el impulso de realizar una compulsión. Pero si ceden y la realizan, es crucial que reconozcan de forma consciente que se trata de una compulsión y que, esta vez, no han conseguido resistirse a ella. Esto es mucho más útil que el Reetiquetado de una forma automática e improvisada. Cuando Reetiquetas de forma automática, se convierte en un ritual carente de significado. No hay ninguna magia en decirte: «Ah, esto es una obsesión». Obedecer las órdenes del médico de esa forma mecánica, sin pensar en lo que se hace, no sirve de nada. La percepción consciente sí. Así, lo que dices es: «La sensación es demasiado fuerte. Esta vez tengo fuerzas para enfrentarme a ella, así que voy a verificar si he cerrado la puerta». Y después, cuando vayas a comprobarlo, hazlo con cuidado, mediante la percepción consciente, para así estar preparado para defenderte la próxima vez. Y no hay que decir: «Voy a asegurarme de que la puerta está cerrada». Esta sería la receta segura para una eterna conducta de verificación compulsiva.

REETIQUETADO FIRME

En la UCLA, a los pacientes se les pide que escriban un texto en el que describan sus síntomas y cómo responden ante ellos. Se trata de otro tipo de terapia autodirigida. Estos escritos nos han servido también como extraordinaria fuente de conocimientos sobre el TOC. Como los pacientes de TOC suelen ser personas inteligentes y creativas, sus formas de expresar lo que están sufriendo en su batalla contra su enfermedad se convierten en una lectura fascinante.

Joanne, que ha pasado muchos años escuchando una vocecita en su cabeza que no paraba de repetirle una y otra vez pensamientos negativos como si se tratara de un disco rayado, habló de cómo acudió a un libro de autoayuda. El autor sugería que se chasqueara una cinta de goma en la muñeca como técnica de distracción cada vez que su mente comenzara a reproducir sus trucos del TOC. Joanne escribió lo siguiente: «Lo único que saqué fue un dolor de la muñeca el primer día». Lo que al final hizo que mejorara no fue una cinta de goma, sino los Cuatro Pasos. Al principio, empezó a sentir que tenía un poco de control sobre su vida cuando se decía a sí misma: «Si no quiero que me atropelle un tren [los pensamientos obsesivos negativos], tendré que salirme de la vía y dejar que el tren pase». Estaba aplicando una técnica que conocemos como «sortear» el TOC. En la actualidad, con la ayuda de la terapia conductual y la medicación, Joanne puede decir: «El sol brilla en mi interior».

Mark, un joven artista, describió una experiencia de TOC real que se podría parecer a la de un piloto en una película de terror. Su

TOC comenzó en su infancia con los rituales de las oraciones y, cuando tenía poco más de veinte años, pasó a convertirse en una compulsión relacionada con la limpieza. Tenía que limpiar su apartamento doce veces —doce era un número «bueno»— y después «buscar a alguna chica con la que acostarse para así conseguir de una especie de forma cósmica que las energías volvieran a ser como debían» y, de ese modo, no moriría ningún miembro de su familia. El hecho de utilizar a una mujer de esta forma le hacía sentir mal, así que limpiaba una vez más como una especie de ritual de purificación. Entonces, llegó un día en que tras la decimotercera limpieza de su apartamento, iba caminando por la calle y «una paloma bajó literalmente del cielo y cayó muerta a mis pies, con sangre saliéndole por el pico». Claramente, aquello era un mal augurio. Trece era un número malo. Tenía que limpiar unas cuantas veces más. Tras hacerlo, Mark fue a una cafetería a almorzar, pero dio la casualidad de que el hombre que estaba en el asiento de al lado estaba leyendo un periódico con el titular «¿ADÓNDE VAN A MORIR LAS PALOMAS?». Muy bien, pensó, habrá que limpiar un poco más. Al final, tras haber limpiado su apartamento veintiuna veces, por fin pudo descansar tranquilo.

Durante un tiempo, a Mark se le ocurrió que podría engañar a su TOC dándole la vuelta a la tortilla y diciendo que, si realizaba las compulsiones, moriría un miembro de su familia. «Pensé: "Muy bien, listillo. Ya he encontrado la solución. Ahí tienes"». No funcionó. Aparecieron nuevas compulsiones. «No había aprendido la lección de que no se pueden utilizar atajos para llegar a la meta. No funciona y siempre resulta contraproducente». Pasarían años hasta que por fin pudo deshacerse de su compulsión de la limpieza: «Hubo una vez en la que tuve que limpiar mi apartamento ciento cuarenta y cuatro veces. Tardé meses».

Para Mark, el punto de inflexión durante su tratamiento conductual llegó cuando encontró un apartamento que quería, pero la vocecita interior de su TOC le advirtió: «No, no deberías mudarte aquí». Los números de la dirección no eran números «buenos». Mark se mantuvo firme. «Maldita sea, no me puedo creer que vaya a permitir que una decisión tan importante en mi vida me la dicte el TOC». Esto es hacer un Reetiquetado firme. Justo después de que Mark se mudara, sus pensamientos sobre los «números malos» desaparecieron. Se dijo a sí mismo, como hace ahora cada vez que aparece un pensamiento del TOC: «No tengo por qué hacerlo. No tengo por qué hacer nada de eso».

TOC: UNA PLANTA RODADORA

Lara, que sufre el síndrome de Tourette además de un TOC clásico, describe diversos síntomas que van desde pensamientos violentos con cuchillos hasta compras compulsivas. En una ocasión, buscó ayuda en Compradores Compulsivos Anónimos, pero pronto se dio cuenta de una cuestión básica del TOC: mientras los compradores compulsivos anónimos contaban que sentían un subidón de placer con las compras, Lara no encuentra placer ninguno en sus repetidos viajes al centro comercial. Según dice: «Mis obsesiones son dolorosas. No son agradables. Compro cosas que no necesito y, después, las devuelvo. Casi me cobran más por la devolución que con la compra». Las palabras de Lara sirven para dejar clara una importante diferencia entre el TOC y los problemas de control impulsivo. Como conducta, el TOC, en esencia, nunca resulta placentero.

Lara también siente que se vuelve loca con obsesiones como el miedo a hacerse daño a sí misma o a otra persona, a hacer algo que resulte bochornoso, a que se estrelle un avión contra su casa o a que los pasos elevados de las autopistas se le caigan encima. «Es como si una obsesión impulsara a otra y esta a otra. Si has visto una rata dando vueltas en una rueda, esto es igual. O como montar en la taza de Disneyland que da vueltas a toda velocidad».

Lara nunca ha actuado conforme a un pensamiento violento. Las personas con TOC nunca lo hacen. A través de la terapia conductual, ha aprendido a Reetiquetar sus pensamientos como irracionales y a decirse a sí misma: «No es real. Estás asustada porque parece terrorífico e increíble». Ahora sabe que puede controlar esos pensamientos e impulsos, por muy fuertes o perturbadores que se vuelvan. Sigue enfrentándose a sus obsesiones, que describe como «equipaje de sobra» que lleva con ella a todas partes y que no puede abandonar.

Carla, esteticista, se obsesionó tanto con la idea de que iba a hacer daño a su pequeña bebé que pensó en dar en adopción a esa hija que tanto había deseado y durante tanto tiempo. —Tenía cuarenta años y llevaba catorce casada cuando nació su hija—. Carla, a la que al principio dieron un diagnóstico equivocado de depresión posparto, sufría ataques de pánico, pensamientos de que iba a matar a la bebé, tan intensos que ni siquiera podía ver un cuchillo o unas tijeras. «Era como ver una película en la que casi te metes en la pantalla y piensas: "Dios mío, ¿soy capaz de hacer algo así?". Me enfrentaba a eso todos los días, a todas horas». Solo con su determinación a ocuparse de satisfacer las necesidades de su bebé consiguió salir adelante. Literalmente entraba a cuatro patas al cuarto de su bebé para cambiarle los pañales.

Su hija tiene ahora seis años y Carla da gracias a Dios cada día por estar junto a ella y verla crecer. Hubo una larga temporada en la que sus pensamientos del TOC eran tan malos que deseó que la internaran, que pensó incluso en quitarse su propia vida para salvar así la de su hija. Carla describe su TOC como una «planta rodadora» que cada vez va recogiendo más pensamientos ilógicos a medida que va dando vueltas. Pero con el tratamiento, aprendió a alejarse de esos pensamientos. Cuando aparece un pensamiento del TOC, Carla se dice a sí misma: «Primero, mi nombre es Carla y, segundo, tengo un TOC. Mi vida no es el TOC». Ahora es tan automático, dice, que es como escribir su nombre o beber un vaso de agua. ¡Clic! Se enciende una bombilla en su cabeza.

Sus defensas están listas. Surge la percepción consciente y la capacidad de Reetiquetar en medio de un destello de su mente preparada.

Aunque muchas personas con TOC son reacias a contarles a los demás que tienen este problema, ya sea porque les da vergüenza o por miedo a perder sus trabajos o, quizá, porque saben que mucha gente simplemente no quiere oír hablar de ello, a Carla le produce mucho alivio el hecho de compartir su secreto con los demás. Realiza muchos trabajos de voluntariado, algunos de ellos consistentes en ayudar a personas con problemas físicos. «Para mí, decir: "Eh, yo tengo un TOC. ¿Cómo te puedo ayudar?" es casi como salir del armario». Entrenar a la mente para que piense. «¿Cómo te puedo ayudar?» es una técnica de terapia conductual con mayúsculas.

«Por supuesto, me encantaría que hubiese algún superremedio con el que pudiese ingresar en un hospital, hacer que me operaran y salir sana», dice. «Pero no es así». La terapia conductual es la siguiente mejor opción y, en cierto sentido, resulta incluso mejor cuando consigue que se desarrolle la percepción consciente de una persona.

Ahora que hemos conocido el Paso 1: Reetiquetado, consistente en llamar al TOC por su verdadero nombre, vamos a introducirnos en el paso de la Reatribución. En esencia, la Reatribución no es más que echar la culpa de los síntomas del TOC a quien realmente le corresponde: a nuestro cerebro atascado.

La Reatribución responde a las fastidiosas preguntas de ¿por qué esto me está perturbando tanto?, ¿por qué no desaparece?

El TOC no desaparece porque es una enfermedad. Una persona que sufra la enfermedad de Parkinson podría decir: «No me encuentro nada bien. ¿Por qué no me puedo mover a la misma velocidad que los demás?». La persona con Parkinson tiene que reorganizarse y decir: «Como tengo una enfermedad, debo amoldarme a ella». Debes amoldarte a una enfermedad llamada TOC y aprovechar al máximo tus capacidades. No eres una víctima. Estás tratando de solucionar un problema.

PUNTOS CLAVE QUE HAY QUE RECORDAR

- El Paso 1 es el paso de Reetiquetado.

- Reetiquetar significa llamar a los pensamientos y comportamientos intrusivos e indeseados lo que de verdad son: obsesiones y compulsiones.

- El Reetiquetado no va a hacer que esos pensamientos e impulsos indeseados desaparezcan de inmediato, pero sí te ayudará a cambiar tu respuesta conductual.

- Cuando cambias tu conducta, cambias tu cerebro.

- La clave para el éxito está en fortalecer tu Espectador Imparcial, tu capacidad de salir de ti mismo y observar tus acciones con una perspectiva consciente.

2
Paso 2. Reatribución

«Desbloquear tu cerebro»

Paso 1. Reetiquetado
Paso 2. REATRIBUCIÓN
Paso 3. Reenfoque
Paso 4. Revalorización

Paso 2. La **Reatribución** responde a las preguntas de «¿por qué estos molestos pensamientos, impulsos y comportamientos no desaparecen? ¿Por qué no dejan de fastidiarme? ¿A qué debería atribuirlos?».

La respuesta está en que persisten porque son síntomas de un trastorno obsesivo-compulsivo (TOC), una enfermedad que, según se ha demostrado científicamente, está relacionada con un desequilibrio bioquímico del cerebro que hace que este falle. Existen ya pruebas científicas contundentes de que con el TOC una parte del cerebro que actúa de forma parecida a la palanca de cambios de un coche no funciona correctamente. Por tanto, **tu cerebro se queda «con la palanca de cambios atascada».** Como consecuencia, no resulta fácil cambiar de comportamiento. El objetivo del paso de Reatribución es ser consciente de que los pensamientos e impulsos atascados se deben a que el cerebro está averiado. —Véase la Imagen 1 de la página 57—.

EL EXTREMO OPUESTO de GARY LARSON

El profesor Lundquist en un seminario sobre pensadores compulsivos ilustra su técnica de grapado del cerebro.

Con una reverencia al profesor Lundquist, en este capítulo vamos a ver nuestra «técnica de grapado del cerebro» para superar los síntomas del TOC.

Me apresuro a añadir que nuestro método no tiene nada que ver con pequeñas grapas metálicas. En la UCLA utilizamos la terapia conductual autodirigida como técnica de grapado del cerebro. Dicho de otro modo, usamos el poder de la propia mente para realizar un cambio en la química del cerebro. Eso es lo que se consigue cuando se superan esos pensamientos intrusivos que se quedan atascados en el cerebro y no desaparecen. Nuestras herramientas son los Cuatro Pasos —Reetiquetado, Reatribución, Reenfoque y Revalorización—. Con el tiempo y con perseverancia se consigue con esto «quitar las grapas» de esa corteza orbitofrontal hiperactiva. No es necesaria ninguna neurocirugía. Se puede hacer con la mente.

Cuando hablo de terapia conductual autodirigida me refiero a una respuesta activa ante los síntomas del TOC en los que reconocemos a este intruso como lo que es y nos enfrentamos a él mediante la utilización de los Cuatro Pasos para cambiar esas palancas de cambios atascadas de nuestro cerebro.

En el Paso 1, Reetiquetado, aprendimos la importancia de llamar obsesión a la obsesión y compulsión a la compulsión. Pero el Reetiquetado solo no hace que esos dolorosos pensamientos e impulsos desaparezcan. Cuando te preguntas: «¿Por qué narices no deja de molestarme siempre esto?», no deja de molestarte porque tienes un fallo técnico en el cerebro: la transmisión automática atascada de la que hablamos en la Introducción.

Ahora ha llegado el momento de entrar en el Paso 2, la Reatribución. Ya has identificado tu problema como un TOC: con la Reatribución, aprendes a dedicar buena parte de la culpa directamente a tu cerebro; esto es, que mi cerebro me está enviando un mensaje falso. Tengo una enfermedad por la que mi cerebro no filtra como debe mis pensamientos y experiencias y reacciono de forma inadecuada a cosas que sé que no tienen sentido. Pero si cambio mi modo de reaccionar al mensaje falso, puedo hacer que mi cerebro funcione mejor, lo cual hará que mis malos pensamientos y sentimientos mejoren también.

«NO SOY YO. ES MI CEREBRO»

Como estos pensamientos e impulsos hacen que tu vida resulte insoportable, debes diseñar estrategias activas y positivas para evitarlos. Tienes que adaptarte y decirte en todo momento: «No soy yo. No es más que mi cerebro».

Yo jamás le diría a una persona con la enfermedad de Parkinson: «¡Deja ya esos temblores! No te muevas hasta que dejes esos temblores». Esa persona no puede hacer que desaparezca su temblor solo porque lo desee, igual que la persona con TOC no puede hacer que desaparezcan los mensajes falsos con los que su cerebro la bombardea solo con desearlo. Ambas tienen una enfermedad a la que se tienen que adaptar. —Es interesante dejar claro que tanto la enfermedad de Parkinson como el TOC están provocados por desajustes en una estructura cerebral que se conoce como núcleo estriado—. Es inútil y contraproducente que la persona con la enfermedad de Parkinson decida: «No estoy nada bien. No puedo moverme a la misma velocidad que los demás», y resulta igual de contraproducente que una persona con TOC se rinda y diga: «Esto es demasiado grande y poderoso. No puedo enfrentarme a él, así que voy a hacer lo que me ordena».

Anteriormente he introducido el concepto del Espectador Imparcial o percepción consciente. Con la utilización del Espectador Imparcial, puedes alejarte de tu TOC, crear un espacio o zona de seguridad entre tu voluntad —el espíritu completamente interior— y tus impulsos indeseados e intrusivos. En lugar de responder a esos impulsos de una forma irreflexiva y mecánica, te ofreces unas alternativas. En las primeras fases de la terapia es bueno pensar en algún comportamiento alternativo para tenerlo listo cuando aparezca el dolor del TOC. Puede servir cualquier tipo de actividad placentera y constructiva. Cualquier tipo de pasatiempo es especialmente bueno.

El paso de la Reatribución intensifica el proceso de percepción consciente. Una vez que se es consciente de que lo que está pasando es un TOC, el paso siguiente es ser profundamente consciente de por qué resulta tan molesto y no desaparece. Ahora sabemos sin ningún tipo de duda que no desaparece porque se debe a una enfermedad, un desequilibrio bioquímico dentro del cerebro. Con la Reatribución del dolor a esta enfermedad, estás fortaleciendo la seguridad de que no se trata de tu voluntad, que no se trata de ti, y que no va a poder controlar tu espíritu. Aún continúas intacto y eres capaz de tomar decisiones conscientes y reflexionadas como respuesta a ese sufrimiento.

¡FALSA ALARMA!

Una mujer que pertenece a mi grupo de terapia semanal de TOC lo expresó muy bien: «La terapia conductual acaba con la mentira que la ansiedad está diciendo». Dicho de otro modo, la intensidad y omnipresencia de estos pensamientos e impulsos no es una debilidad de la personalidad ni un problema psicológico. Se trata simplemente de una falsa alarma provocada por un cortocircuito dentro del cerebro. Pensar en esta analogía debería servir para entender cuál es la respuesta adecuada a estos impulsos; en mitad de la noche, se dispara una alarma. Te despierta y tú te pones nervioso y te molestas. Pero solo un tonto se quedaría tumbado en la cama dando vueltas y tratando de ordenar a esa alarma que pare. No lo hará. Con toda probabilidad, está respondiendo a un cortocircuito que ha provocado un mensaje falso. Por tanto, una persona sensata tratará de no hacer caso de la alarma, pensar en otra cosa y volver a dormirse. Cuando el TOC le envía un mensaje falso a tu cerebro, no puedes hacer que desaparezca ni tienes que actuar conforme a él. En primer lugar, Reetiquétalo; después, Reatribúyelo. Debes decirte a ti mismo: «No voy a hacer esto. No quiero hacer esto. No soy yo. No es más que un TOC».

Para combatir las compulsiones, nos ha venido bien utilizar la regla de los quince minutos: cuando te sientes invadido por el impulso de realizar una compulsión, intenta esperar quince minutos. Pero no se trata esto simplemente de una espera pasiva. Es un periodo de espera durante el cual te estás diciendo de forma activa: «No son pensamientos reales. Son mensajes fallidos de mi cerebro». Si, pasados los quince minutos, el impulso empieza a desvanecerse, como suele pasar con frecuencia, comenzarás a ver que tienes cierto control sobre tu TOC. Ya no eres una víctima pasiva.

No sirve de nada quedarse sentado y dándole vueltas a lo espantosa que va a ser tu vida si actúas conforme a un pensamiento temeroso, violento u obsesivo. No vas a hacerlo. ¿Por qué no? Porque tu verdadero yo no quiere hacerlo. Pensemos en los fumadores empedernidos que tienen que dejar ese hábito por el bien de su salud: puede que nunca se libren del impulso de fumar un cigarro, pero pueden dejar de fumar cambiando su comportamiento a la hora de responder a ese impulso de fumar. Con el tiempo, el impulso de fumar se va desvaneciendo.

Recuerda: el TOC no es la satisfacción de un deseo oculto. Se trata simplemente de una máquina que no funciona bien. El TOC puede imitar la sensación de realidad, pero la realidad nunca imita la sensación del TOC. Esto nos lleva a un principio muy importante: Si parece que puede ser TOC, ¡es TOC! Si fuese realidad, no parecería que pudiera tratarse de TOC.

ES LA GUERRA

Los pasos de Reetiquetado y Reatribución se realizan, a menudo, juntos porque se refuerzan el uno al otro. Es decir, la percepción consciente —el Espectador Imparcial— y la comprensión cognitiva de que esto se trata de una incidencia de una información errónea que procede del cerebro funcionan de manera conjunta. Estas técnicas suponen los cimientos para la construcción de un poderoso sistema de defensa contra este enemigo que es el TOC. Es posible que prefieras pensar que estás creando una plataforma sobre la cual planear tu estrategia de contraataque. Por muy incómodos que sean esos sentimientos, cuando te subes a esa plataforma, tomas el control. La verdad está de tu lado.

Hubo un tiempo en el que Barbara estaba obsesionada con verificarlo todo y cerrar las puertas —recordemos al señor Café— y llegaba a casa del trabajo todos los días tan estresada por sus pensamientos obsesivos —¿Había atropellado a alguien con el coche? ¿Había metido un contrato de su trabajo en el sobre equivocado? ¿Esa carta que había llevado al buzón se había quedado dentro de verdad?— que tenía que irse directa a la cama. Pero no quería dormirse «porque eso hacía que el TOC del día siguiente llegara mucho antes. Me quedaba tumbada en la cama, como una convaleciente, y me limitaba a relajarme. Mi vida consistía en pasar el día como podía y, después, recuperarme. Y temer la llegada del día siguiente».

En la actualidad, diez años desde que se desató su TOC y seis desde que empezó la terapia conductual autodirigida, Barbara puede decir que los rituales del TOC que sigue teniendo no son más que «pequeñas molestias sin importancia, como la de tener que pasarse el hilo dental cada día».

Tras cuatro años de sufrimiento, pensó que estaba perdiendo la batalla. Varios factores se habían confabulado para contribuir a esta sensación de derrota. En una ocasión en la que había salido de la ciudad el fin de semana, se vio superada por el miedo de que no había cerrado con pestillo la puerta de su apartamento pese a que, por supuesto, sí lo había hecho. Así que Barbara llamó a su casera, le contó que la puerta estaba sin cerrar y le pidió que lo hiciera. Lógicamente, no le dijo que no estaba segura de haberla cerrado. «No quería que pensara que yo era una excéntrica ni una desequilibrada». Ocurrió lo inevitable. La casera abrió el pestillo de la puerta. Cuando Barbara regresó a casa y lo vio abierto, fue consciente: «Ni siquiera puedo encargar a nadie que me ayude inconscientemente porque termino saboteándome a mí misma». Por primera vez, se sintió realmente derrotada.

Sobre esa ocasión, sus mecanismos de mnemotecnia —memoria— estaban perdiendo su carácter novedoso. Al principio, Barbara podía decir: «Bueno, ahora estoy cerrando la puerta con pestillo. Llevo puesta una camisa azul y es martes». Luego, cuando llegaba al trabajo, podía decirse: «Bien. Camisa azul. Martes. La puerta debe estar cerrada con pestillo». Pero esa técnica ya no le funcionaba. Su cerebro había empezado a decirle: «¡Ajá! Puede que también llevaras una camisa azul el lunes».

Fue en ese momento cuando un día sucumbió a guardar la cafetera y la plancha en su bolso y llevárselas al trabajo. Estaba angustiada. «Tenía problemas de autoestima relacionados con el TOC y con lo que estaba haciendo profesionalmente —desempeñaba continuamente trabajos por debajo de sus capacidades—. No necesitaba que, además, alguien descubriera que llevaba una plancha en el bolso».

En cuanto supo que tenía un trastorno bioquímico en su cerebro y que podía ayudarse a sí misma mediante terapia, empezó a mejorar. Cuando echa ahora la vista atrás, Barbara dice: «Tu cerebro puede meterse de lleno en cosas muy malas. Te preguntas: "¿La cocina está apagada? ¿La cocina está apagada?", y después, llegas al punto de pensar: "¿Qué es apagado? Cuando giro el botón a la posición de apagado, ¿cómo sé que de verdad es la posición de apagado?"».

Cuando su TOC alcanzó su peor momento, no podía huir de él ni siquiera estando de vacaciones. Comprobaba las cocinas de otras personas. Si no lo hacía, su cerebro le decía que iba a ocurrir alguna horrible catástrofe.

Con la utilización de la percepción consciente cada vez que comprueba algo, Barbara puede ahora no hacer caso de los impulsos de su TOC, consciente de que ha apagado la cocina y ha cerrado la puerta con pestillo. Se dice a sí misma: «Es la enfermedad la que hace que me sienta insegura. Y cuando siento que la cocina no está apagada, lo he verificado conscientemente y ahora debería alejarme». Su TOC ya no resulta gravemente perturbador. Más bien, es «una presencia en mi vida tan real e insistente, a su modo, como un niño con una pataleta». Sabe qué hacer cuando su niño llora. También sabe qué hacer cuando su TOC provoca algún alboroto.

A propósito, Barbara se quedó embarazada durante la terapia y atribuye a su embarazo el hecho de que su proceso de curación se acelerara. Sabemos que el estrés agrava los síntomas del TOC. Cuando Barbara se quedó embarazada, sus prioridades cambiaron. «Ya no me importaba tanto mi trabajo y sí me preocupaba mantenerme desestresada durante el embarazo. Simplemente, decidí: "Bueno, si sale alguna carta plagada de errores, ¿qué más da?". Sabía que no iba a regresar a ese trabajo. Y entonces, los síntomas del TOC se redujeron enormemente». Es más, su número de errores no aumentó.

Cualquiera que sufra TOC podrá decir que negarse a ceder a los impulsos y compulsiones es una tarea complicada. «Dolorosa» es el adjetivo que con más frecuencia escucho.

Dottie, que realizaba todo tipo de rituales estrambóticos como consecuencia de un temor infundado a que algo horrible le iba a pasar a su hijo en los ojos, compara el hecho de no ceder a esos comportamientos con «perder a un viejo amigo. Siempre digo que el TOC es como un enemigo amable. Es algo de lo que te quieres deshacer, pero también es como si formara parte de ti y no quisieras abandonarlo». Es más fácil encontrar consuelo en la realización del ritual que en tratar de luchar contra esa sensación. Y, a veces, podemos servirnos de compulsiones para evitar algo, o a alguien, a lo que no queremos enfrentarnos. Pero, como ahora sabemos, esa es una receta para un sufrimiento permanente.

Una persona con TOC describió muy bien lo que les pasa a las personas que no se resisten: «Los malos hábitos provocan una muesca en el cerebro». Y esos pensamientos terribles e intrusivos se quedan atascados justo en esa muesca.

TODO ESTÁ DENTRO DE TU CABEZA

El cerebro humano, que pesa alrededor de 1,3 kilogramos y tiene, más o menos, el tamaño de dos puños apretados y juntos, es el más complejo y fascinante de todos nuestros órganos, con su red de unos diez mil millones de células nerviosas, o neuronas, conectadas entre sí.

Nuestra investigación realizada en la UCLA sobre personas con TOC nos llevó a descubrir que, sin ninguna duda, el TOC es una enfermedad neuropsiquiátrica que surge como consecuencia de un fallo en el circuito del cerebro. Pero, en primer lugar, echemos un vistazo a esas partes con nombres que nos resultan misteriosos, a sus funciones y a lo que sale mal y permite que aparezca el TOC.

Este miniglosario puede resultar de utilidad. —Las estructuras claves están ilustradas en la Imagen 2 de la siguiente página—:

• NÚCLEO ESTRIADO: El núcleo estriado se compone de dos partes: el putamen y el núcleo caudado, que están situados uno al lado del otro en el núcleo del cerebro, en el centro. El putamen es la transmisión automática de esa parte del cerebro que regula la parte motora y el movimiento físico, y el núcleo caudado es la transmisión automática y el filtro de la parte frontal del cerebro que controla el pensamiento.

• CORTEZA ORBITOFRONTAL: La corteza orbitofrontal es la parte inferior de la zona frontal del cerebro, el «meollo» del TOC. El «circuito de detección de errores» del cerebro está situado justo por encima de las cavidades oculares. Aquí se mezclan pensamiento y emoción. La corteza orbitofrontal puede informarnos de que algo va bien o mal, si es algo a lo que hay que acercarse o que hay que evitar.

• CORTEZA: La corteza es la superficie exterior del cerebro. La corteza frontal es donde se desarrollan el pensamiento y la planificación más avanzados.

• GANGLIOS BASALES: Los ganglios basales son, en esencia, lo mismo que el núcleo estriado; son términos casi intercambiables.

porción del cerebro donde se toma la imagen

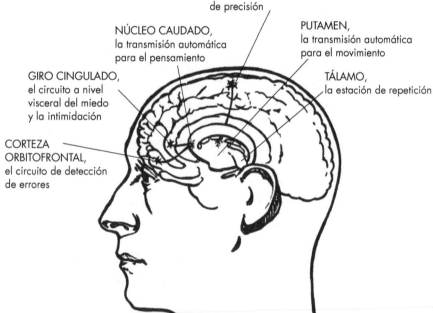

CORTEZA MOTORA-SENSORIAL,
que controla los movimientos
de precisión

NÚCLEO CAUDADO,
la transmisión automática
para el pensamiento

PUTAMEN,
la transmisión automática
para el movimiento

GIRO CINGULADO,
el circuito a nivel
visceral del miedo
y la intimidación

TÁLAMO,
la estación de repetición

CORTEZA
ORBITOFRONTAL,
el circuito de detección
de errores

Imagen 2. Ilustración que muestra la ubicación de las estructuras fundamentales del cerebro y que participan en el TOC.

El núcleo caudado, que nos permite cambiar de un comportamiento a otro, forma parte de los ganglios basales.

- GIRO CINGULADO: El giro cingulado se encuentra en el centro del cerebro, en la parte más profunda de la corteza. Está conectado con los centros visceral y de control cardiaco y es el responsable de aportar la sensación de que va a ocurrir algo terrible si no se actúa conforme a las compulsiones de lavarse, hacer verificaciones o cualquier otra cosa.
- TÁLAMO: El tálamo es la estación central de retransmisión para el procesamiento de la información sensorial del cuerpo.

La Imagen 3 de la página 136 muestra fotografías del cerebro de Benjamin, un paciente de la UCLA, antes y después de la terapia cognitivo-bioconductual para el tratamiento del TOC. Tanto a Benjamin como a otros sujetos de nuestro estudio en la UCLA se les inyectó una diminuta cantidad de solución similar a la glucosa que, después, quedó atrapada en sus cerebros durante varias horas, permitiéndonos así tomar imágenes y medir la actividad metabólica en varias zonas del cerebro. Muchas personas se sienten relajadas durante la toma de imágenes, quizá por el zumbido que emite el escáner. Antes de inyectarles, les decimos: «Durante la siguiente media hora, más o menos, vamos a tomar imágenes de lo que tu cerebro haga. Si tienes obsesiones ahora, eso es lo que vamos a registrar, pero lo que tenga que pasar que pase». Transcurre prácticamente en reposo, no representa ningún desafío. Más tarde, cuando hacemos el escáner de seguimiento después de la terapia, les decimos que si surgen obsesiones o compulsiones durante el escaneo, deben poner en práctica los Cuatro Pasos, tal y como se les ha enseñado. Nos ha servido de enorme utilidad para mostrar a los pacientes estas imágenes como forma gráfica de ayudarlos a entender lo que les pasa. «No soy yo. Es mi cerebro». El conocimiento de lo que está provocando sus impulsos los motiva a esforzarse por cambiar su comportamiento patológico por otro más sano y, al mismo tiempo, cambiar la química de su cerebro.

Estas pruebas de tomografía por emisión de positrones (TEP) demuestran claramente que la corteza orbitofrontal, la zona inferior del frontal del cerebro, es hipermetabólica, está sobrecalentada, en personas con TOC —véase la Imagen 1 de la página 57—. Los colores representan diferentes índices de metabolismo de la glucosa del cerebro o utilización de energía, donde el color rojo es el más caliente y el azul el más frío. Una información que nos proporcionan estas imágenes de la TEP es que cuanto más automático es un comportamiento, menos energía puede necesitar la corteza para realizarlo. Por ahora, tengamos en cuenta un hallazgo: el núcleo caudado, que está en el centro del cerebro y que parece ser la fuente del principal problema en las personas con TOC, «se enfría» como reacción a la terapia con medicación, a la terapia con medicación combinada con terapia conductual y también a la terapia conductual sin más. Esto ocurre especialmente en el lado derecho del cerebro. Ahora podemos decir que hemos demostrado científicamente que al cambiar el comportamiento, se puede cambiar el cerebro. Si cambias la conducta de tu reacción ante los falsos mensajes del TOC, cambiarás los circuitos cerebrales que provocan el TOC, lo cual conducirá a una mejora de tus síntomas.

Durante los diez años de investigación que terminaron con este resultado tan revolucionario, mis colegas de la UCLA y yo realizamos distintos experimentos que sirvieron para ampliar en gran medida nuestros conocimientos de la interacción mentecerebro.

El doctor John Mazziotta, que dirige la División de Mapeo Cerebral del Instituto Neuropsiquiátrico de la UCLA, diseñó un experimento en el cual se pedía a los sujetos que se sometían a él que aprendiesen a hacer sencillos movimientos rotacionales con los dedos de la mano, movimientos que imitaban a los de la escritura a mano. Pero, como se les había ordenado que realizasen dichos movimientos de una forma precisa y en un orden determinado, los sujetos del experimento tenían que pensar en cómo hacerlo. Lo que ocurrió, tal y como se esperaba, fue que la parte de la corteza que controla los movimientos de la mano y los dedos se activó metabólicamente. Dicho de otro modo, su uso de energía aumentó y se calentó. A continuación, se les pidió que dibujaran su firma repetidamente. Ahora bien, ya sabemos que si alguna vez hemos firmado cuarenta cheques de viaje, no pensamos mucho en lo que hacemos tras el cuarto o quinto cheque. Lo que vimos fue que cuando la tarea motora nos resulta extremadamente familiar, el núcleo estriado parece tomar el control. La corteza solo emplea una energía mínima, pero el uso de energía en el núcleo estriado aumenta notablemente. Se trata de nuevo de la puesta en marcha de esa transmisión automática y regular del núcleo estriado.

Pensemos en los concertistas de piano. Cuando están empezando a aprender a tocar, tienen que pensar en cómo mover sus dedos, lo cual requiere una energía considerable en la parte de la corteza dedicada al movimiento de los dedos. Pero una vez que han alcanzado el estatus de concertista, mueven los dedos de forma automática. A partir de ahí, piensan en los matices y tonos de la música. La corteza no tiene que dedicar mucha energía a pensar en cómo mover los dedos; es el núcleo estriado el que lo hace. Así pues, las partes más avanzadas de la corteza quedan libres para pensar en los detalles de la música. El experimento de la escritura a mano nos aportó mucha información sobre todo este proceso.

Cuando el doctor Mazziotta repitió el experimento de la firma con un grupo de sujetos con la enfermedad de Huntington, una enfermedad hereditaria que se manifiesta en la mediana edad con la pérdida de control motor, los resultados fueron diferentes. El área del cerebro que normalmente se estimula al realizar una tarea desconocida, que implica tener que pensar, aquí se estimulaba al realizar la tarea más familiar de hacer la firma. A través de los efectos degenerativos de su enfermedad, el núcleo caudado y el putamen de estos sujetos habían empezado a fallar y algunas partes de ellos estaban muertas o agonizantes. Estos sujetos tenían que emplear mucha energía en la corteza para diseñar estrategias para hacer su firma, pues la transmisión automática y el filtro estaban inservibles. Nos dijeron que requerían pensamiento y esfuerzo y que les resultaba complicado. Antes del comienzo de su enfermedad, podían hacer su firma sin pensar. Ahora, necesitaban de un verdadero control de sus manos, tanto física como mentalmente. Tenían que valerse de la corteza para realizar una función que normalmente habría llevado a cabo el núcleo estriado. En las personas con la enfermedad de Huntington, el núcleo estriado termina desapareciendo a todos los efectos y aumentan los movimientos anormales y extraños propios de su enfermedad, tales como contorsiones y retorcimientos del cuerpo.

Mientras que en las personas con la enfermedad de Huntington el hecho de que la transmisión y filtrado automático no funcionen les provoca movimientos indeseados, en personas con TOC provoca pensamientos e impulsos indeseados, conocidos como pensamientos obsesivos e impulsos compulsivos. Igual que los sujetos con enfermedad de Huntington tenían que ejercer pensamiento y esfuerzo para hacer su firma porque la transmisión automática y el filtrado estaban inservibles, las personas con TOC tienen que ejercer pensamiento y esfuerzo cuando realizan terapia conductual para sortear los síntomas intrusivos del TOC. Sin el correcto funcionamiento del sistema de cribado automático del núcleo estriado, se debe hacer un esfuerzo para cambiar los comportamientos mientras siguen presentes los molestos pensamientos e impulsos. —En el siguiente capítulo trataremos este proceso con más profundidad—. Pero existe una importante diferencia: el TOC es, en gran medida, un problema que se puede arreglar. En la actualidad, por desgracia, la enfermedad de Huntington no tiene solución, aunque se está desarrollando mucha investigación y hay muchas esperanzas en que se logren avances.

Gracias a este experimento con personas que sufren la enfermedad de Huntington aprendimos mucho sobre los cerebros de las personas con TOC. Sabemos que cuando el núcleo estriado funciona correctamente, actúa como un filtro que sirve como «puerta» de la información que se le envía, siendo este su verdadero rol en el circuito conductual del cerebro. Con toda probabilidad, lo que ocurre en el TOC es que los viejos circuitos evolutivos de la corteza, como los de lavarse y verificar, echan abajo esa puerta, probablemente debido a un problema en el núcleo caudado. Cuando no existe un bloqueo eficaz, esa persona puede verse abrumada por estos impulsos intrusivos y actuar conforme a ellos de manera inadecuada. A estas acciones las conocemos como perseveraciones conductuales, una forma elegante de llamar a las compulsiones. En concreto, las compulsiones son perseveraciones conductuales que la persona sabe que no son apropiadas y que, en realidad, no desea realizar: el pensamiento llega a la puerta, la puerta se queda atascada y abierta, y el pensamiento sigue entrando una y otra vez. Así, esas personas perseveran en el lavado de sus manos o en comprobar si la cocina está apagada, aunque sea un acto carente de sentido. Estos actos pueden aportarles un alivio momentáneo, pero después... ¡bum! Como la puerta se ha quedado abierta, el impulso de lavarse o verificar entra una y otra vez. Para empeorarlo todo, es muy probable que cuantas más compulsiones realicen, más atascada se quedará la puerta.

En ausencia de un núcleo estriado que funcione a toda marcha, la corteza debe funcionar de tal modo que requiera un esfuerzo consciente debido a que los pensamientos e impulsos indeseados tienen tendencia a interferir. Es este tipo de esfuerzo consciente el que se realiza en la terapia conductual, cuando una persona se esfuerza por controlar las respuestas ante los impulsos intrusivos.

Tenemos buenos motivos para pensar que la persona con TOC no puede deshacerse de esos pensamientos e impulsos intrusivos porque el circuito de la corteza orbitofrontal, el «sistema de detección de alarmas», no está funcionando como debe. La causa puede estar en la falta de un filtro adecuado en el núcleo caudado. La evolución puede tener un rol importante en el origen de los síntomas del TOC clásico. Pensemos en los tipos de comportamientos automáticos que estaban conectados al circuito cerebral de nuestros antepasados. Con toda probabilidad, estos comportamientos estaban relacionados con el intento de evitar la contaminación y verificar para asegurarse de que estaban a salvo, que, por ejemplo, la cueva no estaba sucia ni resultaba peligrosa.

PALANCA DE CAMBIOS ATASCADA

En la terapia conductual, tratamos de hacer que los pacientes entiendan qué es lo que está ocurriendo en sus cerebros para que así puedan utilizar la corteza y dejar de realizar comportamientos inadecuados. Como su transmisión automática está estropeada, deben usar la corteza para cambiar a otra tarea más adecuada. A mis pacientes les digo: «Estáis condenados a usar una pésima transmisión manual. De hecho, ni siquiera esa transmisión funciona muy bien. Está atascada. Cuesta cambiar, pero, con esfuerzo, sí que podéis mover esa palanca de cambios». No es fácil. Resulta complicado porque la palanca está atascada. Pero cuando lo hacen de forma repetida, cambiando de comportamiento de forma consciente, empiezan de verdad a reparar su transmisión a través del cambio de metabolismo del núcleo estriado. Con el uso de la corteza, evitan el fallo técnico del núcleo estriado. Y la belleza de todo esto está en que esta técnica consigue que la transmisión empiece de nuevo y poco a poco a funcionar de manera automática. Va resultando más fácil mover la palanca y cambiar de comportamiento a medida que lo haces. Las últimas investigaciones realizadas en el laboratorio de mi colega, el doctor Lew Baxter, pueden estar indicando por qué ocurre esto. Recientemente ha investigado una vía que lleva mensajes a los ganglios basales desde la parte de la corteza frontal que se utiliza en el pensamiento avanzado, como el pensamiento que se usa a la hora de aplicar los Cuatro Pasos. Esta vía parece tener la capacidad de ayudar a la transmisión a cambiar de marcha de una forma más eficaz.

Con la terapia conductual, se da también un cambio en la función del giro cingulado, la parte de la corteza encargada de la sensación de que va a ocurrir algo terrible si no se actúa conforme a las compulsiones. Antes del tratamiento, el giro cingulado está encerrado en la corteza orbitofrontal, lo cual es posiblemente el motivo por el que los pensamientos e impulsos obsesivos van acompañados de unas sensaciones de miedo tan terribles. Este es uno de los principales problemas del bloqueo mental. Después de que la persona siga los Cuatro Pasos, la corteza orbitofrontal y el giro cingulado se desacoplan y empiezan a funcionar libremente de nuevo y el temor y el miedo disminuyen notablemente.

Numerosos estudios neurológicos han llegado a la conclusión de que cuando los ganglios basales o el núcleo estriado no funcionan bien, el control motor automático queda interrumpido y la corteza debe salir al paso. Se necesita del pensamiento consciente para controlar el cambio de un comportamiento a otro. En una persona con la enfermedad de Parkinson, la transmisión automática estropeada del núcleo estriado provoca la rigidez motora y problemas de conexión. La palanca de cambios está atascada y esa persona debe pensar cada pequeño movimiento que haga o cada paso que dé.

En el síndrome de Tourette, una enfermedad que está relacionada genéticamente con el TOC, la persona desarrolla múltiples tics crónicos o repentinos movimientos o vocalizaciones que casi siempre suceden sin previo aviso. El problema, al igual que pensamos que ocurre con el TOC, es que el núcleo estriado no está modulando bien la corteza. Además, los científicos saben que las personas que tienen dañados sus ganglios basales o la parte frontal de su cerebro van a realizar un comportamiento una y otra vez, aun cuando ese comportamiento ya no resulte útil o incluso sea perjudicial para ellas. La persona con TOC practica un ritual como respuesta a una obsesión, aun sabiendo que carece de lógica. Al igual que con estas otras enfermedades, creemos que esto se debe a un fallo en la modulación de la corteza por parte de los sistemas de transmisión automática y filtrado de los ganglios basales y el núcleo estriado.

Mientras que una de cada cuarenta personas de la población general sufre TOC, este sucede en uno de cada cinco familiares y parientes de personas con síndrome de Tourette y entre la mitad y tres cuartas partes de las personas que sufren ese síndrome, lo cual da credibilidad a la teoría de la relación genética. Con frecuencia, las víctimas de Tourette desarrollan dolorosas artritis o tendinitis en sus articulaciones debido a la intensidad y brusquedad de los movimientos que provocan los tics nerviosos. En esencia, adquieren un fuerte impulso intrusivo de movimiento y, después, realizan tics para aliviar su malestar. O pueden adquirir tics vocales que comienzan con un impulso a aclararse la garganta de forma repetida, un impulso que puede después convertirse en aullidos, ladridos u otros sonidos animales. O quizá pueden empezar a gritar obscenidades o mascullar insultos racistas de forma involuntaria, lo que les provoca un enorme estrés. El estrés hace que empeoren mucho más esos impulsos, al igual que ocurre con el TOC. Los datos preliminares que aparecen en nuestros estudios de TEP en la UCLA indican que el putamen, la parte del núcleo estriado que está situada junto al núcleo caudado y modula los movimientos del cuerpo, altera la función metabólica en personas con síndrome de Tourette. Muchas personas con TOC sufren también tics nerviosos y una gran cantidad de personas con síndrome de Tourette terminan sintiendo síntomas compulsivos. En la actualidad, pensamos que en ambos casos es común que ciertas partes de la corteza —probablemente la corteza motora en los tics y la corteza orbitofrontal en las obsesiones y compulsiones— no están siendo moduladas correctamente por las partes correspondientes del núcleo estriado —los problemas en el putamen están relacionados con los tics y los problemas en el núcleo caudado están relacionados con los síntomas de TOC—. Por tanto, la existencia de problemas en dos estructuras cerebrales íntimamente relacionadas que modulan y filtran el movimiento o el pensamiento parece estar en la base de dos enfermedades relacionadas con la genética que provocan dificultades con movimientos intrusivos —tics— en el síndrome de Tourette o con pensamientos —obsesiones— en el TOC.

AQUELLOS PRIMATES TAN PRAGMÁTICOS

La parte frontal del cerebro es donde suceden el procesamiento sofisticado de la información y la solución de problemas. Debido a la naturaleza de las estructuras cerebrales que envían señales a la parte inferior del frontal del cerebro, la corteza orbitofrontal, parece probable que sea ahí donde sucede la solución de problemas que están relacionados con cuestiones emocionales. Un estudio realizado por E. T. Rolls, un psicólogo conductista de la Universidad de Oxford en Inglaterra, tuvo como resultado informaciones interesantes que pueden resultar relevantes para comprender el papel del cerebro en síntomas comunes en personas con TOC.

Rolls quería averiguar qué es lo que sucede realmente en el cerebro cuando ocurren comportamientos inadecuados repetidos, o perseveraciones conductuales, de modo que enseñó a unos monos Rhesus a realizar una tarea visual sencilla. Por ejemplo, los monos aprendieron que cada vez que vieran una señal azul en una pantalla, se les recompensaría con zumo de grosella negra si lamían un pequeño tubo. A los monos les encanta el zumo y se esforzarán por aprender comportamientos que tengan esta recompensa. Por tanto, los monos aprendieron rápido: cuando aparecía el color azul, ¡bingo! Había zumo en el tubo. Así pues, los monos siguieron lamiendo el tubo con alegría y eficacia en el momento adecuado. Mediante electrodos que se habían colocado en los cerebros de los monos, Rolls pudo observar que cuando los monos entendían que determinado color indicaba que había zumo, las células de su corteza orbitofrontal se disparaban nada más aparecer ese color. Así, la corteza orbitofrontal pudo claramente «precisar» las señales que implicaban «la llegada del zumo».

Rolls sabía que igual que a los monos les encanta el zumo, odian el sabor del agua salada. Cuando ofrecía a los monos una jeringa llena de agua salada, hacían la conexión —jeringa-agua salada— y, rápidamente, la simple visión de la jeringa provocaba que se dispararan otras células cercanas de la corteza orbitofrontal para ayudar a los monos a alejarse y evitar el agua salada. Por tanto, existen células en la corteza orbitofrontal que se encienden cuando hay algo que queremos evitar. Resulta bastante evidente que la corteza orbitofrontal estaba relacionada con el hecho de que los monos aprendieran rápidamente a reconocer los estímulos ambientales que les servían de aviso: «Eh, esto es algo que deseas. Y esto es algo que no deseas».

A continuación, Rolls quiso ver qué pasaría si confundía a los monos. Ahora tenían que aprender que era la señal verde y no la azul la que les traía el zumo. En el primer intento, cuando los monos lamieron el tubo tras la señal azul y resultó que tenía agua salada en lugar de zumo, otras células de su corteza orbitofrontal se dispararon con mucha más intensidad y con estallidos mucho más largos que las células que se habían encendido cuando todo iba como era de esperar.

Es importante aclarar que estas células de los cerebros de los monos que se disparaban con largos estallidos no respondían al sabor del agua salada fuera del experimento. A lo que estaban respondiendo era al hecho de que los monos habían cometido un error. De hecho, la corteza orbitofrontal se disparaba incluso cuando los monos no recibían nada en absoluto en momentos en que esperaban obtener zumo. Tras uno o dos ensayos más, los monos dejaron de lamer el tubo ante la señal azul. Aprendieron rápidamente que esta señal ya no funcionaba y que era la verde la que querían. Y, cuando los monos lamían sistemáticamente el tubo tras ver la señal verde, aquellas células de la corteza orbitofrontal que se disparaban con el color ganador empezaron a dispararse con la señal verde en lugar de con la azul. Por tanto, lo que parece que ocurría era que a la vez que los monos aprendieron que los habían engañado y que ahora tenían que cambiar su comportamiento para obtener el zumo que ansiaban, la corteza orbitofrontal hizo un cambio para ayudarlos rápidamente a reconocer que ahora la señal correcta era la verde. La corteza orbitofrontal es capaz de reconocer tanto las respuestas correctas como las incorrectas. Es un verdadero «sistema de detección de errores» y son las respuestas incorrectas las que hacen que lance estallidos largos e intensos.

Recientemente, Rolls conjeturó que estas respuestas de «detección de errores» en la corteza orbitofrontal podían estar implicadas en respuestas emocionales a situaciones que provocaban frustración. Parece lógico que la actividad de la corteza orbitofrontal pueda estar relacionada con una sensación interna de que «algo va mal» y que hay que corregirlo con un determinado comportamiento. Los monos respondieron cambiando su comportamiento. En los pacientes con TOC, este circuito de detección de errores puede sufrir una activación —o desactivación— crónica inapropiada, debido quizá a un fallo en los efectos del filtrado de los ganglios basales. La consecuencia podría ser la aparición de sensaciones y pensamientos intrusivos persistentes de que algo va mal. El giro cingulado, al interactuar estrechamente tanto con la corteza orbitofrontal como con el núcleo caudado, podría acrecentar enormemente esta sensación interna de temor visceral.

El experimento de los monos nos sirvió para entender por qué las personas con la corteza orbitofrontal dañada tienen problemas con la perseveración. Si el sistema de detección de errores no funciona, a las personas les puede costar reconocer errores y tienden a repetir los mismos hábitos una y otra vez. Pero el experimento de Rolls con los monos nos ayudó también a comprender qué es lo que pasa con el TOC. Recordemos que cuando los monos veían algo que no querían, la corteza orbitofrontal se disparaba y enviaba una señal: «Eso no es bueno. Algo no va bien». Pero lo que hacía que la corteza orbitofrontal se disparara de una forma realmente intensa fue que los monos habían cometido un error porque la señal azul ya no estaba relacionada con el zumo. Que la corteza orbitofrontal se dispare con mucha intensidad puede provocar una fuerte sensación de que «algo va mal». Si el sistema de detección de errores sigue disparándose una y otra vez, puede provocar una intensa sensación crónica de que «algo va mal» y hacer que una persona realice desesperadamente comportamientos repetitivos para tratar de solucionar esa sensación. ¿Qué puede provocar esto? Sabemos que el sistema de detección de errores de la corteza orbitofrontal está fuertemente conectado con el núcleo caudado, que la modula y puede apagarla dando lugar a un cambio a otro comportamiento. Existen ahora excelentes pruebas de distintos estudios científicos de que el daño en los ganglios basales —de los que forma parte el núcleo caudado— puede desembocar en un TOC, con sus terribles sensaciones de que «algo va mal», sensaciones que no van a desaparecer.

El resultado final de un problema en el núcleo caudado puede ser que el sistema de detección de errores se quede atascado en la posición de encendido y que esto dé lugar a una constante sensación de que algo va mal. Nuestra teoría es que, puesto que la corteza orbitofrontal está modulada por el núcleo caudado, cuando la modulación de este no funciona bien, el sistema de detección de errores de la corteza orbitofrontal se vuelve hiperactiva y la persona sufre terribles pensamientos y sensaciones de que «algo va mal», lo cual conduce a comportamientos compulsivos como un intento desesperado de hacer que desaparezcan dichas sensaciones. Por desgracia, estos comportamientos repetitivos hacen que se intensifique aún más esa sensación de que algo va mal. La única forma de romper ese círculo vicioso es cambiar el comportamiento. Como veremos más adelante, aquí puede resultar también útil la medicación.

El importante papel de la corteza orbitofrontal en los terribles impulsos y compulsiones del TOC está cada vez más documentado. En un estudio reciente realizado en el Hospital General de Massachusetts se utilizó un escaneo de TEP para medir los cambios de flujo sanguíneo en personas con TOC. Los investigadores colocaron a cada persona en un escáner con un guante sucio o algún otro objeto que con toda seguridad le resultaría molesto y esa persona tenía que permanecer tumbada con el guante sucio, inquieta y preocupada por contaminarse. Lo que vieron estos investigadores fue un aumento evidente de la actividad de la corteza orbitofrontal, sobre todo, en el lado izquierdo, cuando el TOC del paciente empeoró.

Este hallazgo despierta un interés especial porque ahora tenemos datos que indican una relación entre un cambio en el metabolismo de la corteza orbitofrontal izquierda y la respuesta del tratamiento en pacientes con TOC. En nuestro experimento realizado en la UCLA, a unos pacientes sin medicación se les hacía una TEP, después se sometían a diez semanas de terapia cognitivo-conductual y, a continuación, se les volvía a realizar la tomografía. Después de la terapia, se veía una correlación mucho más significativa entre el descenso de la actividad metabólica en la corteza orbitofrontal izquierda y una disminución de los síntomas del TOC. Los pacientes que mostraban una mayor mejoría tenían una reducción mucho más clara en el metabolismo de la corteza orbitofrontal izquierda. Lo que provocó ese cambio fue la terapia conductual sola, sin medicación, el mismo método que estoy enseñando en este libro.

DESBLOQUEAR EL CEREBRO

Lo que también hemos visto en la UCLA es que las personas con TOC tienen lo que equivale a un «bloqueo mental» en el lado derecho del cerebro. Cuando una persona con TOC es sintomática, el índice de actividad metabólica no solo aumenta en la corteza orbitofrontal, sino que acopla a la actividad del núcleo caudado, el tálamo y el giro cingulado. La actividad en todas estas zonas termina acoplándose de tal manera que los cambios en la corteza orbitofrontal están estrechamente relacionados con los cambios en la actividad de los otros tres. La terapia conductual es la clave que los desbloquea y permite que vuelvan a funcionar libremente. Haz tu terapia y desbloquea tu cerebro. Añádele los manguitos para nadar —la medicación— y el índice de respuesta se eleva a un ochenta por ciento.

Ya hemos demostrado que literalmente podemos provocar un nuevo surco en nuestro cerebro. Cuando las personas con TOC acuden a terapia conductual y abandonan comportamientos perseverantes inadecuados y responden a los impulsos y pensamientos del TOC con comportamientos positivos no patológicos, vemos cambios en la corteza orbitofrontal y en el núcleo estriado. Vemos que se alivia el bloqueo mental; el sistema de circuitos ha cambiado. El paso siguiente es hacer que ese sistema de circuitos se vuelva más funcional, más automático. A medida que el sistema de circuitos se hace más automático, el núcleo estriado cambia y dirige el circuito de la forma adecuada, pues esa es normalmente su función. Cambia el comportamiento, crea un nuevo surco, mejora el comportamiento y, con el tiempo, cambiarás tu cerebro y tus síntomas del TOC se aliviarán.

Tras estudiar a dieciocho pacientes hemos visto que, en diez semanas, doce de ellos han mostrado una mejora clínica importante. A todos se les ha tratado como pacientes ambulatorios. Ninguno de ellos ha tomado medicación. Hubo tres conclusiones principales:

- Los que sí respondieron mostraron una reducción significativa en el metabolismo del núcleo caudado que se apreció en ambos lados del cerebro, pero más sólida en el derecho —como se ve en la Imagen 3 de la página 136—.

- Aunque antes del tratamiento se apreciaba una correlación importante de actividad cerebral entre la corteza orbitofrontal, el núcleo caudal, el giro cingulado y el tálamo del lado derecho —bloqueo mental—, estas correlaciones se redujeron de forma significativa, lo cual quiere decir que el bloqueo mental se había aliviado.

- Existía una fuerte correlación entre la cantidad de cambio metabólico del lado izquierdo de la corteza orbitofrontal y los cambios porcentuales en los marcadores de los pacientes sobre los índices de gravedad de los síntomas de su TOC. Es decir, cuanto más mejoraba el TOC, más tendía a «enfriarse» la corteza orbitofrontal.

Estos resultados demuestran de forma concluyente que es posible realizar cambios sistemáticos en la función cerebral solo con terapia cognitivo-conductual autodirigida.

Hemos demostrado científicamente que la terapia con buenos resultados, sin medicación, puede desacoplar el «circuito de preocupación permanente» del cerebro de la persona con TOC, de tal modo que esa persona tiene más facilidad para dejar de realizar esos comportamientos propios del TOC. Saber esto ha supuesto un enorme estímulo para personas que están esforzándose con la terapia conductual para cambiar sus respuestas ante los falsos mensajes del TOC.

El TOC es la primera enfermedad psiquiátrica en la que se ha documentado una exitosa intervención psicoterapéutica que cambia de verdad la función cerebral.

Cuando las personas con TOC realizan comportamientos compulsivos en un vano esfuerzo por lograr un poco de paz, lo único que de verdad están consiguiendo es agravar su bloqueo mental. Cuando cambian sistemáticamente sus respuestas conductuales ante los pensamientos e impulsos del TOC, se da un cambio simultáneo en el valor y significado que dan a lo que sienten. Antes del tratamiento, el pensamiento intrusivo podía ser: «¡Lávate las

Imagen 3. TEP que muestra la reducción del uso de energía en el núcleo caudado derecho —que aparece en el lado izquierdo en la imagen del TEP— en una persona con TOC tras realizar con éxito el tratamiento del método de los Cuatro Pasos. La imagen del ANTES muestra el cerebro antes y la de DESPUÉS muestra ese cerebro tras diez semanas de terapia conductual sin medicación. Llama la atención la reducción de «tamaño», lo cual implica una reducción de uso de energía en el caudado derecho (rCd) tras poner en práctica el método de los Cuatro Pasos. Los dibujos muestran dónde está localizado el núcleo caudado dentro de la cabeza.

porción del cerebro donde se toma la imagen

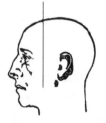

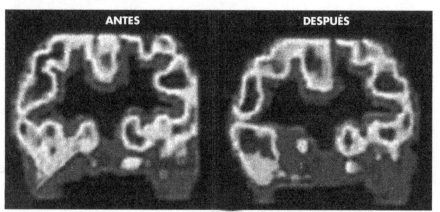

ANTES

DESPUÉS

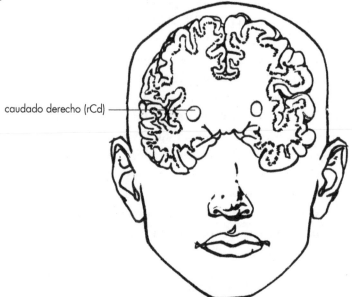

caudado derecho (rCd)

manos o te vas a enterar!» y los pacientes normalmente respondían lavándose repetitivamente. Tras el tratamiento, su respuesta al mismo pensamiento del TOC podría ser: «Ah, ¿sí? ¡Vete al infierno!». Al cambiar el comportamiento están realizando unas alteraciones en la función cerebral que, con el tiempo, tienen como resultado unos apreciables cambios biológicos y un descenso de la intensidad de los síntomas intrusivos del TOC. Es importante que tanto pacientes como terapeutas presten atención a estos datos para mantener la motivación cuando las cosas se pongan difíciles.

Como ya he dicho, la medicación tiene, sin duda, un papel importante en aquellas personas que la necesiten a lo largo de la terapia porque así disminuyen los impulsos. —En el capítulo nueve trataremos la relación entre el TOC y la medicación—. El uso de medicación en el tratamiento del TOC es muy parecido al uso de manguitos para enseñar a los niños a nadar. Con los manguitos, los niños pueden flotar sin miedo, lo cual sirve de ayuda en el proceso de aprendizaje de la natación. Después, van soltando lentamente el aire de los manguitos hasta que están listos para nadar solos. Nosotros usamos la medicación para ayudar a reducir el nivel de ansiedad de los pacientes reprimiendo esos impulsos intrusivos para que, de ese modo, puedan realizar su terapia y cambiar la química de sus cerebros. Al igual que el profesor de natación va soltando poco a poco el aire de los manguitos, nosotros bajamos poco a poco la dosis de la medicación. Según nuestra experiencia en el tratamiento de muchos cientos de pacientes, tras realizar la terapia, la gran mayoría puede seguir sin problemas con poca medicación o ninguna.

MANTENER LA FE

Muchas personas se preguntan por el papel de la fe y la oración en el tratamiento del TOC. Sin duda, casi todas las personas que sufren TOC han rezado en alguna ocasión por conseguir aliviar un poco la espantosa sensación que su enfermedad acarrea. Con profunda humildad pueden rogar por algún tipo de poder, sobrenatural o no, que les conceda un alivio al intenso dolor que los pensamientos e impulsos obsesivos les provocan. Por lo que necesitan rezar no es por que los síntomas del TOC desaparezcan, pues probablemente eso no va a ocurrir, sino por tener la fuerza para enfrentarse a su TOC. Existe una comprensible tendencia a que las personas con TOC se desmoralicen e incluso empiecen a odiarse a sí mismas debido a sus sentimientos de culpa e ineptitud. Una de las grandes recompensas del éxito de la terapia conductual, sobre todo desde una perspectiva espiritual, es que las personas con TOC aprenden a perdonarse a sí mismas por sufrir esos terribles pensamientos al ser conscientes de que los síntomas no tienen nada que ver con su espíritu ni con la pureza de su mente y sí con una enfermedad médica.

El uso de este conocimiento para fortalecer la voluntad y apuntalar la confianza durante la batalla para sortear estos pensamientos e impulsos es el punto crítico de la intervención mental en el autotratamiento del TOC. Se necesita una fe tremenda en la capacidad de uno mismo para resistirse a estos impulsos para alejar la mente de los síntomas y apartarse también físicamente del lugar que desencadena dichos síntomas —alejarse del lavabo y salir por la puerta—. La aceptación de que el doloroso pensamiento obsesivo es algo que resulta imposible eliminar —y de que ese pensamiento no es más que el TOC— permite al paciente verse como un ser espiritual que puede hacer frente a ese intruso indeseado. Hay que recordar siempre, al menos, dos principios: el primero, que Dios ayuda a aquellos que se ayudan a sí mismos; el segundo, que uno cosecha lo que siembra.

Es casi imposible repeler a un enemigo tan despiadado como el TOC si te sientes abrumado por la sensación de odio hacia ti mismo. Se necesita mantener la mente clara. La oración bien realizada puede resultar muy eficaz, pero cualquier cosa que te ayude a desarrollar la fuerza interior, la fe y la confianza necesarias para alcanzar ese estado de percepción consciente ayudará a que avances por el camino hacia la recuperación. El poder del Espectador Imparcial puede, así, servir de guía en tu lucha interior para repeler el impulso de realizar una compulsión o quedarte sentado, paralizado, haciendo caso a algún absurdo pensamiento obsesivo. El autotratamiento cognitivo-conductual puede verse como una verdadera forma de purificación espiritual de uno mismo. Recuerda que «no es lo que sientes, sino lo que haces, lo que cuenta». En la terapia autodirigida centras tus esfuerzos y usas tu voluntad para hacer lo que debes, realizar el acto saludable y dejar de lado la preocupación excesiva por lo que sientes y tu nivel de comodidad. Al hacerlo, obedeces la voluntad de Dios de una forma muy real mientras pones en práctica una técnica de autotratamiento médico que cambia la química de tu cerebro, mejora tu funcionalidad y alivia enormemente los síntomas de tu TOC.

Fortalecer tu capacidad de ejercer tu espíritu y tu voluntad de un modo sano y positivo tiene beneficios de gran trascendencia que, en muchos aspectos, son aún más importantes que el simple tratamiento o cura de una enfermedad.

BUSCAR RESPUESTAS... SIN FREUD

A continuación, vamos a ver algunas descripciones de nuestros pacientes sobre sus batallas contra el TOC:

KYLE

Kyle, empleado de un banco hipotecario, había estado luchando durante años contra violentos pensamientos sobre pegarse un tiro, saltar por una ventana o realizarse alguna mutilación. A veces, pensaba que debía acabar sin más con su vida para quitárselos de encima. Rezaba: «Si encuentro algún arma por aquí y lo hago, por favor, no me mandes al infierno». Sus obsesiones eran «como una película que pasaba por su mente una y otra vez». Describía su TOC como «un monstruo». Pero con la terapia conductual ha aprendido que puede «negociar con él», que puede «pararlo». Cuando cruza una calle ya no tiene que pulsar el botón del paso de peatones cierto número de veces por miedo a morir atropellado. Dice: «Vale, el año que viene lo volveré a pulsar», y echa a andar.

DOMINGO

Domingo, cuyo cajón de sastre de obsesiones contenía, entre otras, la horripilante sensación de que tenía cuchillas en las puntas de los dedos, dijo: «El TOC está aquí todos los días. Alguno de ellos viene por oleadas. Algunos días son más llevaderos y otros más deprimentes. En estos últimos, me digo a mí mismo: "Solo estás teniendo un mal día"». En el espejo del armario de su dormitorio tiene pegada una foto a color de un cerebro con TOC, una imagen de una TEP. Cuando las cosas se ponen feas, Domingo se concentra en ella. «Me digo: "Vale, esta es la realidad. Esta es la razón por la que me siento así"». Eso le da fuerzas para seguir adelante y le ayuda a que su dolor disminuya. «Una vez que sabes a qué te enfrentas, es más fácil». Domingo es una de las personas cuyo cerebro hemos escaneado. Cuando mira su imagen escaneada se ríe y dice: «Ahí dentro están pasando muchas cosas».

ROBERTA

Roberta, que tenía miedo de conducir su coche porque no podía evitar pensar que había atropellado a alguien, buscó primero tratamiento en un terapeuta freudiano que le sugirió que había algo en su pasado que era la causa de su obsesión. Buscar en su pasado no la ayudó en nada. Lo que sí la ayudó fue la terapia conductual. Una vez que entendió que el problema era bioquímico, dijo: «Me tranquilicé. Ya no tenía tanto miedo. Al principio, era como si esta cosa me controlara. Ahora, aunque no puedo evitar que exista, sí que puedo decirme: "Esto es un mensaje falso, y siento que tengo el control sobre él"». La mayoría de los días es capaz de conducir el coche siempre que quiere sin tener que hacer caso a su necesidad o deseo de ir a algún sitio por culpa de sus espantosos temores. «Sigo adelante tan feliz».

BRIAN

Brian, el vendedor de coches con el macabro miedo al ácido de las baterías, también experimentó con un terapeuta freudiano que le diagnosticó todo tipo de aberraciones mentales, pero no TOC. Un terapeuta intentó tratarle con una terapia de exposición básica. Brian se reía al recordarlo: «Entré en la consulta de aquel tipo y tenía dos tazas de ácido sulfúrico en su mesa. Yo le dije: "¡Adiós! ¡Me largo de aquí!"». Bajo ningún concepto iba yo a hacer eso». Los miedos y compulsiones provocados por el TOC de Brian se habían vuelto tan abrumadores que, según dijo: «Solo deseaba poder salirme de mi piel, escapar de ahí». Le confesó a un médico: «No tengo pistola y eso es bueno porque me volaría los sesos».

En la terapia conductual autodirigida, Brian empezó a aplicar los Cuatro Pasos. Negaba con la cabeza mientras describía todo lo que había sufrido: «Es complicado, lo digo en serio. Es complicado. Es una guerra». El momento de la verdad llegó cuando, en su nuevo trabajo en un concesionario de coches, vio seis palés de baterías justo al lado de la puerta de su despacho, a pocos centímetros. Su primer instinto fue ordenar que se los llevaran. Pero, entonces, se dijo: «No, tienes que ponerte firme, ser fuerte y luchar». Dejó allí las baterías y todavía seguían allí el día que dejó aquel trabajo. Brian sabía que si no se mantenía firme, si no hacía el Reetiquetado y la Reatribución de su miedo al ácido de las baterías, «tendría que seguir huyendo». Fue capaz incluso de bromear con el hecho de que las baterías siguieran allí «y todavía no me han comido». Intenta practicar los Cuatro Pasos religiosamente, recordándose siempre a sí mismo: «Esto es el TOC. Es absurdo». A veces, recae. Pero si deja que su TOC tome la sartén por el mango, sabe que todo terminará estando contaminado: «En mi mente, desde el teléfono hasta el horno microondas».

ANNA

A Anna, la estudiante de filosofía, la había tratado un terapeuta que le diagnosticó que sus celos y dudas con respecto a su novio no eran más que «una obsesión freudiana»: «Con los pechos de tu madre». Aunque Anna sabía que eso era una «absoluta estupidez», no supo que sufría un TOC hasta que se le diagnosticó en la UCLA. Ella y Guy están ahora felizmente casados, pero estuvieron a punto de romper debido a los constantes y absurdos interrogatorios de ella: ¿Qué había comido ese día? ¿Con quién había salido cuando era adolescente? ¿Cómo era ella? ¿Adónde la llevaba? Sin ningún motivo en absoluto para hacerlo, interrogaba a Guy una y otra vez sobre si veía revistas de mujeres y si bebía en exceso. Aunque Anna sabía que sufría ciertas inseguridades debido a anteriores relaciones con hombres que tenían problemas de alcoholismo o drogodependencia, no fue hasta que supo que tenía un TOC cuando por fin empezó a comprender lo absurdo de sus actos.

En el instituto, Anna se había obsesionado con Cheryl Tiegs después de que el primer novio de verdad de Anna, que no se mostraba muy ardiente en sus muestras de cariño, mencionó de pasada que Tiegs le parecía atractiva. «Esa mujer me volvió loca», recordaba Anna. «Eso me estaba poniendo físicamente enferma». Un tiempo después, Anna supo que su novio era homosexual, lo cual explicaba que no se mostrase más amoroso. Pero saber eso no hizo más que agravar las inseguridades de Anna y, años después, ella estaba tumbada en la cama con Guy y, de repente, pensó: «¿Y si mi marido es homosexual?». Lógicamente, esa fue otra más de las preguntas con las que bombardeaba al pobre hombre.

Cada día, Anna interrogaba a Guy sobre sus actividades, hasta si se ponía mantequilla o margarina en el pan cuando comía. Si veía la menor discrepancia en sus respuestas, pues él las repetía algo distraído, todo el mundo de Anna se ponía del revés «porque una de las cartas de la torre se caía». No podía parar de hacerle preguntas, aunque era consciente de que su comportamiento resultaba «espantosamente molesto».

Gracias a la terapia autodirigida de los Cuatro Pasos, Anna fue, poco a poco, capaz de dominar sus obsesiones. Consideró una clara señal de recuperación el hecho de que llegara el catálogo de Victoria's Secret por correo y ella pudiera dejarlo a la vista de Guy. Ahora, si aparece alguna obsesión, se dice a sí misma: «Vale, no va a servirme de nada darle vueltas a esto ahora. Si es real y tiene un componente de verdad, lo tendré más claro cuando el TOC no esté entrometiéndose». Por supuesto, nunca es real. Este es otro ejemplo de aquel principio fundamental: Si parece que puede ser un TOC, es un TOC.

Anna tiene «cierta sensación zen» cuando llega a una percepción consciente del TOC. «Si de verdad aceptas el

TOC, se convierte en una aceptación muy profunda que requiere cierto control mental». La anticipación le sirve de ayuda. Sabe que no es fácil mantener la serenidad «cuando el terror se dispara por todo mi cuerpo». Pero ha aprendido que «el cuerpo puede cometer locuras». «Es algo con lo que tengo que vivir, aunque lo odie. Así es mi vida. Ahora conozco bien los engaños del TOC y no me los creo como antes».

Cuando le dijeron que tenía un trastorno cerebral, Anna reaccionó con sentimientos encontrados. «Aunque era difícil sentirse bien por tener un problema cerebral como ese, me sentí enormemente feliz por ver que la enfermedad no era yo». Pudo empezar a reconstruir su destrozada autoestima. Ahora que es una esposa y madre feliz, puede mirar atrás y decir: «Aunque no fue la falta de carácter lo que me provocó el TOC, tener un poco de carácter y aguante mezclado con un enfoque bien meditado —los Cuatro Pasos— resultó absolutamente fundamental para salir de ahí».

JILL

Jill, una agente inmobiliaria de cuarenta y tantos años, ha estado enfrentándose a su obsesión por la contaminación durante veinticinco años. Empezó cuando, tras casarse con dieciocho años, fue al funeral del mejor amigo de su marido, que había muerto en un accidente de tráfico. Al ver el cuerpo en el ataúd se vio invadida de repente por la sensación de que había cosas con las que entraba en contacto que estaban contaminadas. Limpiaba su casa una y otra vez de tal modo que resultaba ilógico. Los platos sucios podían amontonarse en el fregadero, pero Jill no les hacía caso, mientras que frotaba incesantemente las paredes, los suelos y el techo, que estaban perfectamente limpios, con desinfectante o alcohol. A veces, recuerda: «Me dolían los pulmones de tanto inhalar esos vapores».

Jill era incapaz de explicar cómo ni por qué se «contaminaba» un objeto. Y sabía que era una locura pasar los días frotándolo todo. «Estás ahí sentada y pensando: "Oye, el resto de la gente está en la calle pasándolo bien y haciendo cosas y tú estás aquí limpiando esta contaminación imaginaria"». Aun así, no podía parar. Resultaba más fácil limpiar y, por tanto, sacarse de su mente esas espantosas sensaciones durante un rato.

Durante todo un año solamente salió de su casa para hacer la compra, e incluso entonces, solo podía ir a una tienda, que había decidido que seguía estando «limpia». Su obsesión comenzaba con que una tienda estaba contaminada, o un barrio. «Llegó incluso a convertirse en que yo había contaminado ciudades o estados enteros y tenía que marcharme, tenía que mudarme. Nos mudamos muchísimas veces debido a mi enfermedad. De alguna forma que no puede explicar, «contaminé a mis padres, a mi hermana y a mis hermanos y no pude verlos durante dieciséis años». Si alguno de ellos la llamaba por casualidad, el teléfono quedaba entonces contaminado y tenía que «alcoholar» —Jill lo llama así— todo el apartamento. Incluso tenía que lavar al gato y desmontar la aspiradora, parte a parte, y meterle alcohol dentro. Si era Navidad, tenía que coger todos los adornos del árbol y sumergirlos en grandes cantidades de alcohol. Podía imaginarse que una mancha imaginaria le subía por el brazo desde la mano con la que había sujetado el teléfono y tenía que ducharse cinco veces para eliminarla. Sobre aquella época, Jill empezó a relacionar cualquier documento oficial con la contaminación, un recuerdo, según cree, del estrés que había sufrido por su divorcio muchos años atrás. Si le ponían una multa de tráfico, por ejemplo, tenía que volver a casa y «alcoholar» la casa y ducharse. No podía soportar el tacto del certificado de matriculación de su coche ni tampoco ir a algún edificio oficial.

Jill y sus dos hijas adolescentes vivían entonces en Carolina del Norte, pero su TOC estaba empeorando y el tiempo lluvioso la deprimió aún más, así que decidió ir con su coche a Florida para ver si podía encontrar un lugar no contaminado donde vivir. Había dejado a las niñas temporalmente con unos amigos y, angustiada por saber que estaban bien, se detuvo varias veces por el camino para llamarlas por teléfono. Como había averiguado que las niñas le habían mentido sobre los sitios donde habían estado y las cosas que habían hecho, para así evitar los absurdos rituales que les exigía que hicieran si hubiesen dicho la verdad, se habían convertido ahora en «contaminadas», así que eso hizo que la situación se complicara más. Jill prefería hacer siempre esas llamadas de teléfono desde grandes hoteles donde sabía que había gimnasios. Desarrolló una rutina para evitar la «contaminación» cuando llamaba a sus hijas: se dirigía al gimnasio, dejaba la ropa en una taquilla, se envolvía en una toalla limpia e iba a una cabina de la recepción. Ahora se ríe: «Se acercaban muchos hombres de negocios y se quedaban mirándome. Yo esperaba que nadie se diera cuenta de que no llevaba ningún bañador bajo aquella toalla». Tras hablar con sus hijas, limpiaba el teléfono con jabón y agua, se daba cuatro duchas, por lo menos, se lavaba el pelo y se vestía. De ese modo, evitaba contaminar su ropa y contaminarse ella misma y no se veía obligada a tirar todas las posesiones que se amontonaban en su coche.

Jill siente todavía impulsos de ducharse de manera excesiva, pero ha superado la mayor parte de sus miedos a la contaminación y los miedos a la muerte que conllevan. El primer obstáculo en su terapia conductual fue «el simple hecho de aceptar el TOC». «No sentirme mal por tenerlo». En ocasiones, cede ante un intenso impulso de lavarse o de limpiar. Es entonces cuando su nivel de ansiedad es tan alto que piensa: «Vale, puede que me libere del TOC si no realizo la compulsión, pero es posible que sufra un infarto si sigo sometiéndome a todo este estrés. Así que ahora trato de no ser tan exigente conmigo misma y, si me siento muy bien, me esforzaré un poco más. Si no me siento muy bien, trataré de hacer algo, lo que sea».

Ha aprendido que si deja que su TOC se salga con la suya, «es casi como si le dieras más credibilidad. Se convierte en un hábito que sigues haciendo y se va volviendo cada vez peor». Su concesión puede consistir en darse una ducha en lugar de cinco. «Da esos pequeños pasos», aconseja, con la ayuda de los Cuatro Pasos.

«Han cambiado muchísimas cosas en mi vida por el simple hecho de haber podido Reetiquetar esto», dice. «Si cedes ante ello, crece como una bola de nieve. Empieza con una persona contaminada, después diez, luego diez tiendas y, más tarde, todo el estado». A menudo, para Jill, el Reetiquetado es suficiente. Respira hondo, se tranquiliza y el impulso intrusivo desaparece. «Si te enfrentas a él de inmediato, si lo Reetiquetas como TOC de inmediato, no va a llegar al punto en el que necesites varias horas del día para enfrentarte a él».

Antes de empezar con la terapia autodirigida, Jill se medicaba. Pero, según dice: «La medicación era solo como un antigripal. Servía para suavizarlo, pero lo cierto es que no mejoraba» como sí ha hecho con la terapia. «Si hubiese conocido la técnica de los Cuatro Pasos hace años, me habría ahorrado gran parte del empeoramiento, mucho tiempo y mucho sufrimiento».

PUNTOS CLAVE QUE HAY QUE RECORDAR

- El Paso 2 es el paso de la Reatribución.

- La Reatribución significa responder a las preguntas: «¿Por qué estos pensamientos e impulsos no dejan de molestarme? ¿Por qué no desaparecen?». La respuesta está en que se deben a una enfermedad que se llama TOC.

- El TOC está relacionado con un desequilibrio bioquímico dentro del cerebro que tiene como consecuencia un fallo en la palanca de cambios del cerebro. Se queda «atascado».

- Como el cerebro está atascado, su «circuito de detección de errores» no deja de dispararse cuando no debe. Esto provoca sensaciones desagradables.

- Cambiar las respuestas conductuales ante las sensaciones desagradables y adoptar comportamientos útiles y constructivos hará que, con el tiempo, la palanca de cambios rota se desatasque.

- Cuando el cerebro empieza a manejar bien la palanca de cambios, las sensaciones desagradables empiezan a desaparecer y resultan más fáciles de controlar.

3
Paso 3. Reenfoque

«Desearlo no bastará»

> Paso 1. Reetiquetado
> Paso 2. Reatribución
> Paso 3. REENFOQUE
> Paso 4. Revalorización

Paso 3. El **Reenfoque** nos dice qué hacer cuando tratamos de vencer los impulsos de realizar comportamientos compulsivos. Nos enseña a sortear esos molestos y agobiantes pensamientos Reenfocando nuestra atención en alguna actividad útil, constructiva y placentera, como puede ser la jardinería o un videojuego. La clave de este paso está en **realizar otro comportamiento.** Al hacerlo, estamos reparando la palanca de cambios de nuestro cerebro que está estropeada. De ese modo, el cerebro comienza a cambiar de una forma más suave hacia otros comportamientos. Cuanto más practiquemos este paso de Reenfoque, más fácil se volverá. Esta es la razón por la que el cerebro empezará a funcionar de una forma más eficiente.

A mí me gusta contar la historia del camaleón y su terapeuta para ilustrar la inutilidad de tratar de no pensar en los molestos síntomas del trastorno obsesivo-compulsivo. El terapeuta le dice al desafortunado camaleón: «Oye, tienes que tranquilizarte. Cuanto más te preocupes por cambiar de color, menos avances conseguirás. ¿Por qué no vuelves a ponerte de verde?».

Con el paciente de TOC, el problema es exactamente el mismo. Cuanto más te preocupas por tratar de hacer que desaparezca de tu mente alguna idea estúpida o molesta, menos oportunidades tendrás de conseguirlo. Al final, terminarás rindiéndote. El TOC vencerá. Un punto clave de la terapia conductual cognitiva autodirigida es el siguiente: «No es lo que sientes, sino lo que haces, lo que cuenta».

Y quizá lo más importante que debes hacer durante un ataque de TOC es Reenfocar tu atención hacia otra actividad. ¿A qué me refiero con esto? Esta es una forma de explicarlo: Reenfocar es como aprender un arte marcial. Tu oponente, el TOC, es muy fuerte, más que el poder de tu mente para hacer que desaparezca. Pero cuentas con una clara ventaja: el TOC tiende a ser muy estúpido. Lo más cerca que llega a estar el TOC de ser inteligente es en su forma malvada de hacer dudar a tu mente. Si te colocas justo delante de este estúpido pero poderoso oponente, podrá contigo. Por tanto, tendrás que aprovecharte de su estupidez. Tienes que hacerte a un lado, dejar a un lado el pensamiento del TOC y sortearlo dirigiendo tu mente hacia otro lugar y realizando otro comportamiento que resulte más placentero y funcional.

Esto es el Reenfoque. Reenfocas tu atención hacia otro comportamiento. Puede ser una actividad física, como dar un paseo, hacer punto o lanzar unas canastas. Al principio de la terapia, la actividad física parece resultar especialmente útil. Pero lo más importante que hay que recordar es que cualquiera que sea la actividad elegida, deberá ser algo que resulte placentero. Puedes escuchar música, cocinar, coser, jugar con el ordenador o regar los geranios. La clave está en realizar esa actividad durante, al menos, quince minutos en lugar de hacer algún estúpido ritual como respuesta a un pensamiento obsesivo que procede de tu cerebro. Esta es la regla de los quince minutos.

Ahora bien, esos quince minutos no son más que una directriz. Al principio, puede que un periodo de cinco minutos sea el límite de tu aguante. Lo importante es que, al menos, durante unos minutos no te quedes sentado dándole vueltas de una forma autodestructiva a molestos pensamientos e impulsos que han invadido tu mente y que no actúes conforme a esos pensamientos e impulsos. Por el contrario, podrás Reetiquetar conscientemente como TOC esos pensamientos sin sentido y Reatribuirlos a un problema de cableado de tu cerebro. El Reetiquetado y la Reatribución te ayudan a estar «centrado» y preparado para apartar a tu mente del TOC y volver a la realidad. Ahora estás listo para sortear esos pensamientos Reenfocando tu atención en otro comportamiento más sano.

El breve resumen del Reenfoque es: «Realiza otro comportamiento». Cuando lo hagas, verás que los impulsos del TOC cambian y tienden a reducirse con el tiempo cuando se deja de actuar conforme a ellos. —También es cierto que la medicación suele lograr que el TOC desaparezca con más rapidez mientras sigues la regla de los quince minutos; véase el capítulo nueve—.

PASO A PASO

No te limites a lanzarte e intentar despachar todos los pensamientos molestos de inmediato a través de alguna especie de actividad frenética y constante. —No olvidemos al bueno del profesor Gallagher y su pobre paciente que tenía miedo a las serpientes, las alturas y la oscuridad que vimos en el capítulo uno—. Más bien, ve haciéndolo todo poco a poco. Lento pero seguro. No se puede hacer todo en un momento. Digamos que tienes una obsesión con la contaminación y que vuelve a invadirte ese temido pensamiento de «tengo que lavarme las manos». En primer lugar, lo Reetiquetas y lo llamas lo que es: una obsesión. Después, Reatribuyes y culpas directamente al responsable. Te recuerdas: «No soy yo, es el TOC». A continuación, Reenfocas. Te alejas del lavabo sin lavarte las manos y haces algo que valga la pena y que te haga feliz. No intentes hacer que el TOC desaparezca mediante alguna especie de toma de conciencia milagrosa de lo que es y lo que significa. Ese esfuerzo es infructuoso. Terminarás desmoralizado, literalmente destrozado por dentro.

Al Reenfocar y cambiar a otro comportamiento, cambias esa palanca de cambios de tu cerebro y te resistes al impulso de una forma inteligente. Cuando actúas así, el impulso empieza, poco a poco, a disminuir porque te estás esforzando por cambiar la química de tu cerebro. Cuando no prestas atención al impulso, empieza a desaparecer. Cuando cambias de comportamiento, tu cerebro empieza a funcionar mejor. Eso es lo que ha demostrado nuestra investigación en la UCLA.

El paso del Reenfoque es el punto central de la terapia cognitivo-bioconductual autodirigida. La clave del Reenfoque está en darse cuenta de que debes cambiar a otro comportamiento, aunque el pensamiento o la sensación del TOC sigan ahí. No vas a permitir que esos pensamientos o sensaciones determinen tus actos. Tu grito de guerra no será nunca «tengo que deshacerme de esta sensación». Si fuera así, terminarías perdiendo con toda seguridad. No puedes hacer gran cosa para lograr que esa desagradable sensación desaparezca, como tampoco puedes hacer que la molesta y falsa alarma del coche se apague. Tendrás que sortearla. Una de las grandes ironías de la vida es que cuando no nos importa demasiado conseguir algo, a menudo, terminamos consiguiéndolo. Ese mismo principio puede aplicarse a la lucha contra los síntomas del TOC. Cuando dices: «Oye, ¿a quién le importa que desaparezcan o no? Yo voy a hacer algo constructivo», en realidad, estás aumentando las posibilidades de que sí desaparezcan. Mientras tanto, estarás haciendo algo que te produce placer en lugar de dolor. Estás sirviéndote de tu Espectador Imparcial, esa voz de la razón que te observa dentro de ti, para decir: «Ah, ¿eso? Eso es un TOC. Deja que haga otra cosa distinta». Al realizar otro comportamiento estarás también mejorando el funcionamiento de tu cerebro.

Tal y como ha demostrado nuestra investigación en la UCLA, la capacidad de sortear el TOC es un arma poderosa. Al hacerlo se consigue un cambio real en el modo en que funciona el cerebro, prácticamente del mismo modo que la medicación cambia la química cerebral. Se arregla el sistema de filtrado del cerebro y se consigue que la transmisión automática del núcleo caudado empiece de nuevo a funcionar. Cuando esos impulsos del TOC aparezcan, trata de esperar, al menos, quince minutos sin reaccionar a ellos. Al terminar ese tiempo, quizá puedas decir: «Bueno, sigue molestándome, pero no tanto. He notado un cambio». Si no ocurre esto en el primer intento, ten paciencia; con el tiempo, pasará. A la vez que aprendes a gestionar tu ansiedad, tu poder de observación mejora. Desarrollarás una mente potente, una mente que es sensible a los cambios sutiles y que es capaz de ver lo que esos cambios implican. El uso aplicado de tu Espectador Imparcial es el poder mental definitivo. Así, tras conseguir esperar quince minutos, quizá puedas valorar la situación y llegar a la siguiente conclusión: «Eh…, parece que no me molesta tanto. Voy a esperar otros quince minutos». Las personas que pueden actuar así siempre mejoran. Todavía no he visto a nadie que llegue a ese nivel de determinación mental sin que consiga mejorar.

SI TE ESFUERZAS, GANAS

Y bien, ¿a qué llamo yo «mejorar»? Puesto que el TOC es una enfermedad crónica, mi definición de mejoría consiste en alcanzar un punto en el que el TOC afecte mucho menos a tu actividad diaria, un punto en el que ya no te obliga a actuar de una forma que lamentes, en el que ya no influye en tu rendimiento en el trabajo ni en tus relaciones personales ni controla constantemente tu atención. Y puedo asegurar que esto lo puedes conseguir por ti mismo. Aunque es posible que tu TOC todavía trate de colarse en tu mente y destrozarte la vida, ahora sabes que no es lo que sientes, sino lo que haces, lo que cuenta. Tal y como ha demostrado la investigación que hemos realizado en la UCLA, cuando te concentras en sortear tu TOC, empiezas a sentirte más cómodo en tu interior porque tu cerebro empieza a funcionar mejor. Por otra parte, si te quedas sin hacer nada, repitiendo una y otra vez: «Tengo que sentirme más cómodo», no vas a cambiar tu comportamiento, no vas a cambiar tu cerebro y no vas a mejorar. Tienes que ser activo. No puedes permanecer pasivo.

Solo porque tu corteza orbitofrontal esté atascada y te esté enviando mensajes falsos, no significa que tengas que escucharlos. Ese es el descubrimiento más importante sobre la relación entre cerebro y mente en torno al cual nuestro equipo de la UCLA ha estructurado el programa de los Cuatro Pasos. Muchos científicos y filósofos se han mostrado propensos a decir: «Si la corteza orbitofrontal dice que es posible, debe serlo». Pero no lo será, a menos que tú lo hagas posible. Eres tú y no tu corteza orbitofrontal quien decide si vas a escuchar esos estúpidos mensajes y actuar conforme a ellos. Puede que tu corteza orbitofrontal te esté diciendo «¡Lávate!». Pero eso no significa que debas hacerlo. Resulta que si te niegas a ceder y a lavarte, empezarás a realizar cambios positivos en el modo en que funciona tu corteza orbitofrontal. Esta te dirá: «¡Lava esto! ¡Comprueba aquello!». Si la escuchas, se calentará cada vez más y más. Pero, según hemos visto, si te niegas a escucharla, se enfriará.

Al aprender a aplazar la actuación ante un pensamiento obsesivo durante quince minutos, o incluso solo cinco, estás enseñándote a ti mismo lo que es prevención de respuesta. No tienes por qué dedicar horas de terapia con un profesional de la medicina, como pensabas antes. Esta es una verdadera terapia autodirigida en el sentido de que eres tú tu propio terapeuta. Por supuesto, siempre puedes recibir ayuda y apoyo adicional. Pero descubrirás que con la aplicación de los Cuatro Pasos —Reetiquetado, Reatribución, Reenfoque y Revalorización— serás capaz de exponerte durante periodos cada vez más largos a esos terribles pensamientos e impulsos sin tener que realizar rituales compulsivos como respuesta ante ellos. Es posible que, al principio, tengas que apartarte del lavabo rápidamente para no ceder y volver lavarte las manos o tendrás que alejarte de la puerta para no verificar de nuevo si está cerrada. Está bien que al principio pongas cierta distancia física entre el lavabo o la cerradura y tú. Pero nunca te digas: «Dios, he vuelto a caer. Soy terrible. Soy un fracasado. Jamás voy a recuperarme». Si realizas una compulsión, limítate a decirte a ti mismo que el TOC ha ganado esta ronda y comprométete a que la próxima vez te vas a esforzar por no hacer caso del lavabo ni la puerta e intentar Reenfocarte en hacer algo que resulte útil y placentero. El simple hecho de ser consciente de que esta es una forma de terapia conductual, aunque al mismo tiempo estés realizando una compulsión, evita que tomes el comportamiento compulsivo al pie de la letra —no es «lavarte las manos», sino «realizar una compulsión»— y mantiene activo a tu Espectador Imparcial.

Normalmente, las personas con TOC experimentan el impulso de realizar una compulsión muchas veces a lo largo del día. Sin embargo, cuanto más tiempo seas capaz de poner entre sentir el impulso y actuar conforme a él, será un tiempo bien empleado, aunque sea tan solo uno o dos minutos. Al final de este periodo es importante que vuelvas a reconsiderar el molesto impulso y que te hagas una nota mental de cualquier cambio en la intensidad del mismo durante el tiempo que has podido mantenerlo a raya. Aunque tan solo sea un cambio de intensidad imperceptible, lo cual suele pasar, habrás aprendido que puedes controlar tu respuesta conductual ante el pensamiento del TOC.

REGISTRAR TU ÉXITO ESPIRITUAL

Es importante mantener un diario o registro en el que apuntes tus logros a la hora de Reenfocar. Puede ser un simple cuaderno que te puedas guardar en el bolsillo o el bolso. ¿Por qué es importante? Pues por dos motivos: en el fragor de la batalla contra un impulso compulsivo, no siempre resulta fácil recordar cuáles de tus comportamientos de Reenfoque han sido los más efectivos. Es más, el hecho de tener un registro por escrito te ayudará a mantener en tu mente estos comportamientos tan útiles de un modo más firme. Este diario puede también servir de ayuda para ganar más confianza al ver cómo va aumentando tu lista de logros.

La superación del TOC tiene un lado espiritual, así como biológico. En la Biblia, la Carta a los Gálatas dice: «No os engañéis; de Dios nadie se puede burlar. Pues todo lo que siembres, también lo cosecharás». Parece que por el modo en que Dios conectó el sistema humano, cuando las personas se concentran demasiado en cómo se sienten, no actúan como deben para superar el TOC. Se puede cambiar el cerebro. Pero tendrás que sembrar para luego cosechar la recompensa. Nadie puede hacer esa labor por ti.

Gracias al estudio del TOC hemos aprendido muchísimo sobre la relación entre el modo en que funciona el cerebro y lo que ocurre en la mente humana. Yo sigo disfrutando enormemente de la investigación de las causas y el tratamiento del TOC porque trabajar con personas con TOC resulta muy gratificante. No solo se esfuerzan muchísimo, en general, y agradecen mucho la ayuda, sino que también suelen ser creativos, sinceros y muy intensos. Una mujer que pertenece a mi grupo de terapia de TOC dijo: «Todo lo que hago es serio, aunque solo sea elegir los cereales para el desayuno». En el aprendizaje de los Cuatro Pasos, esta intensidad es una ventaja. Sin embargo, las personas con TOC suelen también quedarse sin energía y agotadas por lo que consideran una lucha desesperada contra una enfermedad diabólica. El Reenfoque las ayuda a recuperar energías.

Las mejores actividades para Reenfocar requieren concentración y capacidad de estrategia e implican a otras personas. Salir a correr solo, por ejemplo, resulta menos acertado para apartar la mente de los pensamientos obsesivos y compulsivos que una buena partida de cartas o incluso que resolver algún problema del trabajo, siempre que lo que hagas te aporte placer. —No niego con esto que el hecho de salir a correr solo no sea útil para muchas personas—. En esto también se muestran muy creativos mis pacientes. Un hombre solía tener miedo de afeitarse porque le aterraba hacerse daño como castigo por haber tenido pensamientos obsesivos. Ahora se puede afeitar como actividad de Reenfoque cuando aparezcan esos pensamientos. ¡El resultado es que tanto su cara como su mente se han quedado bien limpios!

LA CONEXIÓN MENTE-CEREBRO

El estudio del TOC resulta estimulante intelectualmente. Al contrario que los que sufren muchas otras enfermedades psiquiátricas, las personas con TOC pueden expresar de una forma clara lo que sienten y lo que les perturba. Pueden describir con todo detalle siniestras sensaciones e impulsos intrusivos y el dolor y sufrimientos que esas sensaciones e impulsos les provocan. Como consecuencia, nos podemos hacer una idea bastante clara de lo que ocurre en el cerebro de una persona que siente estos impulsos de lavarse, de hacer verificaciones o de cualquier otra cosa. Como contamos ahora con mucha información de lo que ocurre en el cerebro de una persona con TOC, podemos entender mejor la relación entre lo que pasa en el cerebro y lo que esa persona siente en su interior. Entender la relación entre lo que hace el cerebro y la vida interior de una persona es muy importante, tanto por razones médicas como porque, de por sí, resulta fascinante. Hay tres factores a tener en cuenta en esto: la capacidad de las personas con TOC para describir lo que sienten, la emergente comprensión de los problemas cerebrales subyacentes que provocan el TOC y el interesante hecho de que entre todos los trastornos psiquiátricos, el TOC es uno de los pocos que no responde muy bien al tratamiento que conocemos como placebo, las cápsulas vacías. Incluso en la esquizofrenia y la depresión, cuando se administra a los pacientes pastillas vacías, pastillas que creen que les pueden ayudar, un buen número de ellos nuestra una mejoría real a corto plazo. Pero en el caso de las personas con TOC, por lo general, menos de un diez por ciento muestra esa mejoría cuando toman placebos, por lo que si no se está haciendo algo activo para combatir sus síntomas, no va a pasar nada o incluso pueden empeorar. Juntemos todas estas conclusiones y podremos empezar a entender por qué el estudio del TOC puede resultar tan revelador en cuanto a la relación entre la mente y el cerebro. Tanto las contundentes evidencias de que el cerebro cambia cuando las personas con TOC mejoran —y tienden a mejorar solo con tratamiento realmente efectivo— como el hecho de que las personas con TOC puedan describir con precisión lo que piensan y sienten antes y después del tratamiento constituyen juntos una fuente de información poderosa sobre la relación entre el cerebro, la conducta y la vida mental de una persona.

¡MANTENTE ACTIVO!

Creo firmemente que permitir y animar a los pacientes a mantenerse pasivos constituye un problema con buena parte de la medicina moderna. Una persona acude al médico, el médico hace su trabajo y la persona espera a mejorar. Nuestro método de tratamiento de la UCLA enseña a los pacientes lo que pueden hacer para ayudarse a sí mismos. La medicación está bien si se utiliza para ayudar a las personas a que se ayuden a sí mismas —la teoría de «los manguitos»—. En el tratamiento del TOC, la medicación hace que sea más fácil para muchas personas aprender a poner en práctica los Cuatro Pasos. Consiguen que los desagradables síntomas del TOC desaparezcan con más rapidez cuando siguen la regla de los quince minutos. Pero, al final, mientras realizan la terapia cognitivo-bioconductual autodirigida, descubren que pueden conseguirlo con cada vez menos medicación. Y eso es bueno.

En resumidas cuentas, a medida que vas realizando cada vez menos comportamientos compulsivos y prestas cada vez menos atención a tus pensamientos obsesivos, sorteándolos, irán desapareciendo con más rapidez dichos pensamientos e impulsos.

Por tanto, el ya conocido trío del cerebro —la corteza orbitofrontal, el giro cingulado y el núcleo caudado— ha atacado en grupo. La corteza orbitofrontal te envía mensajes falsos de que «algo va mal»; el giro cingulado, que está conectado con tu corazón y tus intestinos, hace que pienses: «Ay, va a pasar algo terrible si...»; y el núcleo caudado no está moviendo la palanca de cambios para que puedas dejar de realizar comportamientos repetitivos y sin sentido y realizar otros más adecuados. Pero cuando empiezas a hacer uso de los Cuatro Pasos, ya no actuarás sin pensar y de manera automática ante esos mensajes falsos. Sabrás qué es lo que está pasando ahí arriba y dejarás de reaccionar como si fueses una marioneta. Tu Espectador Imparcial te mantendrá en contacto con la realidad y te dirá: «Esto es bueno, esto es malo» igual que tu lengua te dirá: «Esto es dulce y esto es amargo» y tus ojos: «Esto es rojo, esto es verde». Te mirarás a ti mismo y podrás preguntarte: «¿Qué es esta sensación?». ¿La respuesta? Es el bloqueo mental. Una vez que te das cuenta de que la sensación no tiene un significado profundo, que solo es una falsa alarma, podrás no hacerle caso y seguir con lo tuyo. Activas la palanca de cambios y pasas a otro comportamiento —y preferiblemente, como te has anticipado y has planificado, sabrás previamente qué comportamiento vas a realizar—.

LO QUE SIGNIFICA: NADA

Pero si te tomas al pie de la letra los mensajes falsos del TOC, pasarás el tiempo inquietándote y preocupándote. «¿Ese hombre me ha tocado? Quizá se haya rozado conmigo cuando yo no miraba. Ay, Dios mío. ¿Qué significa?». En el fondo, si somos sinceros, sabes que no significa nada. Sabes que no estás contaminado por culpa de tu «encuentro» con ese hombre misterioso. Pero sin contar con las herramientas de los Cuatro Pasos para tranquilizarte, la sensación es tan fuerte que eres propenso a creértelo.

Lo que no quieres hacer de inmediato es decir: «¿Te acuerdas de esos doscientos comportamientos compulsivos que tengo? Puede que mañana deje de hacerlos». Primero haz lo más fácil: enfréntate a uno e intenta esperar quince minutos antes de responder a sus estúpidas órdenes. Quizá lo más sensato sea empezar con el que te provoque menos estrés. Haz una lista, una especie de medidor de estrés, si crees que te va a resultar útil —véase el capítulo ocho: «Los Cuatro Pasos y los métodos tradicionales de la terapia conductual»—.

Como miembro integrante de la especie humana, cuentas con cierta ventaja en la línea de salida. Los perros pueden sufrir un trastorno que hace que se laman las patas, el pelo o la piel de manera compulsiva y destructiva, un trastorno que la doctora Judith Rapoport del Instituto Nacional de Salud aseguró que podía tratarse con la misma medicación que se usa para tratar el TOC. Pero no se le puede decir a un perro: «No eres tú, solo es tu dermatitis canina que te provocan unos impulsos que proceden de tu cerebro. Reenfócate. Vete a hacer un agujero en el patio de atrás». Sin embargo, como seres humanos tenemos la capacidad de observar nuestra propia conducta, servirnos de nuestro Espectador Imparcial, para aumentar nuestra percepción consciente y tomar decisiones meditadas sobre cómo vamos a valorar las señales que nuestro cerebro nos envía y cómo vamos a responder ante ellas. Nuestros pacientes de la UCLA han desarrollado sus propias técnicas de distracción para no realizar sus compulsiones. Un joven chasquea los dedos de las dos manos. Una mujer se da suaves bofetadas en la cara. Haz lo que sea que te funcione.

Al principio del Reenfoque, incluso un minuto ya es un avance. Pero pasadas varias semanas, tendrás que dar pasos más arriesgados. Se trata de una zona peligrosa. Ya no podrás aferrarte a tu cronómetro mental que marcará los cinco o los diez minutos. Tendrás que aumentar tú solo la tolerancia a tu incomodidad. Una idea muy buena es la de hacerte la promesa de algún regalo, como una entrada para el teatro, un yogur o un helado, si consigues esperar al menos quince minutos antes de actuar conforme a algún pensamiento obsesivo. Después, deberás anotar tu avance en tu diario de terapia conductual. Muchas personas llegan a ver este registro como el mayor regalo de todos. Una mujer de nuestro grupo de terapia que lleva muchos años enfrentándose a un trastorno dismórfico corporal, un trastorno relacionado con el TOC, se hizo por fin a la idea de que ya no estaba dispuesta a vivir entre luces atenuadas y con los espejos tapados con periódicos para evitar rascarse y pellizcarse incesantemente para quitarse imperfecciones imaginarias de la piel. Por cada quince minutos que aguantaba sin pellizcarse, se regalaba veinticinco centavos para ropa nueva. Sin duda, le funcionó.

Cuando el avance se pone difícil y la tarea del Reenfoque supone un desafío para tu fuerza de voluntad, recuerda que al final te espera una recompensa. A medida que pase el tiempo, empezarás a beneficiarte más de la práctica diligente de los Cuatro Pasos. Cambiarás el funcionamiento interno de tu cerebro. Con el Reenfoque, mientras sorteas tu TOC, aceptándolo como lo que es, no como lo que no es, llegarás a entender que toda tu vida no depende de controlar esas espantosas sensaciones intrusivas y que tu mundo no se va a venir abajo porque tu TOC no desaparezca.

HACER QUE ESAS ANGUSTIAS SE DESBARATEN

Realizar una actividad que exija toda tu concentración es una forma estupenda de desviar tu atención de los síntomas de tu TOC. Esto era probablemente lo que Howard Hughes hacía cuando pilotaba su avión. Hughes no pensaba nada sobre pilotar un avión, pero se sentía invadido por el miedo ante la idea de tocar el pomo de una puerta que, en su imaginación, estaba contaminado. En aquella época, sus amigos se quedaban completamente perplejos ante su comportamiento, pero si lo analizamos según lo que ahora sabemos sobre el TOC, no resulta nada difícil de entender. El pomo de la puerta le provocaba un espeluznante miedo a la muerte, pero no asociaba a su avión con la contaminación, por lo que no sentía miedo relacionado con el hecho de volar. El vuelo era para Hughes una especie de terapia conductual. A los mandos de su avión se Reenfocaba, alejándose de su TOC y dirigiendo su atención hacia una actividad que exigía absoluta concentración. En un avión, el piloto es el que tiene el control. Para una persona con TOC, el acto trivial de tocar un pomo «sucio» podía provocar el temido pensamiento de algún desastre inminente. A corto plazo, la sensación de miedo es incontrolable, probablemente porque está provocada por un fallo en el giro cingulado. Pero se puede sortear y, de ese modo, ser controlada.

Con el tiempo, los Cuatro Pasos se vuelven casi automáticos. Michael, que está obsesionado con que los pantalones le quedan demasiado estrechos, dice que los Cuatro Pasos le aportaron «la disciplina que necesitaba. Aprendí a decirme a mí mismo: "Haz esto hoy y te sentirás mejor mañana. Haz esto mañana y te sentirás mejor al día siguiente". Los Cuatro Pasos eran una guía para principiantes. Ahora es como si siguiera practicando los Cuatro Pasos, pero sin pensar de verdad en ellos. Yo creo que la mayoría de las personas improvisan un poco lo que les funciona, pero siguen practicando el método básico. No tienes por qué pensar: "Ahora tengo que realizar el primer paso...". Ni tampoco: "Vale, esto es un problema bioquímico". Solo tienes en tu mente exactamente lo que es. No tienes que ponerle un nombre. Básicamente, sabes que tienes que hacer otra cosa. Improvisa, pero intenta siempre mejorar. No dejes de idear ejercicios que te sirvan de ayuda». Este es un buen consejo en el nivel intermedio de la terapia conductual.

A veces, según dice Michael, el Reenfoque es «como sacarme un pensamiento del cerebro. Casi siento como si algo me golpeara el cerebro y, después, lo dejara. Y no es eso lo que se siente con el TOC. Casi se puede decir que es una buena sensación». Para él, el ejercicio físico resulta muy útil para sortear sus pensamientos del TOC. «Si pudiera jugar al baloncesto las veinticuatro horas del día, estaría de maravilla. No me sentiría mal nunca». Cuando el nivel de ansiedad de Michael es bajo, su capacidad de concentración se vuelve muy intensa y es capaz de realizar magníficamente bien su trabajo de taquígrafo. «La gente me dice: "Ah, qué bien. Tienes un buen trabajo y puedes hacerlo a pesar de tu TOC". Pero mi respuesta, y creo que resulta buena para mí, es que yo no quiero hacer este trabajo. Lo que quiero es hacer algo que me guste». A medida que su TOC sigue mejorando, él se va sintiendo más optimista con respecto a la idea de buscar un trabajo mejor. Durante mucho tiempo, podía leer muy poco porque sus síntomas del TOC se entrometían, haciendo que leyera cada página una y otra vez, pero ahora lee con voracidad y está aprendiendo cosas nuevas: «Puedo leer ahora más libros al mes de los que antes leía en un año. Con mi terapia conductual y teniendo cada día más información sobre lo que es este TOC, aceptándolo, espero poder mejorar a nivel profesional».

En su batalla con el TOC, Michael cree que ya ha recorrido un setenta por ciento del camino. «Hay que esforzarse sin parar. Esa es la única forma de superar el setenta por ciento. Ahora soy consciente de que hay algo dentro de mí, ya sea bioquímico, genético o lo que sea, que nunca me va a permitir llegar al cien por cien. Pero siempre estoy queriendo esforzarme para acercarme a ello. Al mismo tiempo, quiero ser realista. Es importante para mí no ponerme objetivos inalcanzables, sino esforzarme por lograr lo que sea que pueda conseguir y ser consciente de que mi ansiedad no va a poder conmigo».

Para Michael, asistir con regularidad a la terapia de grupo semanal de la UCLA es como hacer los deberes de casa, una parte de su terapia conductual. En pocas palabras, es vigilancia. Sin embargo, ha abandonado la idea que tuvo de que su principal misión era ayudar a otras personas del grupo que aún no han alcanzado su nivel de éxito. Con la mejor intención, llegó una vez al grupo con su tarjeta de visita del fumigador que siempre había llevado consigo, con la idea de que sería una terapia de exposición que resultaría eficaz para quienes sintieran miedo por los pesticidas. Al fin y al cabo, a él le había funcionado. Pero según recuerda: «Hizo que algunos se volvieran locos. Ahora soy consciente de que no puedo ser la madre Teresa».

De la experiencia de Michael como «terapeuta» se puede sacar una importante lección. Cada persona debe librar la batalla del TOC a su manera y a su ritmo.

Jack, que consiguió vencer su compulsión de lavarse las manos, recuerda que le di un rompecabezas que consiste en una trampa para dedos con la que cuanto más tiras, más aprieta. Tienes que relajarte, usar tu cerebro y soltar los dedos. Lo mismo ocurre cuando el TOC nos atrapa. Solemos entrar en pánico y empezamos a empujar y a tirar de la forma que no es. Lo que hay que hacer es mantener la calma y servirnos de los Cuatro Pasos para desbloquear el cerebro. Para Jack, mantener la calma requería absoluta perseverancia. Según cuenta: «Tenía esa especie de personalidad con la que preferirías que llegara una enorme fuerza que lo hiciese todo por mí. Tenía problemas con el alcohol. El alcohol me convertía en una persona distinta y, así, no tenía que enfrentarme a mí mismo ni realizar ningún esfuerzo para cambiar. Así que encajaba perfectamente con mi personalidad». Antes de buscar ayuda en la UCLA, Jack se estaba tratando con medicamentos, sufría terribles efectos secundarios y estaba haciendo pocos avances en su lucha contra el TOC. Al recordarlo ahora, cuenta que su médico actuaba «como si estuviese tratando de sacar un virus de mi cuerpo». Cuando Jack llamaba al médico para decirle que las medicinas le estaban provocando fuertes dolores de cabeza, el médico le aconsejó: «Sigue aguantando. No abandones el barco porque haya una pequeña fuga». Al final, Jack se dio cuenta de que la medicina sin más no iba a hacer el trabajo por él. Se dijo a sí mismo: «Ha llegado el momento. Ahora depende de ti. Tienes que cambiar tu comportamiento. No puedes seguir dependiendo de los fármacos para cambiar tu vida». Unos años antes, Jack había desarrollado intolerancia al alcohol.

Jack se enfrentó a la realidad: «Me estaba quedando sin alternativas. Tenía que empezar a confiar en mí mismo», no en la medicación. «Se acercaba el invierno y no podía soportar la idea de volver a tener las manos secas y agrietadas. Había que hacer algo. Hasta entonces, yo había pensado que incluso tener las manos así era mejor que soportar la ansiedad que vendría después si no cedía y me las lavaba. Pero empecé a preguntarme si merecía la pena.

»Empecé a tratar de no ceder ante los pensamientos de que tenía las manos sucias y que estaba contaminándolo todo. Por supuesto, al principio, sentía ansiedad cuando no me lavaba, pero después, descubrí que cuanto más tardaba en ceder y veía que no pasaba nada, más fácil resultaba la vez siguiente. Empiezas a contar con un historial de ocasiones en las que no ha pasado nada cuando no haces caso a la obsesión. Asistir a la terapia de grupo fue útil porque no era fácil acudir y no mostrar avances. Y una vez que consigues avanzar, te sientes animado para continuar y no decepcionar a los demás miembros del grupo.

»Vi que cuando no hacía caso de los desagradables pensamientos intrusivos, su intensidad se reducía. Era cuando les empezaba a prestar atención cuando comenzaban a ser una molestia. También traté de esforzarme por reducir las verificaciones excesivas que realizaba cada vez que salía de casa o del coche. Esto era difícil porque son muchos los miedos relacionados con lo que puede pasar en una vivienda o en un automóvil que no está protegido. Por supuesto, estar limpio y mantener tu casa protegida son preocupaciones reales que tiene cualquier persona. Es solo que, con el TOC, no sabes cuándo parar. Al final, tienes que salir de tu casa o de tu coche diciéndote que has hecho todo lo que razonablemente podías para asegurarte de que estaban bien. Cuando el TOC empeora de verdad, puedes quedarte mirando una cerradura o ver que una ventana está cerrada, pero no tener la sensación tranquilizadora de que no les pasa nada. Llega un momento en el que tienes que tranquilizarte con la idea de que todo está bien».

Cuando Jack empezó a obligarse a dedicar menos tiempo a la verificación, se dio cuenta de que «no tienes un control absoluto sobre las cosas». «Solo se trata de hacer lo que uno pueda y, después, decidir cuándo has hecho suficiente. La cantidad de verificaciones puede aumentar o reducirse, dependiendo de la cantidad de estrés que estés sufriendo, pero no debes permitir que se descontrole. Tienes que saber reconocerte cada avance que hagas. Tal y como aprendí en la terapia de grupo, cuanto más cambies tu comportamiento, más cambiarán tus pensamientos».

A veces, a Jack le costaba saber si lo que estaba experimentando era TOC. Por ejemplo, un síntoma común en las personas con TOC es almacenar objetos inútiles. Pero a veces, Jack tenía el problema contrario: se obsesionaba con deshacerse de cosas que pensaba que ya no necesitaba. Al principio, esto le producía placer, pero, más tarde, la situación se le fue de las manos y empezó a convertirse en una preocupación grave. No sabía cuándo parar de organizar y ordenar las cosas. Fue entonces cuando decidió que probablemente se trataba de un síntoma de TOC. Tenía razón: si crees que es TOC, es TOC. La realidad no la percibes como un TOC.

Jack asistió a la terapia de grupo durante tres años y continúa practicando terapia autodirigida. En la actualidad, según calcula, sus síntomas han disminuido en un noventa por ciento. Se lava las manos solamente un número de veces «socialmente aceptado» al día.

VER AL ENEMIGO DE FRENTE

Christopher, que sentía obsesiones de contaminación, así como también espantosos pensamientos blasfemos, elaboró una técnica autodirigida muy práctica. Cuando sus vecinos se iban de vacaciones, le pedían que sacara a su perro a pasear. Pero para alguien a quien aterra la contaminación, sacar a pasear a un perro «sucio» por una calle «sucia» supone todo un desafío. Christopher decidió hacerle frente: Se detenía, cogía tierra y se frotaba las manos y los brazos con ella. Después, se concentraba en pasear al perro. Cuando regresaba a casa, no se permitía lavarse hasta que tuviera que irse al trabajo o acostarse. Y nunca desarrolló la compulsión de lavarse. Como ha obedecido las instrucciones de su Espectador Imparcial, ha tenido una visión clara de la realidad.

Puesto que Christopher trabaja en una cocina, debe lavarse las manos con frecuencia. Durante un tiempo, dice: «Desarrollé una especie de extravagante obsesión de que si me lavaba las manos varias veces, se convertiría en una compulsión. Y esa era la obsesión». Pero esta obsesión no le impidió que se lavara. De nuevo, una terapia conductual autodirigida. Y como la realidad no imita las sensaciones del TOC, siempre podía confiar en que cuando sentía la necesidad de lavarse, no era por el TOC. En este caso en particular, el TOC le habría hecho dejar de lavarse. Una de sus labores en el restaurante era poner salsa de tomate en las *pizzas*. Le resultaba terriblemente duro porque había desarrollado una obsesión con que la salsa de tomate era, en realidad, sangre. Pero no tenía alternativa. Era una tarea que tenía que hacer repetidamente todos los días. En realidad, fue una terapia de exposición constante. Con el tiempo, Christopher superó sus pensamientos de que la salsa era sangre y dejó de resultarle complicado ocuparse de las *pizzas*.

Amy, que tenía un macabro miedo a que si cogía un bolígrafo o un lápiz podía escribir algo obsceno, recuerda el momento en que venció a su obsesión. En su cumpleaños, fue con su familia a cenar a un restaurante italiano. Amy entró en pánico cuando el *maître* sentó al grupo justo al lado del puesto de los camareros, donde estaban claramente a la vista bolígrafos, lápices y cuadernos. Le dieron ganas de salir corriendo, pero no lo hizo. Según recuerda: «Me dije conscientemente: "Voy a sacármelo". Me dije: "Esto no es real. No vas a ir hasta ahí ni a hacer nada. Vas a quedarte aquí sentada como una persona normal. No vas a actuar conforme a tus miedos"». Tras hacerlo, pudo Reenfocarse en la celebración de su cumpleaños e interactuar con el resto de su familia. Se dio cuenta de que al enfrentarse a su TOC se estaba haciendo el mejor regalo de cumpleaños posible. A través de la terapia cognitivo-bioconductual autodirigida, Amy ha empezado a sentirse bastante cómoda estando en presencia de bolígrafos y lápices. Resulta interesante ver que cuando su máquina de escribir se estropeó, tomó la decisión consciente de no llevarla a reparar. Sabía que al obligarse a usar bolígrafos y lápices, sería más rápida su recuperación.

Brian, que sufría el espantoso miedo al ácido de las baterías, supo que necesitaba ayuda profesional cuando su obsesión alcanzó el punto en el que pidió a un físico amigo suyo que averiguara cuánto tiempo se quedaría el ácido de batería pegado a las ruedas de su coche después de pasar sobre un charco. —Para que conste, su amigo calculó que habría desaparecido todo rastro de ácido a las cuatro revoluciones de esas ruedas—. Ahora, Brian es capaz de ver su obsesión como algo «completamente estrambótico». Pero todavía recuerda la angustia de aquellas noches en las que iba detrás de los vehículos de policía y bomberos limpiando charcos de ácido reales o imaginarios sobre la acera. Hace un movimiento de negación con la cabeza. «Salía de verdad a limpiar las calles. Sé que es algo condenadamente rocambolesco. Alguien debió ver a aquel idiota en la calle con cubos y bicarbonato sódico».

Como muchos otros pacientes de TOC, Brian buscó ayuda cuando «se hartó» de tanto sinsentido. «Estaba condenadamente cansado de aquello, agotado de la depresión que me provocaba. No podía hacer cosas normales. Cada minuto del día, mi mente se estaba concentrando en ácido de batería».

Brian dice sin dudar que el método de los Cuatro Pasos es «la única buena herramienta que existe ahora mismo para personas como yo… Hay que llegar al punto en el que la voluntad se impone. Tienes que decirte: "Eh, así no puedes seguir". ¿Y sabes qué es lo más difícil para mí? Pues que cuando se trata de alguien que tiene miedo al algodón o a la pelusa o cosas así, supuestamente no existe un peligro real, pero, en teoría, el ácido sulfúrico sí es peligroso. Así que fue muy complicado para mí hacer esa separación.

Tienes que sentir por él un respeto sano, pero, al mismo tiempo, no puedes permitir que te supere. Yo vivía superado todo el tiempo. O sea, había ácido por todas partes. En mi dormitorio, en las paredes de la casa». Hay que dejar claro que el TOC puede hacer que una persona sienta el mismo miedo por una pelusa que el que Brian sentía por el ácido. Todo lo que se diga sobre lo rocambolescos y absurdos que pueden ser los síntomas del TOC es poco.

Con la ayuda de los Cuatro Pasos y medicación para ayudarle durante su terapia, Brian pudo sortear la mayoría de sus obsesiones. Es en su jardín donde suele Reenfocarse mejor: «Me va mucho mejor los fines de semana, cuando estoy haciendo cosas en el patio y trabajando duro. Soy un ávido jardinero y puedo salir a cortar el césped, arar, limpiar y sudar. Es una estupenda vía de escape para mí». El principio general es sencillo: Si hay un pasatiempo que te encante, utilízalo tanto como puedas para Reenfocar. Así, obtendrás dos ventajas por el precio de una.

EL PODER DE LA AUTODISTRACCIÓN

Anna, la estudiante de filosofía que sometía incesantemente a su novio a interrogatorios debido a su miedo infundado de que él le estaba siendo infiel, lo recuerda: «El tercer paso, el Reenfoque, fue fundamental para mi recuperación, pero me resultó muy difícil de aprender. Esperar es lo último que deseas hacer cuando tu vida misma parece depender de si realizas o no una compulsión. Distraerme haciendo otra cosa me sirvió de ayuda. Sin embargo, aunque no pudiera concentrarme de verdad en otra actividad, dejar que pasara el tiempo seguía teniendo un efecto beneficioso. Normalmente, cuando conseguía superar quince minutos e intentaba aguantar otros quince, sentía que tenía mucho más control sobre mí cuando había pasado ese tiempo».

Anna hizo después una observación importante: «Las personas que tienen compulsiones pueden, a veces, alejarse del lugar donde realizan sus rituales, como el lavabo o la puerta. Pero es imposible alejarse físicamente de tus propios pensamientos». Aun así, ha descubierto que la regla de los quince minutos, pese a la dificultad de su puesta en práctica, le proporciona espacio «para alejarse y ver una obsesión como un TOC, no como algo especialmente importante».

Usar periodos más cortos, incluso de un minuto o treinta segundos, resulta completamente aceptable, sobre todo, al principio. La clave está en seguir tomando notas mentales y Reetiquetar: «Esto no es más que un TOC. En realidad, no pasa nada malo». Dirigiendo conscientemente sus pensamientos a otros asuntos, Anna aprendió con el tiempo que podía resistirse a sus impulsos de hacer a su pobre y asediado novio todas aquellas locas preguntas y Reenfocar alejándose de los pensamientos e impulsos de su TOC en lugar de dedicarles más energía, que es lo que hacía antes del tratamiento. Como consecuencia, la intensidad de sus ataques de TOC disminuyó. «Unos meses después, estos pequeños logros terminaron siendo una gran mejora en mi salud mental».

Aunque aún tiene las obsesiones y los impulsos compulsivos en mayor o menor medida, dependiendo del estrés que tenga en su vida en un determinado momento, ahora «es más probable que deje que los pensamientos del TOC resbalen por mi cerebro en lugar de permitir que se filtren en él y modulen todo mi proceso mental. Por ejemplo, cada vez que veo un cuchillo afilado, aparece en mi mente un fuerte pensamiento o imagen intrusiva». —Su obsesión con los cuchillos no tenía ninguna relación con su obsesión con los celos—. «De una forma absolutamente involuntaria, imagino que el cuchillo se desliza por mi propia carne y esa visión es lo suficientemente vívida como para hacer que me doble de dolor. O, si hay alguien en la misma habitación que yo, me invade el pensamiento de que se lo estoy clavando a esa persona. Pero como ahora sé que no son más que pensamientos indeseados y carentes de todo sentido, dejo que pasen sin tratar de resolverlos, como antes habría hecho. No dejo que afecten a mi paz mental. Mi éxito a la hora de poner en práctica los Cuatro Pasos fue aumentando un poco a medida que iba sintiendo más confianza en que terminaría venciendo cuando sintiera el ataque del TOC en lugar de ceder ante él. No me he librado del TOC, pero la mayor parte de las veces lo sé controlar y no permito que sea él quien me controle a mí». Esta es una descripción estupenda de cómo aplicar el principio de «no soy yo, es el TOC».

Karen, la acumuladora compulsiva, también descubrió que el Reenfoque es uno de los más útiles de los Cuatro Pasos. Su consejo era: «Haz algo que te guste hacer y embárcate en ello. Planta un jardín de especias. Lee un cuento. Corta unas flores. Ve a patinar. El impulso compulsivo pasa si puedes redirigir tu atención y tu comportamiento. Si regresa, puede que no lo haga con tanta fuerza. De nuevo, realiza otro comportamiento. ¡Funciona! Yo uso esta técnica cuando veo un mercadillo o algún cubo de basura que me resulte atractivo. Si puedo controlar la compulsión el tiempo suficiente, el mercadillo habrá terminado y otra persona se habrá llevado lo que había en la basura. Sin embargo, es más probable que yo me haya cansado y que el impulso haya pasado».

Karen asegura que a la vez que cambia tu comportamiento, también lo hace tu actitud. «El sabor de cada logro tiene una dulzura única y te alienta a seguir avanzando hacia otros logros. Esta vez sabes que puedes hacerlo porque ya lo has conseguido antes. Toda tu actitud pasa de negativa a positiva, de la oscuridad a la luz».

Tras dos años limpiando y deshaciéndose de cosas, Karen y su marido han recorrido casi tres cuartas partes del camino hacia un hogar sin basura. Y ahora conoce la enorme satisfacción que se siente al tener una casa ordenada y un bonito jardín, y al sentir la libertad de poder invitar a amigos a su casa. Pero según dice: «Obtuve una recompensa aún mayor. De algún modo, atravesé una línea invisible en mi mente y me dije a mí misma: "Voy a vencer a esta cosa". Y ese es el verdadero premio gordo. La promesa de la terapia conductual se hizo realidad. Los antiguos e inquietantes pensamientos y sensaciones que hacen que desee acumular cosas pueden volver a aparecer, estoy segura de que será así, pero nunca más tendrán el mismo poder sobre mí. Los frutos del éxito y de la confianza en mí misma son mucho más dulces que la falsa promesa de la seguridad futura que me aportaba la acumulación de cosas materiales. Cuento con las herramientas de la terapia conductual y con el poder de la creencia en un Dios al que le preocupa lo que me pase. Esa idea me sirve de consuelo y me da fuerzas». Karen, la nueva Karen, ha puesto en marcha un pequeño negocio. Le va bien y tiene la mirada puesta en un futuro. ¡Este es el poder de la fe basado en el conocimiento y la experiencia personales!

NO TE PREOCUPES, NO LO VAS A HACER

Una cosa que aprenden muy pronto nuestros pacientes de la UCLA es que, por muy reales que puedan parecer sus pensamientos obsesivos con contenido peligroso, nunca actuarán conforme a ellos. «Nadie hace nunca algo moralmente inaceptable por culpa del TOC». Lara, cuya obsesión con cometer algún acto violento era tan fuerte que le aterraba incluso coger un cuchillo de mantequilla, dice: «Ahora entiendo que nunca he actuado conforme a un pensamiento obsesivo de hacer daño a nadie. Nunca lo haré ni deseo hacerlo. Me resulta repulsivo. Sé que tengo control sobre esos pensamientos e impulsos, por muy fuertes y perturbadores que se vuelvan». Es importante recordar que el TOC no puede controlar tu voluntad, al menos, de un modo que te obligue a hacer algo que creas que está mal.

Lara ha aprendido también el principio fundamental de la terapia conductual: «Cuanto más me esfuerzo por hacer que desaparezcan las obsesiones, más fuertes se vuelven, así que cambio mis pensamientos y los reinterpreto. Intento concentrarme en otra cosa, en algún proyecto, libro o programa de televisión. Cambio mis pensamientos, aliviando los síntomas. Si puedo redirigir mi comportamiento y energía hacia otro camino, normalmente puedo ponerme a realizar otra tarea». Cuando sus obsesiones empeoran, Lara suele sentir pena de sí misma y piensa que ya no tiene ningún control sobre ellas. «Pero entonces, hago el cambio. Llamo a alguien, me pongo a cocinar o voy al gimnasio. No siempre consigo ser capaz de cambiar mis pensamientos obsesivos. A veces, solo puedo pasar la tormenta. Es difícil alejarse de las obsesiones. Van conmigo adondequiera que vaya «como equipaje adicional». De nuevo, Reenfocar la atención en otra cosa, aunque solo sea durante un rato breve, puede resultar muy útil con las malas obsesiones, aunque solo sea para demostrarte a ti mismo que ese mal pensamiento no tiene por qué desaparecer del todo de tu mente antes de que puedas Reenfocar. A esto es a lo que me refiero cuando hablo de «sortearlo».

En el caso de Lara, existe una interesante dicotomía: aunque las compras compulsivas suponen una de las compulsiones a las que se enfrenta, a veces, se sirve de las compras como un modo de distraerse de sus molestos pensamientos o impulsos. «Me voy para salir de casa, para estar ocupada. Voy de compras básicamente porque no quiero llegar a casa y quedarme a solas con mis obsesiones, porque sé que en casa irán a peor. Si estoy fuera, mirando otras cosas, puedo apaciguarlas un poco». En esencia, está apartándose de sus obsesiones mediante el Reenfoque.

Para Carla, que tenía la desagradable obsesión de que iba a asesinar a su hija pequeña, los Cuatro Pasos son ahora tan automáticos que dice: «Es como escribir mi nombre o beber agua. Cuando los pones en práctica de una forma habitual, todo el día, se enciende automáticamente, como una bombilla. Es la mejor defensa». Es aquí cuando la transmisión del cerebro empieza de nuevo a ser automática.

Mantenerse ocupado es parte de esa defensa. Carla está en la junta asesora del colegio de su hija y recoge ropa para repartirla entre los necesitados. «Cuando haces estas cosas positivas por otras personas, consigues salirte de ti misma. No hace que el TOC desaparezca. Yo no le digo a nadie que no tengo TOC. Sigo teniéndolo.

Me medico todos los días. Pero hay muchas otras cosas aparte del TOC y quiero que los demás entiendan que existe una vida fuera del TOC y que te mereces esa vida. No pienses que has hecho nada malo o terrible ni que puede que Dios no estuviera contigo cuando esto, el TOC, te empezó a pasar». Este es un precioso ejemplo del tipo de aceptación espiritual que hace que todos los aspectos de los Cuatro Pasos funcionen mejor.

Jill, que sufría unos terribles miedos a la contaminación y que «alcoholaba» toda su casa, aprendió también esta lección fundamental: «Cuando no estoy trabajando, mi TOC empeora porque tengo más tiempo para que sea así. Cuanto más ocupada me encuentro, más sana estoy». Ahora que su TOC está controlado, está «lista para volver a la vida normal». Antes de tomarse unas vacaciones del trabajo para tratarse del TOC, Jill era agente inmobiliaria. En aquella época, le vino bien para lo que necesitaba; los horarios flexibles le dieron tiempo para ocuparse de su enfermedad y para criar a sus dos hijas, que ahora son adolescentes. En la actualidad, piensa que está preparada «para hacer algo más creativo». Supone un gran salto adelante para alguien que antes estaba tan abrumado por su TOC que no salía de casa y literalmente tenía que limpiar el aire que respiraba con alcohol.

Gary había estado invadido desde la adolescencia por pensamientos intrusivos que le decían que «atacara» a las personas con las que pudiera estar hablando o les hiciera groseros o inapropiados comentarios. Por supuesto, nunca actuó conforme a estos extraños pensamientos. Como ya hemos visto, las personas con TOC nunca hacen esto. Aun así, esos pensamientos estaban destrozándole la vida. Mientras practicaba diligentemente los Cuatro Pasos, con pequeñas dosis de medicación que actuaban como manguitos, Gary pudo reenfocar en otros comportamientos durante periodos que poco a poco iban siendo más largos. Sorteando con tesón los pensamientos de su TOC, descubrió que cada vez pasaba menos tiempo repitiendo expresiones absurdas en su cabeza o realizando otros rituales compulsivos que antes consideraba que eran la respuesta para conseguir que sus pensamientos violentos desaparecieran. La vida social de Gary empezó a mejorar a medida que fue ganando confianza en que podía enfrentarse a sus molestos pensamientos si le invadían cuando estuviera hablando con otras personas. De hecho, utilizó la interacción social como herramienta de Reenfoque. Hizo nuevas amistades y se mostró más simpático con gente a la que conocía del trabajo. Tras quince meses de terapia conductual y medicación, Gary pudo dejar la medicación. Sin sentir ya ningún temor a que cualquiera se pudiera acercar a él, ahora queda con gente por primera vez en varios años. Como parte de su Reenfoque, está realizando trabajos de voluntariado en una entidad dedicada al sida en Los Ángeles.

Joanne, que se empezó a sentir «alterada» por culpa de los oscuros y siniestros pensamientos que la asfixiaban, recuerda con claridad el día en que experimentó por primera vez la sensación de que su mente «avanzaba», que dejaba de estar atascada. Es la percepción de que el cerebro se desbloquea. Hasta entonces, dice: «No tenía ni idea de qué se sentiría, mi cerebro no conocía esa sensación. Todo el mundo dice: "Vive el momento", pero eso es algo difícil de hacer cuando estás atascada en ese momento. He aprendido que, para mí, el tiempo no puede permanecer quieto, ni siquiera un momento. Ahora, siempre trato de seguir avanzando». En la actualidad, según dice: «Mi vida es muy distinta. Desde fuera, quizá no parezca que haya cambiado mucho. Nadie sabe el tormento que sufría dentro de mi cerebro. Pero ahora siento alegría, puedo centrarme en las cosas que quiero hacer, puedo ser la persona que quería ser. ¡Puedo tener una vida! Cuando la voz oscura de mi interior empieza a molestarme, sé qué es. Me reenfoco en otra cosa y me animo a mí misma a seguir avanzando. Me he dado las herramientas para ayudarme, para controlar esa voz de mi cabeza que era tan destructiva y que afectaba a todos los aspectos de mi vida».

Lo que Joanne ha aprendido es que tiene dominio y control sobre su TOC. Si, al comienzo del tratamiento, podemos aprender a Reenfocar, a no hacer caso de nuestros pensamientos intrusivos, sorteándolos, aunque solo sea un par de minutos al principio, eso no aportará una sensación de control. Esta sensación de dominio y control es muy útil e importante y debe ser reforzada y estimulada. Al principio, incluso los pasos más pequeños son importantes. Así es como aprendemos que no es necesario tener un control absoluto sobre los pensamientos intrusivos ni hacerlos desaparecer por completo de nuestra conciencia para poder hacer avances funcionales y significativos mediante la terapia conductual. El gran esfuerzo que requiere dar un paso muy pequeño en el Reenfoque al comienzo será suficiente para dar un paso mayor más adelante. El mismo esfuerzo puede lograr resultados mayores a medida que pase el tiempo, porque nuestro cerebro va cambiando a medida que practicamos los Cuatro Pasos.

Jenny, que durante años se ha enfrentado a numerosas obsesiones, incluida la de que la radiación nuclear iba a salir de su cuerpo y contaminar a otros, es ahora capaz de mirar todo esto desde la perspectiva adecuada e incluso desestimar técnicas de evasión que antes utilizaba para enfrentarse a su TOC. En una ocasión, desarrolló una obsesión nada inusual de que había atropellado y matado a alguien con el coche. Como intento de buscar una solución simplemente decidió no tener coche. «Me inventé mentiras, como "no puedo conducir de noche porque tengo muy mal la vista" o "estoy demasiado mal de dinero como para comprarme un coche"». Y en cuanto a su compulsión de verificación, como no soportaba ver las cocinas de otras personas, pues los botones podían estar un poquito torcidos, encontró el modo de evitar también esa situación. «Cuando iba a fiestas en casa de otras personas, evitaba entrar en la cocina llevando un plato que no necesitaba recalentar». Por supuesto, ninguno de esos síntomas se calmó hasta que se enfrentó a su problema. Llamó a su TOC por su nombre y, después, se Reenfocó en otros comportamientos positivos. Aprendió su terapia conductual como paciente externa de la UCLA y, más tarde, en mi terapia de grupo semanal, conoció los Cuatro Pasos. Aunque Jenny sigue teniendo «una pequeña mezcla de todos los temores típicos del TOC», ahora puede «pasar a otra cosa» cuando aparecen esas sensaciones. Tiene un trabajo nuevo y muchos amigos. Tiene coche. Y puede llevar un plato que haya que recalentar. Y según dice: «Siento que puedo ir a cualquier parte del mundo e iniciar distintas carreras profesionales».

Dottie, que realizaba absurdos rituales por miedo a que algo terrible le pudiera pasar a los ojos de su hijo, estuvo hospitalizada durante un año en la década de los setenta, pero eso no sirvió de mucho para su TOC. Ahora entiende que ella tuvo culpa en gran parte, aunque las técnicas con las que ahora contamos para el tratamiento del TOC no se habían desarrollado en aquella época. Recuerda momentos en el hospital psiquiátrico: «Teníamos terapia de grupo todos los días, pero nadie supo nunca qué me pasaba. Decían: "Venga, Dottie, te toca. ¿Qué quieres contarnos sobre ti?". A mí me gustaba ayudar a los demás, pero nunca hablaba de mí y, por supuesto, eso fue lo peor». Un día, salió gritando de la sesión. «Fue la única emoción que mostré en aquel hospital». ¿Por qué no podía hablar a los demás de sus terribles pensamientos obsesivos? «Porque pensaba que, si hablaba de ellos, podrían hacerse realidad». Tras cuatro años asistiendo a nuestro programa de la UCLA, Dottie ha dejado la medicación, es capaz de tener un trabajo de media jornada y de hablar de que espera usar lo que ha aprendido para ayudar a otros que sufran TOC. El paso definitivo del Reenfoque: hacer terapia cognitivo-bioconductual con otras personas.

¿EL TOC COMO AFRODISÍACO?

Domingo, entre cuyas obsesiones está su miedo a tener cuchillas en las puntas de sus dedos y que va a hacer daño a su mujer cuando la toque, tiene una visión de lo más curiosa y hasta única de cómo su TOC ha afectado a su vida sexual. Alto, de piel morena y esbelto y con una gran sonrisa, resulta atractivo para muchas mujeres y había tenido una buena colección de novias antes de casarse recientemente. —La siguiente entrevista se realizó antes de su boda—.

Durante el sexo, según explicó Domingo: «Me cuesta concentrarme por culpa de mi TOC. La mitad de mí está con la mujer. Pero los pensamientos del TOC no dejan de aparecer, no me puedo concentrar y el tiempo va pasando. Sigo con ella, pero mi mente está en otro lugar. Así que no puedo tener un orgasmo. A las mujeres les parece una muy buena idea porque podemos estar así una eternidad. Puedo seguir y seguir. Me dicen que soy una especie de hombre poco común». ¿Qué tipo de pensamientos de TOC tiene Domingo mientras hace el amor? «Puede ser: "¿He cerrado bien la puerta de casa? ¿He sacado la radio del coche? ¿He dado de comer al perro?"». ¿Notan sus parejas que su mente no está del todo con ellas? Sonríe. «Me preguntan: "¿Estás aquí?". Y yo respondo: "Lo estaré en un segundo. Disfrútalo". Y lo entienden».

Aunque suelen introducirse nuevas obsesiones en la mente de Domingo incluso mientras está flirteando con otras, se imagina que, como recompensa a lo en serio que se toma la práctica de los Cuatro Pasos, está a medio camino en su lucha contra el TOC. Cuando aparece uno de esos terribles pensamientos, respira hondo y dice: «Puedo hacer esto. Tengo cosas que hacer. No puedo esperar quince minutos cada vez que estoy molesto porque esos quince minutos pasarán a ser dos horas. Es una obsesión tras otra. Si espero quince minutos, me quedaré aquí sentado sin hacer nada, todo el día». Así que, sencillamente, elimina la posibilidad de que vaya a realizar la compulsión y continúa con lo que está haciendo. En la UCLA, esto se conoce como Revalorización activa.

No todos tienen una fuerza de voluntad tan fuerte como la de Domingo. Pero no es la única persona que ha sido capaz de utilizar los Cuatro Pasos como una especie de plataforma de lanzamiento para la terapia conductual y, con el tiempo, aprender que ya no necesita realizarlos como si estuviese recitando una letanía. Con la práctica, las personas como Domingo pueden bordear los pasos de Reetiquetado y Reatribución, que ven que tienen efecto de forma automática, y pasar directamente a Reenfocar otros comportamientos como consecuencia de haber hecho rápidamente una Revalorización activa del pensamiento o impulso intrusivo y pasar a considerarlo un triste TOC sin importancia.

Por supuesto, este es el objetivo principal.

PUNTOS CLAVE QUE HAY QUE RECORDAR

- El Paso 3 es el paso de Reenfoque.

- Reenfoque quiere decir cambiar tus respuestas conductuales ante pensamientos e impulsos no deseados y concentrar tu atención en algo útil y constructivo. REALIZAR OTRO COMPORTAMIENTO.

- Se trata este del paso de «sin esfuerzo no hay recompensa». Debes ser ACTIVO. No puedes ser pasivo.

- Utiliza la regla de los quince minutos: sortea tus síntomas haciendo algo sano y placentero durante, al menos, quince minutos. Tras esos quince minutos, toma nota mentalmente de cómo han cambiado tus síntomas e intenta Reenfocar durante otros quince minutos.

- Utiliza tu Espectador Imparcial. Servirá para fortalecer tu mente.

- Cuando cambias de comportamiento, cambias tu cerebro.

4
Paso 4. Revaloración

«Lecciones aprendidas con el TOC»

Paso 1. Reetiquetado
Paso 2. Reatribución
Paso 3. Reenfoque
Paso 4. REVALORIZACIÓN

Paso 4. La **Revalorización** es el resultado natural de la práctica diligente de los tres primeros pasos —Reetiquetado, Reatribución y Reenfoque—. Con la práctica constante, rápidamente llegarás a darte cuenta de que tus pensamientos obsesivos y tus comportamientos compulsivos son **distracciones sin valor a las que no hay que hacer caso.** Con esta perspectiva, podrás Revalorizar y desvalorizar los impulsos patológicos y repelerlos hasta que empiecen a desaparecer. A medida que tu cerebro empiece a funcionar mejor, te resultará más fácil ver las obsesiones y compulsiones como lo que realmente son. Tu cerebro funcionará de un modo mucho más normal y automático. Como consecuencia, la intensidad de tus síntomas disminuirá.

Las personas que sufren trastorno obsesivo-compulsivo (TOC) sienten un dolor tan grande que acuden a lo más profundo de sus almas en busca de una respuesta a la pregunta «¿por qué yo?».

Con mucha frecuencia, terminan pensando: «Qué persona tan horrible debo de ser para tener unos pensamientos tan malos».

Si no Revalorizas de manera activa estos pensamientos como simples mensajes falsos que proceden del cerebro, mensajes sin importancia espiritual alguna, acabarás seguramente desmoralizado y despreciándote a ti mismo. La clave está en ser consciente de que ese pensamiento está apareciendo a pesar de tu voluntad, no debido a ella.

Una persona religiosa, por ejemplo, puede analizar un pensamiento obsesivo blasfemo y entender que no tiene nada que ver con tener sentimientos soeces relacionados con la Virgen María o Jesucristo y sí con un trastorno médico, el TOC. Teniendo esto en cuenta, deberías ver esta situación como una oportunidad para reafirmar tu fe mediante el examen de conciencia espiritual. Saber que los pensamientos blasfemos no son más que el reflejo de una enfermedad, y no el reflejo de tu pureza o integridad espiritual, es fundamental para desarrollar la capacidad de «sortear» los pensamientos obsesivos blasfemos.

El principio general que encarna el paso de Revalorización es que «cuanto más claramente veas lo que son de verdad los síntomas del TOC, más rápido podrás desecharlos como basura sin importancia a la que no merece la pena prestar atención». La práctica de los tres primeros pasos acaba, poco a poco, con el miedo y la ansiedad que provoca el TOC cuando sus mensajes falsos son tomados «al pie de la letra». A la vez que entiendes que el TOC no necesita controlar tus comportamientos ni tus pensamientos, consigues restarle su valor y puedes sencillamente empezar a no hacerle caso y considerarlo como un fastidio sin más. De hecho, cuanto más consciente y activamente puedas llegar a Revalorizarlo como un simple y absurdo sinsentido, más rápido y fácil te resultará realizar los pasos de Reetiquetado, Reatribución y Reenfoque y con más firmeza volverá a funcionar la «transmisión automática» de tu cerebro. ¡La Revalorización te ayuda a mover la palanca de cambios hacia otro comportamiento! Además, a medida que estas personas empiezan a entender con más claridad su enfermedad y a utilizar los Cuatro Pasos como un arma para vencer a su enemigo, por lo general, adquieren una nueva capacidad de Revalorizar sus vidas y lo que sienten por sí mismas y por los demás.

Lara lo describió de la siguiente manera: «Tener TOC me ha convertido en un ser humano más intenso, sensible y compasivo. Mi trastorno me ha dado una lección de humildad. Ha contribuido a forjar mi carácter incluso a la vez que me desgarraba el alma, el corazón y la autoestima. Me ha permitido esforzarme más, buscar el bien y la verdad en mi interior. Me ha vuelto menos crítica y prejuiciosa con otras personas que sufren en su vida».

«DIOS ME AMA»

Al haber recibido las herramientas para enfrentarse al TOC, conscientes de que nunca más debe hacerse con el control de sus vidas, estas personas empiezan a pensar en el tiempo y oportunidades que han perdido y a mirar al futuro con un renovado entusiasmo por la vida. A menudo, experimentan un despertar espiritual.

Joel, tras haber superado en gran parte sus compulsiones de acumulación y contaminación, ha descubierto que por primera vez en años «la vida tiene por sí misma un valor intrínseco». «Nunca sufrí ese tipo de depresión por la que deseas suicidarte, pero lo cierto es que la vida no era más que monotonía». Carla habla de su gratitud porque su hija, con la que estaba obsesionada con que podría matar, ahora es una niña de seis años feliz y sana. Aunque Carla es una religiosa devota, en sus momentos más oscuros dudó de si había un Todopoderoso capaz de perdonarla por tener esos pensamientos tan espantosos. Ahora dice: «Dios me ama». Ha Revalorizado su vida. Ya no se regodea en su culpa y su rabia, está «encendida», decidida a hacer algo más valioso que limitarse a trabajar para pagar facturas. «Quiero que mi vida provoque un impacto positivo. Quiero ayudar a los demás. El hecho de tener un TOC me ha llevado a esforzarme un poco más. Hay muchas personas que pasan necesidades. Siento que me han regalado vida, que he tenido esta enfermedad por una razón, que ahora debo aportar algo».

Sin duda, Dios puede diferenciar entre lo que hay en tu corazón y es real y lo que no son más que mensajes falsos que proceden de tu cerebro. Es importante no olvidar nunca esto. El autotratamiento cognitivo-bioconductual supone una verdadera oportunidad de reafirmar de forma activa tu fe en la capacidad de Dios para saber quién eres de verdad. Solo cuando te permites tomar al pie de la letra los pensamientos blasfemos del TOC y desconfías de tus más profundos convencimientos de la capacidad de Dios para diferenciar entre lo que es real y lo que no, es cuando desarrollas una sensación de desprecio por ti mismo. Como todas las batallas por las que merece la pena luchar, al final, se trata de poner a prueba tu fe.

Debes recordarte continuamente que «esto no es un pensamiento blasfemo. Es un síntoma del TOC». «No creo en él y no es un reflejo de lo que siento en mi corazón».

Mientras hojeaba una revista religiosa conservadora, Christopher, que sufría de recurrentes pensamientos blasfemos, leyó un artículo que decía que estaba mal recibir la comunión en la mano, aunque fuese una práctica habitual hoy en día en la Iglesia católica que él había seguido desde la infancia. Como es muy conservador por naturaleza, Christopher temió haber ofendido a Dios y, durante mucho tiempo después de aquello, solo tomó la comunión directamente en la boca. También se obsesionó con que casi todos los que le rodeaban estaban cometiendo sin saber esta terrible falta de recibir la comunión en la mano. Esta obsesión le hacía sentir tan mal que llegó a temer la misa de los domingos y empezó a ponerse nervioso desde el viernes o el sábado. Al final, se obligó a correr el peligro de ofender a Dios enfrentándose a su obsesión y tomando la oblea de la comunión en la mano. La primera vez que lo hizo, empezó a sudar y el corazón le latió con tanta fuerza que podía oírselo. Pero, por supuesto, Dios no le castigó.

Los síntomas del TOC tienen con frecuencia un contenido o un matiz religioso en personas de fe, y esto no siempre se ha apreciado como debía. Por ejemplo, el hecho de que cuando Christopher empezó a buscar ayuda profesional se viera groseramente cuestionado cuando explicó vacilante que había pensado que sus síntomas podían ser una especie de posesión diabólica, debería servir como llamada de advertencia a la comunidad psiquiátrica. Demasiados psiquiatras de la actualidad parecen sufrir de una evidente incapacidad para empatizar con el contenido perfectamente lógico de los pensamientos religiosos que existen en las mentes de algunas personas practicantes de la religión. Como la persona inteligente y perspicaz que es, Christopher entendió básicamente que tenía un trastorno médico y que la influencia demoníaca no tenía nada que ver con sus terribles pensamientos. A través de un examen de conciencia, supo que no se encontraba sometido a poderes demoníacos y se convenció de estar sufriendo un trastorno neuropsiquiátrico. Ya había considerado y descartado la posibilidad de la influencia demoníaca antes de acudir a un psiquiatra. El carácter estresante de la primera interacción entre Christopher y el psiquiatra que le malinterpretó fue probablemente más un reflejo de la tan habitual ignorancia y arrogancia de los psiquiatras que de la posibilidad de que estuviese pasando algo dentro de Christopher cuando trataba de describir y explicar su terrible sufrimiento.

ESQUIVAR LA TRAMPA DEL TOC

En el contexto de los Cuatro Pasos, la Reevaluación se puede entender como una acentuación de los pasos de Reetiquetado y

Reatribución. Cuando se niegan a aceptar los síntomas de forma literal, las personas con TOC terminan considerando sus molestas sensaciones e impulsos como, según dijo una de ellas: «Desperdicios tóxicos de mi cerebro». Hacer esto les permite sortear el pensamiento o impulso con tanta rapidez que los pasos de Reetiquetado y Reatribución se vuelven prácticamente automáticos. Ya no usan la palanca de cambios de forma manual, marcha a marcha, para pasar a otro comportamiento. Ahora reconocen el pensamiento o sentimiento del TOC como lo que es casi en el mismo momento en que surge. El autotratamiento continuado tiene como resultado una reducción de la intensidad de los síntomas que, a su vez, mejora la Revalorización disminuyendo el esfuerzo necesario para descartar los síntomas del TOC como la basura inútil que son y Reenfocarse en un comportamiento positivo.

El siguiente sería un modo lógico de conceptualizar esto:

- El autotratamiento de los Cuatro Pasos conduce a cambios en el cerebro, lo cual tiene como resultado una reducción del miedo y de la intensidad de los síntomas.
- Normalmente, esto mejora la Revalorización de los síntomas porque resulta más fácil verlos como lo que en realidad son, lo cual, a su vez, intensifica los pasos de Reetiquetado, Reatribución y Reenfoque y conduce a posteriores cambios en el cerebro. De este modo, se establece una pauta de fortalecimiento personal anticipado y terapéutico.
- Durante el paso del Reenfoque, es probable que la química del cerebro cambie, lo cual hace que el impulso se reduzca y sea más fácil hacer la Revalorización.
- La Revalorización acarrea un Reetiquetado y Reatribución más fácil y conduce a que haya un mayor Reenfoque, lo cual provoca posteriores cambios en el cerebro y una reducción aún mayor de los síntomas, lo cual acarrea más Revalorización, y así sucesivamente.

El resultado final suele ser una evidente reducción de la intensidad de los síntomas y una marcada mejora del control de las respuestas conductuales ante los pensamientos e impulsos que pueden seguir apareciendo.

Sabemos que la técnica de terapia conductual tradicional de dejar que el paciente asediado por la ansiedad se limite a «aguantar» pasivamente durante una hora, más o menos, esperando a que la ansiedad disminuya, tras exponerse a un estímulo que provoca intensos impulsos del TOC, no es un método de autotratamiento fácilmente alcanzable para quienes sufren de TOC. Lo que resulta más fácil hacer a las personas con TOC es modificar la técnica de terapia conductual tradicional practicando la prevención de respuesta autodirigida a través de los Cuatro Pasos durante periodos de tiempo gradualmente más largos. Esto implica decirse a uno mismo: «No pasa nada, solo es el TOC» (Reetiquetado); Reatribuirlo después a un fallo técnico del cerebro; Reenfocar a un comportamiento constructivo y placentero, en lugar de lavarse las manos o verificar que la puerta está cerrada; y, por último, Revalorizar el significado de esos pensamientos o impulsos.

Con la Revalorización te das cuenta de que tus pensamientos obsesivos e impulsos compulsivos no son importantes, que puedes enfrentarte a ellos. En esencia, estás restando valor a esos pensamientos estúpidos. Al tratar de esperar, al menos, quince minutos y, después, esforzarte por ir aumentando poco a poco esa demora, te estás dando más espacio para sortear los pensamientos del TOC. Y quince minutos practicando la terapia conductual autodirigida y centrada con los Cuatro Pasos consiguen que avances de verdad mucho más allá del impulso del TOC que quince minutos de espera sin estar concentrado. Una mente poderosa, que desarrollarás con la práctica de los Cuatro Pasos, será cada vez más capaz de remarcar incluso los cambios positivos más sutiles en los síntomas del TOC y de entender las profundas implicaciones de dichos cambios. ¿Y cuáles son esas profundas implicaciones? Concretamente, que estás cambiando la forma de funcionar de tu cerebro al cambiar de conducta y que estás recuperando el control de tu vida. Una mente poderosa es una mente que puede tomar nota de cambios sutiles y entender las implicaciones de los mismos.

Anna, la estudiante de Filosofía con miedos irracionales a que su novio le fuera infiel, dice que su recuperación dependió, en parte, de poder mirar a los pensamientos e impulsos de su TOC bajo un nuevo prisma. «Una vez que aprendí a identificar los síntomas de mi TOC como tales, en lugar de como pensamientos "importantes" cargados de contenido que había que descifrar para encontrar su profundo significado, me sentí liberada en parte del TOC. A medida que el proceso de Reetiquetado se fue volviendo automático y supe lo contraproducente que era actuar conforme a los impulsos y preocuparme por las obsesiones, me resultó más fácil no hacer caso de los engaños que el TOC me hacía creer siempre». Le ha resultado útil personificar el TOC «como alguien listo y malicioso que intenta hacerme caer en una trampa». Como los pensamientos molestos e intrusivos de Anna son por naturaleza imposibles de resolver —«¿Cómo se puede estar segura de que un amante es fiel en sus actos y sus pensamientos?»—, es imposible buscar una salida de sus obsesiones y esto le resulta tremendamente doloroso. Pero, según dice: «Ahora que he visto muchas veces los engaños del TOC y he aprendido a pensar y a sortearlos, ya no cometo la ingenuidad de obsesionarme ni de actuar de forma compulsiva como hacía antes». La práctica de los Cuatro Pasos no solo le ha aportado un alivio del sufrimiento del TOC, sino «una mayor sensación de dominio y seguridad para enfrentarme casi a cualquier problema».

UNA BATALLA DE EGOS

Como las obsesiones te siguen a todas partes y no puedes alejarte de ellas, como sí puedes apartarte de una cocina o una puerta, resulta más difícil sortearlas. Tal y como lo describió un paciente, «no puedes huir de tu cerebro». Las obsesiones no siempre pueden ser refutadas a través de la lógica. Un avión puede estrellarse después de que una persona no haga caso a la voz interior que le está advirtiendo «realiza esta compulsión o...». El hecho de que no exista ninguna relación entre el accidente de avión y que la persona no haya realizado la compulsión puede que no sea metafísicamente demostrable. Sin embargo, sabemos con seguridad que la persona que continuamente realiza comportamientos compulsivos basados en un miedo obsesivo a que se estrelle un avión —o a que haya un terremoto o cualquier otra catástrofe— tendrá una vida llena de sufrimiento.

Yo sugiero que Revalorices de forma activa las obsesiones con la ayuda de dos fases dentro de los pasos de Reetiquetado y Reatribución: las dos A: Anticipación y Aceptación. La primera A te recuerda que anticipes que los pensamientos obsesivos van a aparecer cientos de veces al día y que eso no te pille por sorpresa, aunque sean violentos y tremendamente molestos. Un aspecto que llama la atención en el TOC es que las personas que lo sufren pueden tener el mismo pensamiento obsesivo mil veces al día y, aun así, sorprenderse o molestarse cada vez que aparece —si no hacen el esfuerzo consciente de anticiparlo—. Al anticipar tus pensamientos obsesivos en particular los reconocerás nada más aparecer y los Reetiquetarás al instante. De este modo, estarás Revalorizándolos de forma simultánea. Aprenderás a pasar al siguiente pensamiento o comportamiento aun cuando el pensamiento obsesivo siga estando ahí. Al actuar así, entra en juego la segunda A, la de la Aceptación. Cuando Aceptas que tu problema es una enfermedad que se puede tratar, no te permites castigarte ni criticar tus motivos internos. No quieres que ese pensamiento del TOC siga ahí, pero aceptas que «existe a tu pesar, no porque sea culpa tuya». Los pacientes con obsesiones tienden a rumiar, a pensar: «¿Qué va a pasar si realizo ese comportamiento inadecuado, si doy un puñetazo o abuso sexualmente de alguien?». Se imaginan a sí mismos siendo llevados a la cárcel esposados mientras alguien grita: «¿Veis? ¡Lo ha hecho! ¡Lo ha hecho!». Así pues, es muy importante Revalorizar activamente las obsesiones, no dejar que el paso de Revalorización siga su curso, como tiende a hacer cuando te enfrentas a compulsiones. Y, por supuesto, la respuesta a la constante pregunta de «¿cómo sé que no lo voy a hacer?» siempre es: «¡Porque no quiero! Solo es una obsesión, un mensaje falso procedente de mi cerebro. No puede hacerse con el control de mi voluntad».

Lara, que se ve abrumada por pensamientos violentos relacionados con cuchillos, se tuvo que enfrentar a un amigo psicólogo que le preguntó: «¿Cómo sabes que no vas a actuar conforme a ellos? No hay duda de que Charles Manson también sufría obsesiones. Y Jeffrey Dahmer también». Pero Lara puede entenderlo ahora: «Esos eran también psicópatas; no había culpa. Para mí, sí hay culpa, hay depresión, hay una sensación de que "no deseo sufrir las consecuencias"». Es más, resulta tremendamente dudoso que estos dos hombres malvados sufrieran realmente obsesiones en el sentido estricto del TOC. Ellos no recibían mensajes falsos de sus cerebros; rumiaban sobre actos malvados que querían cometer. Lara y yo hablamos de esta diferencia y ella me dijo: «Yo no voy a hacerlo porque no quiero hacerlo. No quiero hacer daño a nadie. Jamás podría». Tiene razón.

FÁCIL DE DECIR – DIFÍCIL DE HACER

Como profesional de la medicina, resulta para mí muy humillante ver que hay personas que se esfuerzan por superar sus obsesiones y compulsiones. En muchas ocasiones, hay personas con TOC que me han dicho: «Es fácil de decir. Es difícil de hacer». Sinceramente, entiendo lo difícil que es y nunca respondo con «tú hazlo» de una forma simplista y displicente. Es una labor difícil, una tarea dura. Pero las recompensas son enormes. Además, es una batalla que no puede eludirse porque el TOC no da tregua; ¡cualquier paz que se consiga será merecida!

El objetivo final, por supuesto, es que desaparezcan para siempre las angustias. En la UCLA hemos descubierto que el uso de esperas progresivas que poco a poco aumentan en quince minutos o más, dividiendo la tarea en pequeñas partes fáciles de gestionar, reevaluando la situación mientras sigues sintiéndote angustiado y tomando nota de los cambios que hay en tu respuesta, hace que este objetivo sea más posible de alcanzar. Por supuesto, siempre puedes probar a juntar una serie de esperas para alargar la duración. Practica siempre los Cuatro Pasos durante los periodos de espera. Tomar nota en un diario de las actividades que realizas durante los pasos de Reenfoque y Revalorización, como logros de los que quieres hacer un seguimiento, sirve de enorme refuerzo en este proceso. Mientras notas cada disminución de angustia y de impulsos y registras qué actividades son las que hacen que la angustia disminuya, estas muestras de avance servirán para fortalecer tu determinación para perseverar en la dura tarea de la puesta en práctica de los Cuatro Pasos. Como consecuencia, verás cada pequeña mejoría como una victoria, en lugar de ver tu incapacidad para superar por completo tus angustias la primera, segunda o tercera vez como muestra desmoralizante de fracaso. Descubrirás que estás ayudándote de una forma activa, que estás siendo tu propio terapeuta.

Una de las ironías del TOC es que permite que algunas personas rindan a un nivel muy alto porque su atención por el detalle es enorme. Varios años de práctica de rituales de TOC parecen crear destrezas que aumentan su poder de observación y memoria de un modo que puede resultar tremendamente flexible. Por desgracia, sin embargo, las personas con TOC nos cuentan también que no pueden evitar preguntarse cuánto podrían haber logrado de no haber desperdiciado tanto tiempo enfrentándose a sus obsesiones y compulsiones.

Michael, que está obsesionado con que los pantalones se le encogen, dijo con rotundidad: «Mi TOC ha acabado con mi éxito. Yo soy inteligente y tenía mucho potencial en distintos aspectos, pero esto me ha destrozado. Me despierto por la mañana y voy con mi Dodge Colt de 1983 a cumplir con un trabajo de taquígrafo que no quiero hacer. Es el TOC quien ha hecho eso. Odio mi TOC porque no me ha permitido hacer lo que quiero».

En un esfuerzo por entender mejor cómo esto ha afectado a su vida, Michael lee mucho sobre enfermedades mentales y sus causas. Busca respuestas a por qué ha desarrollado un TOC. Se pregunta: «¿Fue por algo más que la bioquímica por lo que yo era un niño de ocho años tan triste en el colegio? ¿O el TOC fue el resultado de factores emocionales, así como de otros elementos corruptores como la genética? Quiero saber cómo llego al punto en el que me encuentro actualmente y cómo puedo llegar algún día al lugar donde quiero estar. Es un misterio increíble y quiero seguir estudiándolo por mi cuenta. Creo que forma parte del proceso de mi recuperación». Hay días que dice que le gustaría «coger un cuchillo y clavarlo en la cabeza para sacar la parte enferma del cerebro». Se despierta cansado y se pregunta: «¿Por qué no hago algo más?». —Muchas personas con TOC dicen que tienen pautas de sueño interrumpido que les hacen sentir una fatiga constante. Si estas pautas de sueño interrumpido se vuelven crónicas, se debe considerar seriamente la posibilidad de que el TOC se vea complicado por una depresión—. La medicación, como complemento de la terapia conductual, le ayudó a dormir mejor y a rendir de forma más eficiente en el trabajo, probablemente por tratar una depresión a la vez que trataba el TOC.

PERDER A UN «VIEJO AMIGO»

Cuando las personas consiguen Revalorizar sus síntomas del TOC y recuperar el control de sus vidas, no es extraño que pasen por un periodo de luto por la «pérdida» del TOC. Jeremy —entre cuyas angustias estaba el miedo a que el alcohol pudiera contaminar su comida— recuerda que, a medida que sus impulsos obsesivos fueron siendo cada vez menos frecuentes, «sentía un vacío en mi vida que jamás había sentido antes». «Durante años, el TOC había dirigido y sido mi vida. Pensaba en él más que en ninguna otra cosa. Ahora, en su mayor parte, había desaparecido. Así que el vacío era real. Hice un verdadero duelo por el TOC. Esa sensación duró hasta que empecé a llenar el vacío con acciones positivas. A ellas les siguieron pensamientos y sentimientos positivos. Cenar ya no es ninguna tortura. Cuando me di cuenta de que el TOC no era más que ruido de mierda, supe que podía disfrutar de mis comidas. No he rumiado mi obsesión por la comida desde hace más de dos años». Jeremy ha superado también su miedo a usar los baños públicos y la mayoría de sus otras angustias. «Me siento genial», dice.

Otras personas con TOC pueden utilizar su trastorno médico como una forma cómoda de excusar sus defectos o de racionalizar comportamientos que son básicamente autodestructivos. Por lo general, los psiquiatras se refieren a estas excusas como los «beneficios secundarios» de sufrir TOC. Barbara —que estaba obsesionada con el señor Café— tenía un trabajo temporal con diploma de honor en una universidad de la Ivy League. Hizo la siguiente reflexión: «Aunque cuesta admitirlo, puedo ocupar puestos de trabajo que quedan por debajo de mis aptitudes y culpar de ello a mi TOC. También me permite no arriesgarme. Por supuesto, esto es una cuestión de autoestima, no del TOC. Tengo que vigilar esto porque no puedo usar el TOC como excusa durante toda mi vida». Barbara reconoce rápidamente que siempre ocupa estos puestos inferiores «no necesariamente por el TOC, sino porque no llego a creer que pueda hacer ese trabajo. Así que me dedico a cosas que podría hacer con las manos atadas a la espalda. No cabe duda de que no necesito ningún título universitario para ello». Pero Barbara siempre ha tenido un problema de autoestima que cree que no tiene nada que ver con el TOC. El alcoholismo ha estado muy presente en su familia y, en cierta ocasión, bebió en exceso y se dio un gran banquete de comida compulsiva para enfrentarse al estrés de vivir con un padre alcohólico.

«Sé que soy lista, que soy competente y, al mismo tiempo, no creo ser lo suficientemente buena. Pasa lo mismo con el TOC. Sé que las puertas están bien cerradas, sé que la cocina está apagada. Y al mismo tiempo, no me lo creo. En teoría, tengo un aspecto estupendo, pero me subestimo completamente. No hace mucho tiempo me ofrecieron un trabajo muy bueno. Firmé el contrato y, después, lo rechacé. Utilicé la ansiedad como excusa. Les dije que sufría mucha ansiedad y, por supuesto, alucinaron. Fue muy poco profesional por mi parte. Sé que es probable que nunca vaya a conseguir otro trabajo en ese campo». Merece la pena aclarar, sin embargo, que debido a que la práctica de los Cuatro Pasos ha mejorado su TOC, su nivel de comodidad con la responsabilidad también ha aumentado.

El de la autoestima también ha sido un problema para Carla. Cuando sufres TOC, dice, tienes la autoestima tan baja que tiendes a dirigir tu rabia hacia tu interior, aunque no esté justificado. «Quizá si alguien te ha dicho algo negativo o si te ha pasado algo malo ese día, en lugar de enfrentarte al problema, y solo a ese problema, lo internalizas. La ansiedad forma parte de ello. Tienes tendencia a sentir esa rabia y decir: "¿Por qué no he hecho tal cosa y tal otra de forma distinta? ¿Por qué le he dicho eso a alguien? ¿Por qué no he dicho esto?". Es igual que el TOC. Te criticas a ti misma todo el tiempo en lugar de pensar que el problema puede no tener nada que ver contigo». Puede que sea posible que ese TOC contribuya a malos hábitos en tu pauta de pensamiento. La práctica de los Cuatro Pasos puede servir para resolver ambos problemas.

Aunque Jill ha superado en gran parte sus compulsiones de lavarse y limpiar —ya no «alcohola» la casa—, sigue asistiendo a nuestra terapia de grupo para TOC de la UCLA. Por un lado, según dice, el grupo la ayuda a Revalorizar su vida, a darse cuenta de que es «mucho mejor que muchas otras personas». También refuerza su determinación, pues ve la frecuencia con la que mucha gente puede «utilizar el TOC como muleta, como una excusa para no hacer algo con su vida y no intentar mejorar. Hay muchas personas productivas y con verdadero talento que están desperdiciando sus vidas por culpa de esta enfermedad». Quiere animar a otras víctimas de TOC a usar las herramientas, los Cuatro Pasos, para avanzar «pasito a pasito», igual que hizo ella, por el camino hacia la recuperación.

Con el tratamiento, Jill aprendió a Revalorizar los temores que el TOC le provocaba relacionados con la muerte y la contaminación. A los cuarenta y tantos años se dio cuenta: «No podía seguir desmoronándome cada vez que alguien cercano a mí moría». Su primer pequeño paso fue la terapia de exposición autoimpuesta. Colocó una trampa para ratones, pero cuando encontró a un ratoncito pegado a la trampa, se sintió tan mal que empezó a llevarle agua. «Yo sabía que se iba a morir. En cierto modo, lo hice para así enfrentarme a la muerte». Su querido gato, que había formado parte de la familia durante once años, estaba enfermo y Jill estuvo utilizando al ratón para prepararse para la muerte del gato. La consumía un miedo espantoso «a que el gato dejara de respirar delante de mí. ¿Qué iba a hacer entonces? ¿Toda la ciudad quedaría después contaminada?». Cuando murió el gato, Jill estaba en terapia y pudo gestionarlo. Se despidió del gato, se duchó y ahí acabó todo. Jill recuerda: «Incluso nos detuvimos de camino al veterinario para devolver una película de vídeo y así no me cobraran un día más de alquiler. Poder mantener la compostura de esa manera me resultó increíble».

La mayor prueba de Jill vendría después, con la muerte de su madre. Sabía que se acercaba el final y, el día en que su madre murió, se debatió enormemente entre qué ropa ponerse para ir a trabajar. Tenía claro que, si recibía la temida llamada del hospital ese día, cualquiera que fuera la ropa que llevara puesta quedaría «contaminada» al instante. Pero, al final, se obligó a ponerse su mejor traje de lino blanco. Cuando recibió la llamada de teléfono, no se sintió compelida a deshacerse del traje.

Otro obstáculo para Jill fue el funeral de su madre. Como Jill había seguido la pista del inicio de su TOC, con sus espantosos miedos a la contaminación, hasta el funeral de un amigo cuando apenas era una adolescente, nunca más había podido asistir a otro funeral. Al sentirse tremendamente culpable por no querer estar en el funeral de su madre, consultó a un sacerdote, quien sabiamente la tranquilizó diciéndole que su madre no habría querido que ella se sintiera mal por esto. Jill se las ingenió para llegar a una solución: su hija y ella llevaron flores a la playa y celebraron una ceremonia privada y llena de sentido en honor a su madre.

OPORTUNIDADES PERDIDAS

Durante su terapia, Josh, que tenía la obsesión de que pudiera dejar caer algún clip sujetapapeles en las tazas de café de sus compañeros de trabajo —y que pudieran atragantarse— y que se soltara algún adorno del capó de los coches —que salieran volando por el parabrisas al ir por la autopista—, llegó a ver con claridad que su culpa, su menor rendimiento y sus deterioradas relaciones con familiares y amigos, todo ello como efecto colateral de su TOC, les estaban afectando a él y a los demás. «Si lo describimos con sofisticados términos económicos, existen enormes costes de oportunidad para realizar las compulsiones». En términos económicos, esto quiere decir que el tiempo empleado en el TOC tiene como consecuencia la pérdida de oportunidades tanto de negocio como de otros aspectos de la vida. Parte de la culpa que Josh sentía era por lo que consideraba como falta de compromiso para prestar ayuda económica destinada a un refugio para personas sin hogar. Así que se dijo: «Si puedo evitar esta obsesión, podré salir a ganar más dinero y donar más». A veces, ese razonamiento le sirvió. Josh estaba haciendo una verdadera Revalorización.

La idea del coste de oportunidad de Josh es válida. Es la respuesta a por qué realizar una compulsión no tiene ningún valor. Aunque no puedas ser consciente de que tu tiempo es valioso en términos económicos, realizar una compulsión para evitar alguna catástrofe imaginaria e ilógica sigue sin ser una buena solución. ¿Por qué? Porque ese esfuerzo que dedicas a realizar la compulsión te está robando tiempo y te está alejando de otras personas y de poder realizar un comportamiento sano y productivo. No estoy refiriéndome necesariamente a salvar a la humanidad. Puede ser algo tan básico y sencillo como tener tiempo para sentarte a charlar con tu familia.

Un error común y grave que cometen las personas con TOC es el de decir: «Bueno, voy a hacer la compulsión porque, si no, me voy a estar preocupando y me voy a distraer del trabajo». En primer lugar, realizar la compulsión solo va a conseguir que empeore la sensación de compulsión, tal y como ya hemos visto. Pero existe otro problema: una compulsión conduce a otra. La cantidad de tiempo que dedicas a todas esas compulsiones se puede dedicar a hacer algo que sea realmente útil. Por tanto, no solo habrás desperdiciado tu tiempo en realizar una absurda compulsión, sino que también habrás perdido la oportunidad de hacer algo útil con ese tiempo. Así pues, recuerda que, si haces algo útil en lugar del TOC, estás también Reenfocando, lo cual es el camino principal para hacer que tu cerebro cambie y mejore. Y eso implica crear nuevas oportunidades y un mejor valor en todos los sentidos.

Brian, que se esfuerza por controlar un impulso de limpiar el ácido de las baterías en las calles de noche, dice que «el tiempo que las personas con TOC dedican a hacer cosas completamente irracionales es el peor de los desperdicios». «Es un tiempo que nunca vas a recuperar. Un tiempo que yo debería haber dedicado a mis hijos y no a estar en la calle, limpiando. Todo ese tiempo ha sido malgastado sin más. El TOC consume cada gramo de energía, se adueña de gran parte de tu vida. Yo salía a la una y media de la noche a limpiar la calle y, después, volvía a casa arrastrando las piernas y me despertaba completamente agotado». Estaba físicamente exhausto por la falta de sueño y mentalmente agotado por estar pensando a todas horas en su obsesión. De no haber sido socio propietario de un concesionario de coches en el que trabajaba, «me habrían mandado al infierno».

En su momento más bajo, antes de empezar la terapia conductual con nuestro grupo de la UCLA, estaba tan desesperado que juró que, si se moría y le concedieran otra oportunidad para seguir viviendo, la rechazaría si eso significaba tener que volver a la tierra como persona con TOC. Cada día era una auténtica agonía. «Puedo decir con toda sinceridad que odiaba cada maldito amanecer. Otro maldito día de TOC, otro maldito día de sentir miedo. Rezaba por tener alguna enfermedad terminal. No paraba de rezar: "Señor, llévame. No puedo seguir soportando esto"».

Brian atravesó una época difícil en su matrimonio y malos momentos con sus hijos, igual que muchas personas con TOC. Pero en la actualidad, es capaz de mirar sus avances y hablar con orgullo de las batallas que ha vencido al enfrentarse a esta enfermedad. Su guerra contra el TOC, sin embargo, sigue en pie.

«UN POCO DE LUZ EN MI ALMA»

Aquellos que han Revalorizado sus síntomas del TOC y han continuado después con una revalorización de sus vidas nos ofrecen profundos puntos de vista filosóficos, tal y como ilustran los siguientes ejemplos.

Joanne, que durante años se ha visto inundada por pensamientos oscuros y perturbadores, descubrió después de empezar a practicar diligentemente los Cuatro Pasos: «Mi miedo comenzó a desaparecer y mi vida empezó a cobrar sentido. Por fin podía ver un poco de luz en mi alma. Por primera vez, podía experimentar la sensación de que mi mente "pasaba a otra cosa", que no se quedaba atascada y avanzaba. ¡Fue increíble! Sé qué me está pasando y puedo ayudarme a mí misma. Hay personas que dicen que todas las cosas malas que nos ocurren en la vida tienen alguna razón o acarrean alguna lección. Yo no sé si estoy de acuerdo con esto. Lo único que puedo decir es que, al final, he aprendido algo sobre la compasión y me siento muy afortunada porque esto me ha ayudado a convertirme en un ser humano mejor». Su relato es también una elegante descripción de alguien con un mejorado rendimiento cerebral que ha avanzado, que ha aliviado el bloqueo mental, que ya no tiene «la palanca de cambios atascada».

Lara, que ha conseguido hacerse una vida profesional productiva a pesar de tener TOC y síndrome de Tourette, dice: «Mi lema es "no rendirme nunca". Ninguna persona con TOC debería rendirse jamás. Yo conseguí una licenciatura y un máster universitario y me convertí en terapeuta. Ahora ayudo a otros a enfrentarse al TOC. El hecho de sufrir TOC y Tourette me ha ayudado a estar en mayor sintonía con mis clientes. Probablemente tendré que estar siempre enfrentándome a mi trastorno, y no pasa nada. Quizá pueda ayudar a otras personas con TOC o con Tourette. A menudo, pienso en lo maravillosa que sería la vida sin estos dos trastornos y en cómo sería todo. Por desgracia, es probable que nunca lo llegue a saber. Pero, de nuevo, no pasa nada».

Karen, la acumuladora compulsiva que había dejado que la basura invadiera su casa y su vida, se impuso unos objetivos tan pragmáticos como espirituales tras reconocer que se enfrentaba a una enfermedad llamada TOC. Quería un hogar inundado de aire fresco y luz del sol, pues durante mucho tiempo había mantenido las ventanas cerradas a cal y canto para ocultar su terrible secreto. También quería saborear cada hora del nuevo tiempo de ocio que iba a tener cuando quedara libre de su absorbente compulsión. Según dice: «Nadie sabe cuánto tiempo dedicaba cada día a organizar las cosas para que pudieran caber más. Pasaba horas de frustración buscando cosas que estaban perdidas en medio del desorden y el caos. Las horas que pasaba cogiendo todas esas cosas y las horas y años, en realidad, que tardé en sacarlas supusieron, al menos, una década de mi vida en total. Años de dificultades, estrés y frustración, de desesperación, de impotencia y de sufrimiento».

Lo que de verdad más deseaba Karen, según contó, era serenidad. «Supongo que ese sería el primer objetivo para cualquiera que sufra un trastorno obsesivo-compulsivo. El TOC supone un gran esfuerzo. Conduce a una inquietud interna —y, al parecer, eterna—; a una actividad frenética; y a un agotamiento emocional, mental y físico».

Mientras se sometía a terapia conductual en la UCLA, Karen llegó a descubrir: «No soy una mala persona por sentir la necesidad de rebuscar cosas entre la basura». Aprendió que, aunque no podía evitar que aparecieran sus impulsos compulsivos, sí que podía controlar lo que ella hiciera con esos impulsos. «Nunca me oirás decir: "Estoy encantada de tener TOC porque supone todo un desafío y porque ha cambiado la dirección de mi vida por completo". Sí que es un desafío y que ha cambiado mi vida y sé que hoy soy una persona más fuerte gracias a ellos. Sin embargo, perdí una década de mi vida por el TOC y eso nunca voy a recuperarlo. ¿Por qué no me di cuenta antes de que las cosas materiales se pueden sustituir, pero el tiempo perdido desaparece para siempre y no puede recuperarse jamás?».

Karen tiene ahora algo más de cincuenta años, una edad en la que normalmente las personas evalúan su vida. Y ella lo ha hecho. Ha llegado a una conclusión filosófica: «No voy a castigarme por lo que hice durante aquellos años perdidos. En aquella época hice lo que pude». Su mayor error, reconoce ahora, fue dejar que su falso orgullo le impidiera buscar ayuda antes de que la inútil basura se adueñara de su vida. Sabe que «es cierto que necesitas ayuda humana para volver a iniciar el camino hacia la salud». «Confiar en que otros te guíen será lo más difícil que hagas jamás, pero debes hacerlo. Haz que algún amante, amigo o familiar te ayude y te anime. No seas una víctima de esta enfermedad. Véncela. Arriésgate. Hazlo ya. Recupera tu vida. Tienes el futuro en tus manos».

El tiempo, las horas de más que los pacientes con TOC descubren en el día cuando ya no las dedican a realizar compulsiones, también se convirtieron en un factor importante para Jack, el que se lavaba las manos de forma compulsiva. Pero vio que era un arma de doble filo. «Puedes llenar una enorme cantidad de tiempo con el TOC y, entonces, tienes un problema. Tras la terapia conductual, puedes hacerlo todo más rápido, sobre todo, en casa —regar, dar de comer a los gatos, hacer la colada...—». En casa, ahora sentía que tenía el control y le gustaba hacer las cosas tardando menos. Por desgracia, esta sensación solo le llevó a una mayor frustración en el trabajo. Como tenía un trabajo temporal que prácticamente le aburría, se sintió más frustrado. Jack tenía un historial laboral desigual, con problemas de concentración y una incapacidad para tratar con otras personas. «Me enfadaba y pensaba: "Aquí estoy, perdiendo el tiempo. Al menos, podría salir a buscar un buen trabajo o estar en casa haciendo otras tareas". Mi mujer me decía: "A nadie le importa que hagas la colada. ¿Por qué no buscas un trabajo mejor?". Pero es curioso que, con el TOC, hay mucha resistencia a cambiar».

Jack desarrolló buenos hábitos al Revalorizar los impulsos del TOC mientras se ocupaba de sus compulsiones de lavarse las manos con los Cuatro Pasos. Tal y como él lo describió: «Por supuesto, al principio me angustiaba cuando me resistía a los impulsos compulsivos de lavarme, pero luego descubrí que cuantas más veces consigas no ceder y veas que no pasa nada, más fácil será la siguiente vez. Empiezas a hacerte con un historial de ocasiones en las que no ha pasado nada tras no haber hecho caso a una obsesión». Ahora está aprendiendo a aplicar el principio de la Revalorización de una forma más general y así mejorar su confianza en sí mismo y empezar a superar la resistencia a mejorar. «Intento trabajar en mi TOC todos los días, ocuparme de algunos de los síntomas y pautas de pensamiento más sutiles. Intento no prestar atención a pensamientos intrusivos. Intento no ser demasiado duro conmigo mismo. Es difícil deshacerse del todo de este problema, pero tienes que reconocerte cada logro que consigas». Aprendiendo a tomar nota de sus avances y a hacerse notas mentales alentadoras, Jack ha mejorado su nivel de confianza. Ahora se siente más cómodo en entrevistas de trabajo y su rendimiento en general sigue mejorando sin cesar.

AFIRMACIONES ESTIMULANTES

Es imposible hacer más hincapié en la importancia de aprender a hacer afirmaciones que te estimulen como hábito a la hora de poner en práctica los Cuatro Pasos. En suma, estás esforzándote para aprender a restar valor a tu TOC y a Revalorizar tus logros con la terapia conductual. Por ejemplo, nunca menosprecies ni subestimes la importancia de cualquier espera por muy pequeña que sea antes de realizar una compulsión. Puede que pienses: «Quiero hacerlo aún mejor», pero nunca subestimes los logros que ya has conseguido. Por supuesto, mantener un registro de esos logros en la terapia conductual te ayudará a alcanzar este objetivo.

Benjamin tiene ahora poco más de cuarenta años y ha estado luchando contra sus compulsiones del TOC, entre las que se incluyen la verificación y la limpieza, a intervalos desde que tenía seis años. Podía tardar seis horas en lavar el coche. Tenía que hacerlo a la perfección. La cochera, los armarios y sus archivos tenían que estar perfectamente ordenados. La desorganización y el desorden no eran algo que pudiese tolerar. El hecho de que fuese a su casa algún técnico a reparar algo suponía un trauma, porque ese desconocido podría estar entrometiéndose en el ambiente limpio de Benjamin y podría ensuciar algo o desordenarlo. Las compulsiones y ansiedades de Benjamin empezaron a ocuparle tanto tiempo que no podía asistir a un curso entero en la escuela de posgrado. Al final, terminó «tocando fondo» en su rendimiento.

Como Benjamin, que ahora es secretario administrativo de un colegio, procedía de una familia de personas tremendamente eficientes y de enorme éxito, se sentía culpable y avergonzado. Prácticamente, se negaba a aceptar su realidad. Sabía que su comportamiento era anormal y lo justificaba diciendo que debía de ser una mala persona, la manzana podrida de la familia. Hasta que supo que tenía TOC, una enfermedad, Benjamin reconoce: «Siempre había actuado bajo una especie de ilusión de que algún día mi vida se convertiría en una vida de ensueño, con todo perfecto. Tendría éxito y sería feliz. Así que me costaba mucho aceptar el hecho de que mi vida iba a requerir más esfuerzo que otras vidas, que las cosas no eran perfectas».

Mientras aprendía los Cuatro Pasos de la terapia conductual, también aprendió a correr lo que, para él, eran «enormes riesgos». Se obligó a vivir con cierto grado de desorden físico, a tocar cosas que antes le había parecido que estaban contaminadas. Algo tan insignificante como dejar un cajón abierto, unos papeles torcidos, era una enorme victoria. Mientras conseguía imponerse a su TOC, Benjamin empezó también a Revalorizar su vida, a replantearse sus prioridades. Dice que su lucha contra su enfermedad «le volvió mucho más sensible, consciente y empático con personas que tenían trastornos e incapacidades físicas». «También me convertí en una persona mucho más espontánea, más realista. La vida es un riesgo, una casualidad y, también, una gran oportunidad. Eso es lo que la hace emocionante y placentera. Al principio, me costó mucho aceptar el TOC, la idea de que siempre estaría presente en un grado u otro. Al mismo tiempo, ahora sé que cuando te conoces más a ti mismo, te vuelves más humano. El grado de aceptación de lo que eres y de quién eres es la medida de tu éxito como persona. Dejas de actuar en un mundo de fantasía y perfección».

En la actualidad, según la valoración del mismo Benjamin, tiene controlado un ochenta por ciento de su TOC, pero, en una escala del uno al diez, se puntúa solo con un cinco en cuanto a las relaciones personales. «Quiero ser más útil para los demás, más servicial. Antes, pensaba que tener un entorno ordenado, una vida y un despacho en orden, era lo mejor, pero ahora pienso más en cosas que son más auténticas, duraderas y sanas, menos materiales. En los últimos cinco o seis años, he experimentado un gran cambio de mi escala de valores que empezó cuando fui a ver al doctor Schwartz. Supongo que el mensaje tranquilizador que esto conlleva es que si consigues controlar los aspectos básicos de tu vida, la tendencia natural será la de avanzar hacia cosas que resulten emocionalmente más gratificantes».

Como tantos de nuestros pacientes de TOC, Benjamin ha Revalorizado su vida. Entiende que «el valor de una persona está en el grado en que sepa aceptar y seguir adelante con lo que se le ha concedido».

PUNTOS CLAVE QUE HAY QUE RECORDAR

- El Paso 4 es el paso de la Revalorización.

- Revalorizar significa no tomarse los síntomas «al pie de la letra». No significan lo que dicen. Hay que verlos como lo que realmente son.

- Esfuérzate por Revalorizar de una forma activa, viendo la realidad de la situación con toda la rapidez y nitidez que te sea posible. Refuerza la claridad de tu observación con notas mentales asertivas, tales como «no soy yo, es mi TOC».

- Cuando Revalorizas y restas valor a pensamientos e impulsos no deseados, estás reforzando tu Espectador Imparcial y construyendo una mente poderosa.

- La mente que puede tomar nota de cambios sutiles y entender las implicaciones de esos cambios es una mente poderosa.

- La mente poderosa puede cambiar el cerebro alterando las reacciones a los mensajes que el cerebro envía.

- Este es el verdadero dominio sobre uno mismo. Tiene como consecuencia la verdadera autoestima.

Las cuatro R

Paso 1. Reetiquetado
Paso 2. Reatribución

Las dos A

Anticipación
Aceptación

Paso 3. Reenfoque
Paso 4. Revalorización

PARTE II

Aplicación de los
Cuatro Pasos a tu vida

El que tarda en airarse es mejor que el fuerte; el que domina su espíritu es mejor que el que toma una ciudad.

Rey Salomón, Proverbios 16, 32

Aunque un hombre en una batalla conquiste mil veces a mil hombres, el verdadero señor de la batalla es quien se conquista a sí mismo.

Buda Gautama, *Dhammapada* 103

5
Los Cuatro Pasos y la libertad personal

La lucha por superar el azote del trastorno obsesivo-compulsivo (TOC) casi siempre empieza por razones de lo más prácticas. Tu vida ha sido invadida por un extraño poder que parece ser más fuerte que tú. En este libro, mi objetivo ha sido enseñarte las estrategias más efectivas para neutralizar a ese oponente llamado TOC, cuyos engaños pueden resultar muy devastadores para aquellos que no sepan cómo defenderse de forma eficaz. Al igual que ocurre con la mayoría de los demás matones y agresores, buena parte de su poder procede de su capacidad de intimidar a los ingenuos y novatos. Al verlo desde la perspectiva lúcida del Espectador Imparcial, queda clara la verdadera naturaleza de este oponente tan dado al engaño. Con esta visión, el miedo y el temor empiezan a desaparecer y aparece en el horizonte el camino hacia la victoria. En esto consiste la práctica de los Cuatro Pasos.

El poder del paso del Reetiquetado jamás debería subestimarse. Es la diferencia entre saber qué es real y vivir con el miedo a las sombras. Cuando Reetiquetas y te haces notas mentales que te recuerden que «eso no es más que el TOC» y «no tengo por qué escucharlo», se inicia un proceso muy poderoso. Comienza a cambiar el valor y significado que le das al desagradable pensamiento o impulso obsesivo. Entra en juego el poder del Espectador Imparcial, que cambia enormemente la naturaleza de la interacción entre tu oponente interior y tú. Ahora, la batalla se lucha en tu propio terreno, la realidad, no en el campo de juego de tu oponente, que se apoya exclusivamente en el engaño y la ilusión. Recuerda siempre que mantener un amarre en la realidad es tu mejor aliado en la lucha contra el TOC porque, al final, el miedo y los mensajes falsos son sus únicas armas. Si Reatribuyes esos miedos a sus verdaderas causas, tal y como has aprendido a hacer, y te Reenfocas en un comportamiento sano durante, al menos, quince minutos, puede que no ganes todas las batallas, pero, al final, sí ganarás la guerra. Con el poder de tu mente, cambiarás tu cerebro. Donde antes había bloqueo mental, habita ahora un proceso de pensamiento que se desarrolla con más libertad y fluidez.

A menudo, los pacientes preguntan, especialmente al principio del tratamiento: «¿Alguna vez me curaré?». Tal y como he tratado de explicar con las historias de tantos valerosos pacientes, no se puede garantizar una cura, sobre todo, si se entiende como que nunca más vas a sufrir un síntoma del TOC. Pero si curarse significa tener libertad de nunca más salir huyendo y asustado por la cantidad de síntomas de TOC y que ese trastorno tirano no vuelva a dictar la dirección de tu vida, entonces el objetivo está al alcance prácticamente de todas las personas que sufren TOC. —Sé que esto es así. Lo he visto demasiadas veces como para dudar de ello—.

El esfuerzo que los pacientes dedican al seguimiento de los Cuatro Pasos supone principalmente un mensaje sobre lo que todos podemos lograr cuando nos alejamos del miedo, practicamos la percepción consciente y decidimos tomar el control de nuestras vidas. El aumento de poder mental que desarrollan las personas con TOC, el poder de ver pequeños cambios, entender su importancia y plantar cara al dolor y al miedo, tiene efectos de gran alcance no solo en las vidas de las personas con TOC, sino también en las de aquellos que las rodean. Este mayor poder mental puede extenderse más allá del ámbito del TOC. Puede llevarte a una percepción mucho más profunda de lo que significa Revalorizar tu experiencia interior bajo la luz de unos nuevos objetivos más productivos. Al hacer esto, podrás ampliar tus horizontes mentales y espirituales de maneras que nunca antes se te han ocurrido.

Pensemos en el poder de esta sencilla pregunta: «¿Por qué estoy haciendo esto?». En muchos sentidos, todo el método de los Cuatro Pasos se reduce a ver con más claridad la perspectiva del Espectador Imparcial ante esa pregunta. No cabe duda de que contar con nueva información sobre cómo funciona el cerebro ayuda a las personas con TOC a responder a esta pregunta tan crucial de una forma más realista y valiente. Pero parece esencial ser consciente de que lo que estos nuevos descubrimientos del cerebro han hecho, fundamentalmente, es permitir que estas personas vean sus propias mentes con mayor claridad. Y esto aumenta su capacidad de buscar sus verdaderos objetivos.

Vivimos en una era en la que muchas personas que se imaginan a sí mismos como pensadores sofisticados, ya sean médicos, científicos o filósofos, pueden asegurar con toda la autoridad que la mente no es más que algo que «de alguna forma surge» de las propiedades físicas del cerebro y está completamente determinada por ellas. Algo que podría llamarse espíritu y de lo que les da mucha vergüenza hablar. En cierto modo, no les parece sofisticado. Para ellos, la ciencia debe relegar al espíritu y a la voluntad al ámbito de la mera superstición. En mi opinión, esto es muy desacertado. Peor aún, creo que refleja un modo de pensar tremendamente falso. Y uno de los mayores logros de nuestra investigación sobre el TOC, creo yo, es que nos ayuda a percibir con mayor claridad cómo se diferencia del cerebro la mente consciente y discerniente y que no puede depender exclusivamente de él.

Pensemos en lo que ocurre en el interior de un hombre que se está defendiendo de un síntoma del TOC mediante los Cuatro Pasos. Las obsesiones intrusivas siguen molestándole e imponiéndose —«Ve a lavarte las manos. Ve a comprobar la cocina»—. Antes de aprender los Cuatro Pasos, les prestaba atención de inmediato, lo cual no hacía más que empeorar cada vez más el bloqueo mental y hacerlo más fuerte. Tras aprender los Cuatro Pasos, su respuesta mental es muy distinta. Ahora dice: «Sé qué eres. No eres más que el TOC, un simple sistema de alarma de mi cerebro que se ha estropeado. Preferiría estar muerto antes que escucharte, miserable y diabólico circuito cerebral». Entonces, se dispone a escuchar a Mozart, practica su *swing* de golf o cualquier otra cosa. De este modo, cambia el funcionamiento de su cerebro. Con el tiempo, su cerebro cambia tanto que, con los nuevos avances de la tecnología, podemos medir ese cambio e incluso tomar una fotografía en color del mismo. En la actualidad, aunque algunos académicos puedan decir que esto no es más que un ejemplo de que el cerebro se cambia a sí mismo, cualquier persona sensata podrá ver que la persona de nuestro ejemplo está sirviéndose de su poder mental para hacer el esfuerzo que requiere cambiar su cerebro y vencer a los síntomas del TOC. Ha habido un auténtico proceso espiritual —deliberado— que ha dado lugar a un cambio biológico, que se puede demostrar científicamente, en el principal órgano de comunicación del cuerpo: el cerebro.

LOS CUATRO PASOS Y EL RESTO DE TU VIDA

El verdadero gran mensaje para las personas que utilizan los Cuatro Pasos es que con el fortalecimiento del Espectador Imparcial y la práctica de la percepción consciente, consigues aumentar tu poder mental en cualquier otro aspecto de tu vida. La percepción consciente te ayudará en tu relación con los demás, también en el trabajo y con los problemas de las divagaciones de la mente y un ensimismamiento excesivo. Empezarás a apreciar mejoras en todas las áreas problemáticas de la vida en las que los anhelos, ante los que la mente es muy vulnerable, provocan sufrimiento y angustia.

Por ejemplo, pensemos en la cantidad de tiempo y energía que la gente dedica a rumiar y preocuparse por las relaciones sociales. Los pasos de Reetiquetado y Reenfoque y el uso del Espectador Imparcial y la percepción consciente son especialmente útiles para modular la intensa rumia que casi todos hacen en situaciones de estrés. Con respecto a las parejas: «¿Debería pedirle que saliera conmigo o no? ¿Debería llamarle? ¿Debería esperar?». Esa es una categoría. Luego está el grupo de los que piensan: «¿El jefe me ha mirado raro?» y los de «Qué opina la gente de mí? ¿Soy suficientemente bueno? ¿Tengo buen aspecto?». En el momento en que este tipo de pensamientos se descontrolan y empiezan a invadir su vida, se convierten en rumias tremendamente desagradables. Sin embargo, yo he visto a muchos pacientes con TOC que aprenden por sí solos a romper esos flujos de pensamiento rumiado cuando aprenden el poder del Reetiquetado y desarrollan la capacidad técnica de hacerse notas mentales. Pueden entonces utilizar el paso del Reenfoque para iniciar un camino mejor.

Puede parecer raro decir que necesitas recordarte lo que estás pensando, pero todo el mundo necesita desarrollar esa capacidad, y mucho más de lo que se puedan imaginar. A medida que aumente la percepción consciente y vayas haciendo de forma más natural notas mentales —en las que sientes de forma consciente tu flujo de pensamiento—, te darás cuenta rápidamente de la cantidad de tiempo que dedicas a pensar en cosas en las que ni siquiera sabías que estabas pensando. Esos principios se pueden aplicar a todo el mundo. Las personas con TOC que practican los Cuatro Pasos desarrollan capacidades que resultan muy útiles para la vida, capacidades que las personas sin TOC quizá no desarrollen nunca. Ese puede ser uno de los beneficios de tener TOC y de usar los Cuatro Pasos para superarlo.

El TOC puede funcionar como una máquina de ejercicios dentro de tu cabeza. Igual que hacer ejercicio con una máquina aumenta tu poder físico, trabajar con el TOC aumenta el uso de tu Espectador Imparcial, lo cual hará que aumenten tus poderes mentales y tu visión tanto de tu comportamiento como del de otras personas. Es más, tu control sobre tu vida mental interior, incluso en aspectos que no tienen nada que ver con el TOC, mejorará enormemente. Aumentarás de verdad tu libertad personal con el ejercicio de los Cuatro Pasos, porque lo fundamental de tener una mente que es libre es la capacidad de domesticar y dirigir las incesantes divagaciones en las que inevitablemente cae una mente que no cuenta con supervisión. Con la realización de notas mentales llegarás a darte cuenta con bastante rapidez de que buena parte del contenido de tu vida mental, de tu continuo proceso de pensamiento, se preocupa por asuntos que no propician una vida feliz y sana.

Una de las cosas más sorprendentes que se aprenden cuando ejercitas la percepción consciente y usas el Espectador Imparcial es lo mucho que la simple observación del contenido de tus pensamientos tiende a dirigirlos de una forma mucho más sana. Dicho de otro modo, saber lo que estás pensando en un momento determinado suele alejar a la mente de rumias destructivas para llevarla hacia temas más constructivos y sanos.

La conciencia plena en sí es un estado de la mente tremendamente útil y sano. Cualquier momento en el que la mente esté practicando la percepción consciente o utilizando al Espectador Imparcial será un momento en el que no podrá aparecer un pensamiento insano. Así pues, cuanto más tiempo estés aplicando la percepción consciente, más fuerte se vuelve la mente y menos experimentas los tipos insanos y destructivos de pensamiento que suelen conducir al dolor y al sufrimiento. Por desgracia, sin embargo, con una velocidad increíblemente rápida, la mente puede realizar la transición de un estado sano y consciente a otro insano y negativo. Lo bueno de esto es que, al volver a aplicar la percepción consciente, puedes restablecer un estado mental sano con la misma rapidez. Por ejemplo, si una cadena de rumias sobre deseos o rabia, codicia u hostilidad se interrumpe haciendo una nota mental de que «ahora estoy teniendo un pensamiento relacionado con la codicia» o «estoy teniendo un pensamiento relacionado con la hostilidad o la rabia», la misma interrupción de ese flujo de pensamiento insano con una percepción consciente sana conducirá a nuevos pensamientos sanos relativos a algún aspecto funcional y saludable tanto para ti como para los demás.

Esto hace que resulte mucho más fácil de aplicar el paso del Reenfoque. A medida que pasa el tiempo, este proceso se convierte en una pauta de vida cada vez más natural, la mente se vuelve más perspicaz y relajada y tu vida será más tranquila y feliz.

En resumen, tener TOC es una maldición, pero tu capacidad natural para utilizar al Espectador Imparcial y practicar la percepción consciente es una bendición. Si tener TOC te lleva a desarrollar capacidades mentales sanas que de otro modo quizá no hubieses adquirido, no hay mal que por bien no venga. En eso consiste la práctica de los Cuatro Pasos.

PUNTOS CLAVE QUE HAY QUE RECORDAR

- Ten en cuenta el poder del paso del Reetiquetado, es la diferencia entre saber lo que es real y vivir con miedo a las sombras.

- Pregúntate siempre: «¿Por qué estoy haciendo esto?» y ten en mente la perspectiva de tu Espectador Imparcial cuando te respondas.

- Haz notas mentales para recordarte en qué estás pensando. El simple acto de observar suele dirigir los pensamientos hacia un camino más sano.

- En el momento en que la mente está utilizando al Espectador Imparcial no puede aparecer un pensamiento insano.

6
El TOC como trastorno familiar

El trastorno obsesivo-compulsivo (TOC) es, sin ninguna duda, un asunto familiar.

Por lo general, las personas con TOC que no son tratadas se ven cada vez más aisladas de los demás y, preocupadas por sus terribles pensamientos e impulsos, deciden por miedo o vergüenza, o por las dos cosas, no compartir con nadie su espantoso secreto.

En el seno de las familias esto puede resultar devastador. Muchísimas veces, nuestros pacientes de la UCLA nos dicen: «Estoy volviendo loca a mi mujer y alejando a mis amigos. Mi familia ya no lo soporta más. Tengo que dejar de hacer esto».

DI QUE NO

Normalmente, las personas con TOC caen en una pauta de uso del TOC como «arma» en los conflictos interpersonales. En una alteración de la personalidad que se suele ver con frecuencia, el trastorno de personalidad dependiente, la persona con TOC se vuelve dependiente hasta un grado patológico de las personas con las que vive para realizar cualquier cosa. Los familiares se convierten en parte del TOC, propiciadores, cuando realizan los comportamientos compulsivos para esa persona con tal de mantener la paz en el hogar. Esa persona les exigirá: «Comprueba la cerradura por mí» o «limpia las paredes». Al ceder, por supuesto, lo único que la familia está consiguiendo es que esa persona continúe empeorando. Aun así, por pura desesperación, por lo general terminan cediendo.

Muchos esposos y esposas nos han contado que, si se niegan a verse arrastrados a comportamientos estrambóticos, reciben como respuesta berrinches y lágrimas. Al final, puede que terminen dedicando toda su energía a lidiar con la enfermedad de esa persona. Pueden persuadir o suplicar a esa persona para que pare, o pueden mentirle y decir que han hecho tal cosa o tal otra o que han evitado otra. Por supuesto, mentir no sirve de ayuda a la persona con TOC, a largo plazo. La esposa de un hombre con un caso severo de TOC reconoció que no le cuenta a su marido la verdad de dónde ha estado si esa verdad puede provocar que reaccione de forma violenta debido a los miedos de su TOC. En una ocasión, fue a un lugar que quedaba «más allá» de lo permitido y pensó por un momento haberle visto. «Empecé a sentir verdaderas palpitaciones. Cualquiera pensaría que habría robado un banco y la policía fuese detrás de mí». Si él le pregunta directamente si ha ido adonde se supone que no debe ir, ella le suelta alguna mentira piadosa. En su opinión, «si le digo que no, ese hombre puede disfrutar de una agradable cena o de una bonita velada y yo también, en lugar de provocar un episodio de gritos y portazos». Mentir hace que su vida resulte soportable. Sabe que no debería alentar su enfermedad, pero tras varios años lidiando con el TOC, está agotada. «Así que soy una propiciadora. Solo una palabrita y disfruto de una noche agradable». Sin duda, hay miles de mujeres que pueden sentirse identificadas con su situación. Lo que hace es perfectamente comprensible y humano. Pero, en realidad, está saboteando el proceso de su marido. Cuando ella aprenda los Cuatro Pasos y se esfuerce por ayudarle a aplicarlos, los dos se sentirán mucho mejor. Ella dejará de ser una propiciadora del TOC de su pareja y empezará a ser una terapeuta conductual. El mensaje sencillo para los miembros de la familia es: «No propicies el TOC, propicia la terapia conductual».

Un niño con TOC puede alterar por completo a una familia, despertándolos muchas veces de noche con exigencias y dictando sus vidas hasta el punto de decir dónde deben sentarse en cada habitación y a qué hora exacta deben hacer tal cosa y tal otra. En muchas ocasiones, los padres permiten verse absorbidos por ese comportamiento porque se echan la culpa a ellos mismos, convencidos de que son los responsables de que el niño tenga esta espantosa enfermedad. Como veremos, tanto el entorno como la genética tienen cierto papel en la mayoría de los casos, pero los factores biológicos son la razón principal de que esa persona tenga TOC. Sin embargo, los factores emocionales y ambientales son, a menudo, fundamentales a la hora de determinar si la persona se somete a terapia conductual y mejora.

EL TOC COMO ARMA

Aunque la familia no puede obligar a la persona con TOC a mejorar, sí que pueden hacerse cargo de sus propias vidas, negarse a participar en propiciar síntomas, a ser prisioneros en sus propias casas o a ser lo que en la jerga psiquiátrica habitual se conoce como codependiente. Puede que la confrontación no siempre resulte agradable, pero el resultado final es que esa persona puede mejorar. La conclusión es siempre la siguiente: ¿este miembro de la familia está siendo una ayuda o un obstáculo en los esfuerzos que hace esa persona por realizar los Cuatro Pasos?

Pensemos en el caso de una familia en la que uno de sus miembros sufre una obsesión con la contaminación. Es posible que algunas partes de la casa terminen quedando vedadas para toda la familia. Esa persona mantiene alejados a todos de ese lugar por un abrumador temor a que ensucien esa zona y, entonces, tenga que darse un atracón descontrolado de limpieza. —Resulta irónico que cuando las compulsiones de limpieza se agravan de verdad, puede que haya habitaciones enteras que terminen estando realmente asquerosas porque la persona con TOC tiene miedo a empezar a limpiar y nadie más puede entrar en esas habitaciones—. En algunos casos, que no son especialmente raros, hay personas que han terminado viviendo en tiendas de campaña en sus patios. Aun cuando la obsesión no llegue a esa fase, el espacio habitable del interior se va reduciendo cada vez más. Además, puede que haya objetos prohibidos. Quizá no puedan utilizarse platos ni utensilios de cocina o no puedan vestir ciertas prendas de ropa.

La pareja o cónyuge tiene que ponerse firme. Tras el terremoto de Los Ángeles de 1994, Olivia empezó a obsesionarse con que el agua del váter estaba entrando de alguna forma en su lavadora. Hacía continuas verificaciones y, después, pedía a su marido que metiera dentro la mano para estar seguro. Cuando yo hablé con los dos juntos, le aconsejé a él que empezara a decirle que sí iba a mirar, pero que no iba a meter la mano. También le debía recordar a su mujer que Reetiquetara y Reatribuyera. Tenía que tranquilizarla. «No hay agua. Es solo un pensamiento obsesivo, un mensaje falso de tu cerebro. Haremos una verificación rápida para apartar la compulsión y seguir con otra cosa». Unos días después, él tenía que ir un paso más allá y preguntarle: «¿Seguro que quieres que yo haga esto? Vamos a Reenfocar en otro comportamiento». La estrategia tuvo su recompensa. Con el tiempo, su impulso de hacer verificaciones disminuyó notablemente.

Cuando las personas con TOC piden a otras que colaboren en sus espantosas tareas, puede que simplemente estén tan abrumadas por pensamientos e impulsos intrusivos que crean que necesitan más manos que las ayuden a realizar sus estrambóticos rituales. Por otra parte, pueden muy bien tener una intención oculta de la que ni siquiera sean conscientes: las personas con TOC suelen usarla como arma en los conflictos interpersonales. Por ejemplo, si quieren molestar a otra persona o vengarse por algún daño real o imaginario, o si se sienten indefensos en la relación y creen que su TOC les puede dar poder, estarán menos motivados para enfrentarse a sus impulsos y a los incómodos sentimientos que estos les provocan. Además, cuando sienten que su sufrimiento está siendo menospreciado o subestimado por parte de otros miembros de la familia, pueden estar especialmente dispuestos a tratar de vengarse dificultándoles la vida a otras personas, ya sea casi deliberadamente o casi sin darse cuenta. Se inicia entonces un tira y afloja psicológico.

En la terapia conductual, dibujamos rápidamente una línea en la arena y explicamos muy claramente tanto al paciente como a su familiar que esta no es una conducta aceptable. Es esencial involucrar a los miembros de la familia en el tratamiento tanto por el apoyo como para educarlos en lo que consiste el TOC.

¿QUIÉN ES ESTE DESCONOCIDO?

Con el tiempo, mediante el fiel cumplimiento de la terapia conductual autodirigida, las personas pueden cambiar su cerebro y lo hacen, y vencen también a los síntomas de su TOC. Pero mientras la persona con TOC va mejorando, la dinámica familiar puede cambiar, a menudo, con consecuencias psicológicas devastadoras. Los roles pueden verse invertidos y la antes indefensa pareja puede realizar una jugada ofensiva. Es posible que otros miembros de la familia se molesten al ver que esa persona ha mejorado porque ahora tienen que empezar a enfrentarse a sus propias realidades y defectos, los cuales puede que no guarden relación con el TOC. La persona con TOC deja ya de ser una excusa para los problemas de la familia o deja de ser su felpudo. Ahora es una persona con una autoestima recién adquirida que exige que la traten como un miembro de la familia que funciona perfectamente. De repente, hay un desconocido en medio de ellos.

Así, cuando la persona con TOC empieza a mejorar, es posible que la familia empiece a subvertir de forma inconsciente el tratamiento. Por ejemplo, durante varios años, una mujer con TOC ha obligado a su marido a meterse en la ducha en cuanto volvía a casa del trabajo porque pensaba que estaba contaminado.

Cuando ella empezó a mejorar con la terapia, él prefirió continuar haciéndolo antes que tener una esposa que pudiera empezar a imponerse de algún modo más preocupante.

El doctor Iver Hand, el prestigioso psiquiatra de la Universidad de Hamburgo que lleva veinte años estudiando el TOC, cree que hay cuestiones de intimidad que suponen un principal factor impulsor en el mantenimiento de la enfermedad, que hay personas que encuentran una «ventaja indirecta» con el TOC, es decir, que lo utilizan para mantener a los demás a una distancia emocional. En la UCLA, hemos demostrado que se puede enseñar a los pacientes a alejarse de su TOC sin abordar cuestiones de intimidad, pero estas ventajas indirectas son el principal motivo por el cual las personas no responden al tratamiento. Dicho de otro modo, si una persona con TOC muestra una pauta arraigada de eludir a la gente, también encontrará motivos para eludir el esfuerzo que requiere la terapia conductual. Aunque estoy convencido de que el TOC es un trastorno más biológico que emocional, existe casi con toda seguridad una interrelación entre ambos. En la terapia, la persona debe ser sincera en cuanto a estas cuestiones subyacentes si es que busca conseguir los efectos más beneficiosos.

AGOTAMIENTO EMOCIONAL

En la UCLA, nuestros pacientes nos han enseñado muchísimo sobre las manifestaciones no biológicas del TOC: cómo afecta a las relaciones personales, a objetivos profesionales y a modos de vida.

Christopher, que tenía terribles pensamientos blasfemos, es un joven soltero y desearía tener una novia, pero no está seguro de si una mujer «normal» se podría sentir atraída por él: «Tengo la norma de que no puedo tener una relación con una chica que tenga TOC o algún otro tipo de trastorno mental. No puedo porque no quiero que el TOC o, en general, cualquier trastorno mental ocupe una parte de mi vida mayor de la que ocupa ya».

Michael, que tiene la obsesión de que los pantalones le están demasiado estrechos, hasta hace poco se sentía tremendamente incómodo en la mayoría de las situaciones sociales, pues se veía incapaz de «encajar». Y las relaciones con las mujeres no eran una excepción. Cree que su TOC, que sufre desde la infancia, está en la raíz de estos sentimientos de incompetencia social. En la escuela primaria solía verse distraído por las compulsiones del TOC, tales como contar de forma repetitiva, y aunque sabía que le pasaba algo raro, nunca fue capaz de hablar de ello con sus padres. Por consiguiente, atribuyeron su bajo rendimiento a que era «perezoso y algo trastornado», una mala persona. —Kyle, que tenía pensamientos violentos con respecto a sí mismo y a los demás por culpa del TOC, sufrió una experiencia mucho peor en su infancia: sus padres le culpaban diciéndole que sus extraños comportamientos se debían simplemente al «diablo que había en él»—.

Al mirar hacia atrás, Michael desearía haber sentido la libertad de hablarles a sus padres sobre sus locos pensamientos. Pero, como él dice: «Estoy seguro de que mis padres me habrían internado en alguna institución en la que nadie habría entendido lo que estaba pasando... Hasta el día de hoy, mi padre sigue sin entenderlo del todo. No creo que en su vocabulario esté incluida la expresión "enfermedad mental"». —Es probable que Michael tenga razón; hace treinta y cinco años se sabía muy poco sobre el TOC y todavía hay muchas personas que no lo comprenden—.

Michael anhelaba comunicar a sus padres lo que estaba experimentando, pero nunca pudo hacerlo. «Durante toda mi vida solo he deseado que alguien dijera: "Lo siento. Ojalá las cosas fueran mejor. Soy consciente de que te esfuerzas"». Pero como nunca oyó esas palabras, jamás se sintió querido ni aceptado del todo y aprendió a reprimir sus sentimientos. Al hacerse mayor, este rasgo ha empeorado. «Una cosa que veo que es común entre las personas con TOC es que sus sentimientos quedan anestesiados. Cuando empiezo una relación, oculto de inmediato mis sentimientos y termino saboteándome a mí mismo. Y es entonces cuando el TOC se vuelve más fuerte. En el momento en que de verdad quieres sentir algo, lo único que sientes es el TOC».

Los temores alimentados por el TOC pueden ser mucho más fuertes que cualquier otra emoción, incluidos el amor y la pena. Por ejemplo, una anciana que pertenece al grupo de terapia del TOC de la UCLA tiene una obsesión relacionada con la muerte que es tan fuerte que no puede ir tranquila a ningún sitio donde haya muerto alguien, incluso varios siglos atrás. Unas vacaciones con la familia en Tombstone, Arizona, resultaron traumáticas para ella. Toda la ropa que se había puesto allí o que había llevado con ella terminó contaminada. Se ha alejado de amigos cercanos porque no entienden su silencio cuando pierden a algún ser querido. Pero es que no puede soportar hacer visitas de condolencia ni tan siquiera levantar el teléfono para decir lo mucho que lo siente. Llegó a la conclusión de que, al evitar esto, el nivel de su ansiedad se mantenía bajo, aun cuando corriera el riesgo de perder a sus amistades. Esta forma de pensar no es acertada, aunque es comprensible que alguien esté dispuesto a hacer una compensación así. En realidad, no es una verdadera compensación. Al no hacer visitas de condolencia, solo se está exponiendo a que su intenso temor obsesivo empeore cada vez más. Para que desaparezca su miedo, debe enfrentarse a él. Otra mujer fue incapaz de despedirse de su padre moribundo porque sus compulsiones le impidieron salir de su casa para llegar al hospital a tiempo.

Recientemente, las cosas han cambiado para Michael, que ha estado practicando diligentemente los Cuatro Pasos, además de haber asistido con regularidad a la terapia de grupo del TOC en la UCLA. Durante años, había tomado medicación como apoyo a la terapia: «La medicación estaba, en realidad, achantando mi personalidad. Me sentía muy anestesiado. Tenía los sentimientos demasiado bajo control. Para enfrentarse al TOC, las personas tienen que dejar libres sus sentimientos».

Aunque su TOC estaba en gran parte controlado, Michael sentía que se había estancado y quería seguir mejorando. Por tanto, decidió dejar la medicación y se sintió mejor casi de inmediato. Aunque ha experimentado desde entonces cierto aumento de los pensamientos e impulsos del TOC, utiliza los Cuatro Pasos para controlarlos de manera eficaz. «Ahora voy cuesta abajo, en lugar de luchar cuesta arriba, atrapado en la rutina del TOC». Y, por primera vez en años, está experimentando emociones profundas. Recuerda: «Cuando mi madre murió hace unos años, no lloré nada». De nuevo, ese entumecimiento. «Pero cuando murió mi jugador de béisbol favorito, Mickey Mantle —esto ocurrió después de que Michael dejara la medicación—, sentí un gran dolor y lloré y pude dar rienda suelta a todos mis sentimientos». Cuando es capaz de actuar así, ve que su nivel del TOC es muy bajo, mientras que cuando reprime sus sentimientos, su TOC empeora.

El aislamiento que sufren las personas con TOC se debe en gran parte a su decisión de ocultar su terrible secreto a los demás todo el tiempo que les es posible. Por el contrario, a Michael le gusta contar a los demás que tiene TOC. «Es una sensación muy liberadora, una verdadera catarsis. Como "¡Eh, estoy loco! ¿Qué tal tú?"». Pero también ha aprendido que a la mayoría de la gente o bien no le importa saber su problema o reaccionan bombardeándole con una lista de síntomas físicos y mentales propios.

CONTARLO O NO CONTARLO

Barbara, cuya obsesión era si había desenchufado al señor Café, se lo contó a todos cuando le dieron el diagnóstico: «Si la gente conocía mi peor defecto y, aun así, les gustaba, yo estaría bien». Pero enseguida aprendió a ocultar lo de su TOC. En el trabajo, la gente reaccionó haciendo chistes a su costa o mirándola con perplejidad y diciendo: «¿Por qué no lo dejas?». Barbara se dio cuenta de que ser franca hablando de su TOC era una mala idea para su carrera profesional. Por desgracia, esto suele ocurrir con demasiada frecuencia.

Benjamin, que antes tenía que vivir en un entorno completamente ordenado, dice: «No veo nada provechoso en contárselo a personas a las que no tengo por qué contarlo por la falta de comprensión que la gente muestra, en general, respecto a los trastornos mentales». Pero sí ha sido sincero con su novia y su familia y ambas han reaccionado de forma positiva. La decisión de sincerarse con su familia fue difícil: «Como vengo de una familia de alto nivel de éxito, personas de grandes habilidades a las que les va muy bien tanto a nivel social como profesional, yo me había construido una especie de muro de ladrillos a mi alrededor» con el fin de ocultarles este defecto. Hablarles de su TOC fue «un alivio enorme». «Tras sincerarme, ellos se abrieron a mí mucho más. Tuvo un positivo efecto en cascada. Su respuesta fue mucho más empática y comprensiva de lo que yo me había imaginado. Ya no tengo que ir por ahí con ese gran muro de defensa. Ahora soy una persona mucho más abierta, más capaz de aceptar otras debilidades y de reírme de mí mismo».

Aprendió que «las personas respetan a los demás y los aceptan por lo que son y por quienes son. Y la gente tiene un alto nivel de tolerancia con respecto a los trastornos físicos si ven que esa persona está esforzándose todo lo posible por actuar e interactuar».

Benjamin ha observado que los demás pueden notar en las personas con TOC una preocupación y una falta de espontaneidad que limita las relaciones íntimas. A medida que consigue tener más control sobre su TOC y se siente menos preocupado, espera ampliar sus contactos sociales. «Sé que tengo que esquivar el TOC. Tengo que actuar como las demás personas. Tengo una responsabilidad hacia otras personas. Estoy evaluándome constantemente:

¿es mi TOC el que me impide ser una persona cariñosa, una persona que puede tener un impacto en la vida de los demás?, ¿una persona que puede ser útil, afectuosa y más empática?».

Por supuesto, no todos han tenido experiencias tan positivas. Christopher vio que sus padres nunca habían comprendido del todo su TOC y que solo le aconsejaban que tratara de «tener en todo momento buenos pensamientos». Esta falta de comprensión condujo a tensos enfrentamientos con su padre cada vez que hablaban del tema. «En un momento dado me vi literalmente obligado a dejar de ver a un médico porque se suponía que yo no tenía un problema de verdad y que "esa cosa psiquiátrica" ya había durado suficiente». Varios meses después, Christopher convenció a sus padres para que le permitieran entrar en el programa del TOC de la UCLA, donde le introduje en nuestro plan de los Cuatro Pasos. En la actualidad, continúa avanzando y asiste con regularidad a nuestra terapia de grupo del TOC.

Con frecuencia, los pacientes de TOC hablan de que tienen personalidades de TOC, de ser excesivamente introvertidos, de sentir miedo a sufrir agresiones y de ser incapaces de tratar con personas agresivas. Jack, que se lava las manos de forma compulsiva, ha ido pasando de un trabajo a otro: «Lo cierto es que no me gusta tanto tratar con la gente. Me parecían esos los trabajos que peor se me daban. Los clientes exigían velocidad y simpatía, mientras que yo solo me concentraba en lo que se suponía que tenía que hacer. Desde luego, yo no era el simpático cajero del banco». También dio clases durante un tiempo. «¿Te lo puedes imaginar? En el instituto todo es firmeza y disciplina». No son precisamente los puntos fuertes de Jack.

UTILIZAR LAS COMPULSIONES PARA CONTROLARSE

En una entrevista para este libro, el doctor Iver Hand confirmó que quienes tienen un diagnóstico de TOC pueden tender a conformarse con trabajos de baja categoría y poco exigentes. «Las personas con TOC pueden triunfar» en el trabajo adecuado. «Como los mecánicos o programadores informáticos. De hecho, su TOC puede servirles para trabajar. Pero si consiguen un ascenso, no tienen capacidad de liderazgo. No saben cómo gestionar problemas de competencia. En muy pocos meses, personas que estaban muy contentas con su vida profesional, desde su punto de vista, reaccionan compensando de más y desarrollando compulsiones que las incapacitan por completo para ir a trabajar».

Sin duda, hay factores del entorno y genéticos que tienen cierta influencia en el desarrollo del TOC. Algunas personas con TOC me han contado que se criaron en hogares cuya cabeza era un padre muy rígido o una madre muy dominante —lo cual, claro, podría ser resultado de que ese padre no hubiese sido diagnosticado con TOC— y que creen que ese pasado ha contribuido a su bajo nivel de autoestima. Para compensar, según ha visto el doctor Hand, estas personas pueden terminar desarrollando compulsiones de control. «Tienen que ser perfectos» para así controlar su entorno social. Aun así, afirma: «Nadie sabe por qué algunas personas que se han criado en estas condiciones desarrollan después un TOC y otras no o desarrollan otro trastorno». De todos modos, han cobrado bastante fuerza las pruebas científicas de una pauta biológica de herencia genética.

La baja autoestima puede predisponer al fracaso. Por ejemplo, un hombre con TOC que se dice a sí mismo: «Nunca me voy a casar porque nadie va a querer enfrentarse a esto» crea una profecía autocumplida, se distancia de contactos sociales y termina solo.

Es evidente que muchas personas con baja autoestima terminan incubando personalidades agresivas. Son inseguras, aunque se las arreglan para actuar moderadamente tanto en lo social como en lo profesional, pero carecen de verdaderas habilidades sociales y desconfían de los que los rodean. En un matrimonio, si tienen esa predisposición biológica, pueden desarrollar comportamientos obsesivos-compulsivos para controlar a sus parejas. O en defensa propia, un niño que crece en un entorno emocionalmente tumultuoso puede desarrollar un TOC como arma que le sirva para contrarrestar. «Se construyen su propio mundo seguro y pequeño», afirma Hand.

Según Hand, a veces, pero no siempre, los niños responderán con odio. Pueden buscar el afecto en otra parte, quizá entre sus iguales. En entrevistas con familias de pacientes con TOC, ha visto mucha rabia y agresividad entre sus miembros. «Resulta terrible, aterrador, ver cómo todos los miembros de la familia, uno tras otro, dicen que han tenido pensamientos de matar al otro». Sin duda, el TOC está relacionado con esto, pero puede que no sea el factor principal y es posible que los verdaderos problemas que subyacen afloren durante el tratamiento.

EN BUSCA DE AMOR

Cuando un padre o madre tiene TOC, es posible que el niño crezca albergando una fuerte rabia o resentimiento por habérsele negado una vida «normal» y haber tenido que participar en los estrambóticos y absorbentes rituales de su progenitor. Dottie, que se lavaba en exceso para tratar de deshacerse del miedo a que algo pudiera pasarle a su hijo en los ojos, le explicó cuando fue suficientemente mayor que ella tenía una enfermedad llamada TOC y que hacía locuras porque no podía evitarlo. Pero cuando su hijo se fue a la universidad, la hizo sentir muy mal cuando le dijo: «Ya estoy harto de ti, mamá». Como madre soltera, había hecho todo lo que había podido para compensarle la confusión que ella había creado. «Pensaba que era una buena madre, pero hace un par de años, me dijo: "Yo creía que eras la peor madre del mundo". Si alguien hubiese cogido un cuchillo y me lo hubiese clavado...; es decir, es lo peor que me ha dicho nadie en toda mi vida. Por supuesto, ahora ya no importa si él lo entiende del todo o no. Yo hice todo lo que pude».

La historia de Karen, la acumuladora compulsiva de nuestro grupo de la UCLA, constituye un fuerte argumento sobre el papel que desempeñan tanto el entorno como la genética en el desarrollo del TOC. El padre de Karen exigía perfección a todos los miembros de su hogar, pese a que él mismo estaba muy lejos de ser perfecto. Sin duda alguna, su padre sufría un caso típico de TOC, con obsesiones de verificación y contaminación y una compulsión de no desperdiciar nada llevada al extremo. De hecho, Karen «aprendió» el TOC en su regazo. Su padre le enseñó a comprobar los mandos de la cocina y la adoctrinó sobre los peligros de las bacterias y los virus. Según recuerda ella, «sacar una astilla era prácticamente como realizar una cirugía. Había que cumplir toda una rutina para asegurarse de que no se infectaba». Si Karen no lograba cumplir las órdenes de su padre, en el rostro de este aparecía un gesto de rabia y ella sabía que, a continuación, vendría una paliza. Buscando con desesperación el cariño y la aprobación de su padre, encontraba algunas formas de conseguirlos. Él se empeñaba en que su familia lo comprase todo de segunda mano, normalmente en mercadillos de la iglesia, y llevaba a Karen al vertedero municipal en busca de basura que pudiera arreglar o aprovechar. Karen llegó a rescatar objetos de los cubos de basura de los callejones y llevarlos a su casa. Sus hallazgos siempre terminaban con una caricia en la cabeza. Según Karen: «En mi mediana edad estas ideas y valores de mis primeros años volvieron a obsesionarme y casi me destrozaron la vida».

La mayor parte del tiempo, Karen trataba de compensar la falta de cariño de su casa siendo una «buena chica», sacando las mejores notas en el colegio y obedeciendo las ridículas exigencias de su padre. Aun así, él nunca se lo puso fácil. Un día, ella explotó ante su madre: «¡Le odio a muerte!». Segura de que él la había oído, temía llegar a casa ese día del colegio y tener que enfrentarse a las consecuencias. Cuando entró, le encontró muerto en el suelo de la cocina. Había sufrido un infarto. «Yo tenía quince años. Sentí que había matado a mi padre con la misma seguridad que si le hubiese puesto una pistola en el pecho y hubiese apretado el gatillo». A partir de ahí, se esforzó aún más por ser perfecta, justificándolo en que su padre se enteraría y eso arreglaría las cosas entre los dos. Su búsqueda de la perfección terminó costándole cara. Desarrolló anorexia nerviosa y una compulsión de alternar atracones de comida con pasar hambre, y terminó en un hospital psiquiátrico el día de su graduación en el instituto, donde iba a ser reconocida como la chica con las calificaciones más altas.

Los niños suelen responder rápidamente a la terapia. Una niña de once años sin historial de enfermedades psiquiátricas desarrolló obsesiones y compulsiones tras vivir su primer terremoto poco después de que su familia se mudara al sur de California. Se obsesionó con que sus padres pudieran terminar heridos o que alguien pudiera separarla de ellos. —Existía cierta base de lógica en sus miedos porque el hogar familiar estaba cerca del epicentro y sufrió bastantes destrozos—. La niña desarrolló trastornos de sueño y conductas compulsivas. Pese a que antes era la típica niña desordenada de once años, empezó a ordenar de manera impecable su mesa y sus pertenencias. Diseñó un ritual por el cual, durante treinta minutos en la cama, escribía en una pantalla: «Nada les va a pasar a mamá ni a papá». También se llevaba cada noche a su mesita de noche un vaso con agua, convencida de que eso mantendría a salvo a su madre, a su padre y a su conejo. Como el padre de la niña era psiquiatra, reconoció de inmediato que su hija tenía un problema y la familia buscó ayuda profesional cinco semanas después de que dieran comienzo aquellos comportamientos. Durante la terapia, el terapeuta le dijo a la niña que estaba desarrollando un trastorno llamado TOC y le explicó lo que es y lo que provoca. Le dijo también que debía resistirse a sus compulsiones o se volverían peor. Tras tres meses de tratamiento, sus síntomas desaparecieron prácticamente. Unos padres menos informados podrían haber seguido alimentando el TOC de la niña, con la creencia de que sería una fase pasajera, y el TOC podría haber arraigado para, finalmente, lanzar a la familia a un caos emocional.

UNA ENFERMEDAD COMPARTIDA

Con frecuencia, los miembros de la familia se adaptan a la persona con TOC hasta un nivel absurdo. El marido de Karen, por ejemplo, dejó que la basura se acumulara en su casa hasta que solo tuvieron un estrecho pasillo para moverse. Pasaron años hasta que permitieron que otras personas entraran en su casa. Aun así, toleraba la conducta estrambótica de ella. ¿Estaba él también enfermo? El doctor Hand así lo cree. Según él, «solo unas personas con problemas psicológicos graves» permitirían que esa situación de descontrolara de forma tan absurda. Mencionó el caso de una pareja que se mudó seis o siete veces con la creencia de que todo cambiaría en una casa nueva, pero al poco tiempo, la casa nueva volvía a estar invadida de basura.

Hand insiste en que la familia debe implicarse en el diagnóstico, pero les permite decidir el grado de implicación en la terapia. Es posible que la persona con TOC tenga la astucia de ocultar cualquier otro problema que pueda sufrir, como la dificultad para las relaciones personales, y quizá se resista demasiado a las indagaciones del terapeuta. «Tienen miedo», afirmó Hand. «Desarrollan una actitud de impotencia aprendida. Tienen sus problemas, pero esos problemas no se pueden solucionar. Si tienen una relación estable, la relación estará enferma mientras tengan su TOC. Ninguna de las partes alberga esperanzas en que haya ninguna mejora posible, pero, al mismo tiempo, les da muchísimo miedo romper. Así que prefieren continuar con su mala relación».

A menudo se desarrolla en las familias lo que Hand denomina «dinamita interactiva». Con este término se refiere a que la persona con TOC incuba agresiones a largo plazo y, en momentos decisivos e inadecuados, utiliza su TOC para atacar a su pareja por haber quebrantado de forma real o imaginaria su relación. Así pues, puede ocurrir un «estallido repentino» de conductas compulsivas muy intensas que provoquen un caos que altere las vidas de otros miembros de la familia, con la consiguiente angustia y exasperación.

Hand describió algunos de los casos de su consulta de Hamburgo, en Alemania. Una mujer que vivía con su hija y su yerno daba continuamente la lata a su hija porque su casa no estaba lo suficientemente limpia. Al final, la hija desarrolló una compulsión defensiva. Cuando hacía las camas, pasaba varias horas alisando las sábanas y, poco a poco, fue descuidando el resto de la casa. Cuando la madre trató de acabar con este hábito de su hija, las dos discutieron y la madre amenazó con que le estaba dando un ataque al corazón. En realidad, según averiguó Hand, esta no fue más que la batalla final de una guerra duradera por conseguir el dominio. La lucha por el poder, en la que la madre insistía a la hija en que fuera mejor ama de casa, terminó con una paradoja según la cual la hija utilizó sus compulsiones para hacerse con el control.

Otra mujer se obsesionó con su creencia de que, veinte años antes, su marido había tenido una aventura. Cuando se enfrentó a él y le llamó «cerdo», él lo negó. Al final, ella terminó hospitalizada con síntomas patológicos de celos. Cuando regresó a casa, desarrolló una grave compulsión de limpieza que tuvo como consecuencia que el ochenta por ciento de la casa se volviera prácticamente inhabitable porque en dieciséis horas al día de limpieza feroz, ella solo podía conseguir que un veinte por ciento de la casa quedara «suficientemente limpia». Cuando su marido llegaba a casa del trabajo, le exigía que se desvistiera y ella misma le bañaba y desinfectaba de la cabeza a los pies. Su justificación era que la antigua aventura le había dejado sucio y, aunque no podía hacerle desaparecer esa suciedad interior, sí que podía acabar con la exterior. Esto le dio a la mujer una sensación de control. Durante la terapia, salió a la luz que lo que la consumía aún más que la sospechosa aventura era el hecho de que su hija de seis años, su preferida, mostraba siempre un claro afecto hacia su «descarriado» padre. La mujer mejoró y abandonó sus rituales de limpieza, pero decía que se había visto obligada a dejarlos solamente porque había empezado a sufrir artritis en las rodillas, un diagnóstico que jamás se confirmó. Incluso convenció a su marido de que fuera a clase de baile con ella. El ejercicio, decía, le vendría bien para su artritis.

Otro caso fue el de un marido que tenía la apremiante necesidad de repetir frases sencillas una y otra vez y durante varias horas en cada ocasión. Tenía que hacerlo delante de su mujer, para que ella pudiera tranquilizarle diciéndole que había pronunciado bien todas las palabras en cada frase y que su voz había empleado la entonación adecuada. Si la mujer trataba de escaquearse de esta tarea, él cerraba las puertas con llave. Al final, llegó a encerrarla dentro del baño mientras él permanecía al otro lado de la puerta repitiendo sus frases. Con la esperanza de que la liberase, ella gritaba de vez en cuando desde la puerta «¡bien!» o «¡correcto!». Esto no hizo sino agravar aún más la situación porque él se imaginaba que ella no estaba siendo sincera. Un día, la mujer consiguió escapar de la casa, se metió en su coche y se puso en marcha. En ese momento, el marido salió corriendo a la calle, se lanzó delante del coche y la obligó a detenerse. Ganó él.

Durante el tratamiento, Hand dice a los pacientes que deben identificar las ventajas y desventajas de aferrarse a su TOC. Si no están en terapia por su propia voluntad, sino porque otros los han obligado a hacerla, Hand cree que el tratamiento es inútil. Y añadió que el terapeuta y el paciente deberían tratar de desarrollar juntos estrategias de terapia. Por ejemplo, podría decirle al ama de casa que se venga de su marido desarrollando compulsiones de limpieza que su relación podría reorganizarse de tal modo que ella pudiera obtener la misma ventaja de poder sin la conducta del TOC. A esta técnica se la puede considerar como una ampliación de la aplicación del paso de la Reatribución. No es solo el cerebro el que provoca que una persona se vea inundada de síntomas de TOC, sino el hecho de que el TOC se utilice como mecanismo para manipular a otras personas que participan de su vida interpersonal. Es el factor del «beneficio secundario» de los síntomas del TOC, y se puede utilizar el paso de la Reatribución para abordarlo activamente y empezar a lidiar con él. Al reconocer el rol que puede tener el TOC en tu vida emocional, puedes practicar cambios saludables que reduzcan tu tendencia a servirte de los síntomas del TOC de esta forma que básicamente es autodestructiva. Este es otro ejemplo de cómo se pueden utilizar los Cuatro Pasos para enriquecer el proceso de gestionar mejor el TOC.

COMPRENDER, NO CONSENTIR

Permitid que asegure aquí que no es cierto que el TOC y los matrimonios y relaciones sanos sean siempre como el agua y el aceite. Existen casos de parejas que trabajan juntos en el programa de los Cuatro Pasos para lograr que sus relaciones sean estables y fuentes de cariño y apoyo.

Pero no hay que negar los obstáculos que el TOC puede ponerles en su camino. Las personas que sufren este trastorno pueden desarrollar ansiedad sexual vinculada con el miedo a perder el control. Pueden surgirles violentos pensamientos que nunca van a hacer realidad, mientras que otros pueden obsesionarse con que se desate algún comportamiento sexual salvaje e incontrolable. La persona con TOC puede aflorar una actitud agresiva latente iniciando conflictos, a menudo relacionados con síntomas del TOC, que llevan a la elusión de las relaciones íntimas. En el fondo, lo que lo motiva puede ser la voluntad de evitar el riesgo de sentir dolor al abrirse emocionalmente —el conocido problema de la autoestima—.

Otro caso que describió el doctor Hand fue el de un adolescente que desarrolló extraños comportamientos alimenticios. Solo podía comer una cosa, un pescado caro y difícil de encontrar, y se lo tenía que dar su madre siguiendo un ritual. Sus padres tenían permiso para hablarse entre sí solamente en su presencia y solo de los temas que él eligiera. En ciertos aspectos retrocedió a la edad de dos años y empezó a mojar la cama por las noches. Es importante destacar que todos estos síntomas aparecieron después de que el padre amenazara con tener una aventura amorosa y acabar con su matrimonio. El niño consiguió lo que quería: cuando enfermó, su padre puso fin a la aventura. Sin embargo, el niño fue empeorando cada vez más, alejándose de sus amigos y del mundo exterior. Surgió un círculo vicioso: el padre volvió a casa, pero el matrimonio lo era solo de nombre, sin ningún cariño mutuo. La madre suplió sus necesidades emocionales dedicándose por entero a su hijo, lo que facilitó que el TOC empeorara. El niño utilizó su enfermedad para dominar a sus padres. Mantuvo a la familia unida, pero a costa de su salud. Estaban juntos… y enfermos. Esta historia no tuvo un final feliz. El chico mejoró enormemente con la terapia familiar, pero, después, recayó. El trastorno social que había desarrollado terminó siendo desastroso cuando trató de retomar la relación con sus amigos. Su madre volvió a caer en su antiguo rol de propiciadora. Terminaron sufriendo los problemas familiares de antes.

Por último, una mujer acudió al doctor Hand en busca de ayuda después de que sus vecinos se quejaran de que hacía demasiado ruido cuando abría la puerta de su apartamento. Le contó que ella solo quería saber cómo tranquilizarlos. Con la terapia, empezó a hablar de su traducción compulsiva de la Biblia. De joven, había ingresado en un monasterio porque deseaba alejarse del contacto social habitual. Regaló a los monjes parte del dinero que había heredado, pero, cuando se marchó un año después, desilusionada, se negaron a devolvérselo. Poco después empezó a traducir la Biblia, en un intento de demostrar al papa que todas las traducciones existentes eran erróneas, pues habían proporcionado las directrices éticas a los monjes que tan mal la habían tratado. Esa traducción se convirtió en su única misión en la vida. Como secretaria a media jornada, llevaba una vida monacal en su apartamento, sin parar de traducir, enviándole su trabajo al papa, pero sus compulsiones terminaron traicionándola. En lugar de vengarse de los monjes, desarrolló estrambóticas conductas que se convirtieron en el único propósito de su solitaria vida.

PERDONAR EL TOC JUNTOS

Sin embargo, cuando las familias trabajan juntas, pueden ocurrir cosas maravillosas. Una paciente me contó que mejoró gracias a la ayuda de su marido: «Juntos perdonamos a mi TOC».

Lara, que tenía pensamientos violentos relacionados con cuchillos, dice que tiende a retirarse cuando se obsesiona, y termina volviéndose callada, taciturna y triste. Su marido le dice: «Lara, deja de obsesionarte. Puedo ver cómo has puesto en marcha los mecanismos de tu cabeza. Déjalo». Este Reetiquetado le sirve para volver a la realidad. Él se molesta, según ella, porque el TOC hace que Lara sufra mucho. Y él quiere protegerla. «Si vemos algún accidente espantoso en la televisión, como un avión que se estrella, él sabe que yo empiezo a obsesionarme con catástrofes, así que me dice: "No mires eso. Ya te da miedo volar"». Otro golpe de realidad. Ella ha visto que él se muestra preocupado y comprensivo y que no permite que su TOC le asuste. Pero, a veces, ella sí se asusta con cosas que le cuesta explicar. Los dos han hablado de adoptar a un bebé, pero Lara se obsesiona con que el niño —que, por supuesto, no tiene ni nombre ni cara todavía— pueda sufrir algún daño. «Tengo una sensación constante y desgarradora de que el niño siempre estará en peligro, que tendrá un accidente, se pondrá enfermo, le secuestrarán o morirá». Por tanto, la decisión de la adopción ha quedado suspendida.

Carla, que tenía la obsesión de que podía matar a su hija pequeña, atravesaba problemas en lo concerniente a las relaciones íntimas en su matrimonio. «Era lo último en lo que podía pensar. El TOC te absorbe las veinticuatro horas del día. Yo me limitaba a tratar de sobrevivir y seguir adelante. A él le resultaba muy difícil comprender nuestra relación, cómo yo había cambiado». Antes del TOC, ella era una mujer supereficiente y prodigiosa que lidiaba con facilidad con su trabajo, su labor de voluntariado y el cuidado de sus delicados padres. Con el TOC, ya no podía compaginarlo todo y terminó sintiendo mucha frustración, contagiando parte de ella a su marido. Él estaba perplejo porque en catorce años de matrimonio ella siempre había sido la que estaba al mando de todo. Ahora, su mujer le exigía tiempo libre para atender a sus propias necesidades y él no estaba acostumbrado a eso. «Por desgracia, no tenía tiempo para enfrentarme a lo que me pasaba a mí ni tampoco a él. Y lo cierto es que no le contaba lo que estaba sucediendo dentro de mi cabeza. Los detalles eran bastante escalofriantes».

Los miembros de la familia pueden ser de lo más útiles prestando su apoyo, comprensión, bondad, paciencia y aliento en la puesta en práctica de los Cuatro Pasos, pero no consintiendo ni mimando a la persona con el TOC. Es fundamental el refuerzo; cada mejora debe ser reconocida. Las personas con TOC necesitan sentirse bien consigo mismas, pues llevan mucho tiempo sin sentirse así. Lo que no necesitan son críticas ni enfados. Ya son suficientemente críticas consigo mismas. Tampoco se les debe presionar para que se den prisa en mejorar; alcanzarán su objetivo dando muchos pequeños pasos, no saltos gigantes. Por supuesto, habrá ocasiones en las que la pareja se sienta cansada o pierda la paciencia con el TOC y necesite un descanso. No pasa nada. No deberían sentirse culpables por ello. De hecho, la persona con TOC debería alentarla a ello.

Jack, obsesionado con lavarse las manos, y su mujer estaban atravesando un bache en su matrimonio antes de que él buscara ayuda. Tanto ella como su hija estaban hartas de que él les preguntara continuamente si se habían lavado las manos. Jack entiende ahora que «era como decirle a alguien que está sucio». Su mente retorcida por el TOC no dejaba de pensar que ella iba a contaminar de algún modo las comidas que le preparaba y esa idea le volvía loco. Pero se obligó a dejar de preguntarle si se había lavado las manos. «Todavía sigue perturbándome, pero pensé que, si seguía así, provocaría una catástrofe mayor, como que mi mujer me abandonara». Pensamientos como este pueden servir como grandes motivaciones para poner en práctica los Cuatro Pasos.

Durante el tratamiento, Jack mencionó su frustración con que su familia no parecía estar notando sus avances, que querían que su TOC desapareciera de inmediato. Su mujer decía: «Sé qué es lo que estás haciendo y por qué lo haces, pero a mí sigue volviéndome loca». Antes de que a él le diagnosticaran, ella se enfadaba y le decía que se iba a quedar sin manos si seguía lavándose, pero simplemente creía que su marido era un poco raro. Él se ríe y dice: «En cuanto hay un diagnóstico, en cuanto esto tiene un nombre, la gente sabe qué narices está pasando y no quieren hacer preguntas. ¿Te imaginas lo que es vivir con alguien que quiere cambiarte en todo momento, a todas horas? "Ya sabes por qué haces eso". "¿Qué haces en el baño?". "¿Por qué estás lavándote otra vez?". A mí me volvería loco, así que, un tiempo después, ella vio que yo acudía en busca de ayuda profesional y se tranquilizó un poco. En una ocasión, empezó a llorar y a decirme que deseaba poder ayudarme. Yo le contesté que ya lo estaba haciendo al mostrarse tolerante con mi TOC, no consintiéndome ni haciendo que el TOC empeorara». Por supuesto, hay formas mejores y peores de que los miembros de la familia se muestren «intolerantes» con el TOC.

La mujer de Jack estableció el límite de acudir con él a terapia de grupo. Decía: «¿Por qué voy a querer ir a ver a otros que hacen lo mismo que tú?». Él no insistió. «Creo que le daba también un poco de miedo. Antes, ella pensaba que estas cosas solo eran rarezas mías. Pero, de repente, yo tenía un trastorno mental y ella no quería pensar en ello».

Karen recuerda que, a menudo, se sentía deprimida, tensa y frustrada durante las crisis graves de TOC en las que ella se ponía tremendamente irascible. «Mi marido me llamó zorra, lo cual me enfureció, pues bastante carga tenía yo ya encima. Así que mi respuesta fue: "Bueno, no cabe duda de que debes de ser todo un experto, pues hay muchas en tu familia"». Sus peleas fueron a más y su vida sexual disminuyó. Con la terapia, ella supo que su marido también sufría TOC, lo cual explicaba por qué había tolerado su trastorno de acumulación compulsiva durante todos estos años.

Pero fueron como dos cómplices en este absurdo ritual de recoger basura inútil, pues no había ningún golpe de realidad y todo terminó alcanzando un estado crítico de lo más trágico y absurdo. Cuando venían de visita viejas amistades de otras ciudades, no podían invitarlos a entrar a su casa, así que se quedaban todos en el patio charlando. Cuando unos amigos de Canadá los llamaron para decirles que iban a la ciudad, Karen y su marido acordaron verlos en casa de la madre de ella. Aun así, a Karen le aterraba que pudieran aparecer de forma inesperada en su puerta. «Me sentí obligada a aparcar los coches a varias manzanas de nuestra casa para que pensaran que no estábamos en casa. Nos acostamos nada más anochecer para que no vieran las luces y se pasaran por nuestra casa».

El marido de Barbara se mostraba cariñoso y comprensivo con sus compulsiones de verificación, aunque le costaba entenderlas. Pero cuando ella llegó a casa y le anunció que tenía la terrible sensación de que había atropellado a alguien esa mañana de camino al trabajo, él perdió la paciencia. «Eso supuso la gota que colmó el vaso para él», cuenta ella. «Era demasiado absurdo y estrambótico, demasiado alejado de la realidad. Supuso una conmoción para él, le saturó». Aunque ella entendía que no había sido más que otro pequeño engaño de su TOC, él no. «Habrías oído algún golpe si hubieses atropellado a alguien con el coche. Habrías visto un cuerpo en la calle». Ella se quedó asombrada ante su reacción: «Yo sabía que era la misma cosa, lo que fuera que me estuviera pasando». Poco después, Barbara leyó un artículo en el periódico que hablaba de una persona con un TOC grave que tenía los mismos síntomas que ella. Barbara supo por fin qué era lo que tenía.

Mientras Barbara avanzaba en su terapia autodirigida, su marido desempeñó bien su papel. Se negó a verificar las cosas por ella a menos que la viera completamente agotada. Después, empezó a hacer bromas al respecto y le decía: «¡Verifica!». En realidad, esto es una especie de Reetiquetado. «Sabe que no puede curarme, que tengo que hacerlo yo sola. Así que nunca se ha implicado demasiado. Es una persona tremendamente tolerante, equilibrada y normal. Si me hubiese casado con alguien como yo, con todo tipo de problemas de familia disfuncional, habría sido un desastre. Él ha tenido que lidiar con otros problemas, no solo con el TOC. Yo era alcohólica y tuve que salir de eso. Tenía problemas de autoestima paralizantes. Traía mucho bagaje antes del TOC». Entre ese bagaje estaba una madre con un TOC suave que solía pedir a su hija que volviera a entrar en la casa para verificar que la cocina estaba apagada antes de salir. «Yo ni siquiera entraba en la cocina. Volvía y le decía: "Sí, mamá, está apagada"». Lo irónico es que años después era Barbara la que le pedía a su marido que volviera a entrar para ver si estaba apagada la cocina.

En la actualidad, el TOC de Barbara es muy moderado y lo tiene controlado. Pero en su peor momento, su marido estuvo a su lado. «Podía desahogarme con él y se limitaba a sentarse conmigo pacientemente y hablar hasta que me sentía mejor». Sí que se quejó en ocasiones. «Sabes que no estás conectada con el mundo. Estás dentro de una crisálida. No tienes relación con el mundo ni con otras personas. No te importa vivir en medio de un vacío». Lo cierto es que, a veces, ella se quedaba tumbada en la cama los fines de semana. Algunas veces, él entraba y se quedaba con ella. Otras, no. Desde entonces, Barbara ha tenido un bebé y ha dejado su trabajo. Ahora que ha empezado a sentirse menos estresada está retomando el contacto social y muestra mucho más interés por el mundo exterior.

La regla de los quince minutos resulta muy útil para la mejora de la comunicación entre los familiares y la persona que sufre TOC. Si los miembros de la familia pueden actuar de modo terapéutico y alentar a esa persona diciendo: «Vamos a esperar otros quince minutos. No voy a hacer esto por ti ahora, pero sí dentro de quince minutos. Sé que tu TOC te está molestando ahora, pero vamos a esperar quince minutos a ver qué pasa», la persona que sufre el TOC podrá reevaluar la situación al final de ese rato. De nuevo, esta intervención se debe realizar con buena disposición o terminará empeorando las cosas.

NO PRESIONES, NO METAS PRISA

Como cuentan con años de experiencia, a las personas con TOC se les da bien ocultar su enfermedad cuando es por su propio bien. Varias personas nos han contado que, durante muchos meses de relaciones íntimas, no veían motivos para sospechar que sus parejas sufrieran un trastorno mental. Podían ver conductas extrañas sin importancia que no merecían mayor atención o que se podían justificar. La exnovia de Domingo, Kathy, nos contó que, al comienzo de su relación, Domingo tuvo un mal día con su TOC. Ella no sabía casi nada sobre su trastorno ni tampoco tenía ni idea de qué hacer. «Fue como "ay, Dios, ay, Dios" y yo no sabía qué palabras mágicas podía decirle para sacarle de ahí, así que le empecé a decir lo que no debía, todo lo que le podía enfadar». A veces, Domingo le quitaba hierro al asunto y le decía: «¿Por qué no te desnudas y te colocas delante de mí, para que así mi mente piense en otra cosa?». Según Kathy, cuando el TOC de Domingo se ponía así de mal, ella estaba dispuesta a probar lo que fuera con tal de ayudarle, pero «solo una bomba que explotara a su lado le podría servir de ayuda».

Kathy se reía al contarlo: «Lo más gracioso es que nuestro perro tiene los mismos comportamientos de ansiedad. ¿Sabes eso que dicen de que los animales se contagian de tu personalidad? Resulta raro. El perro es muy pegajoso. Tiene que estar con nosotros todo el tiempo. Hemos creado un monstruo. Si nos vamos y él tiene que quedarse en casa, empieza a respirar raro, a lamerlo todo y se le pone cara de bobo. Me recuerda a las sensaciones de ansiedad de Domingo. Yo les digo: "Los dos sois exactamente iguales"». Sin embargo, no existen pruebas clínicas que demuestren que los perros de personas con TOC desarrollen un TOC.

Las mudanzas pueden resultar traumáticas para las personas con TOC, igual que cualquier cambio en sus rutinas. Con frecuencia, se resisten a la idea de viajar, sobre todo, cuando tienen obsesiones con la contaminación. Viajar implica usar baños públicos y dormir en camas donde se han acostado desconocidos. Domingo se compró una bicicleta de montaña de quinientos dólares y la arregló para dejarla como él la quería, pero cuando Kathy le propuso que salieran a pasar el día en la montaña, prácticamente tuvo que arrastrarlos a él y a la bici fuera de casa. Según recordaba él, «tenía miedo de que la bicicleta pudiera arañarse». «Pero lo más curioso es que cuando llegué a las montañas, de repente, ya no era mi bicicleta y, así, pude disfrutar montando en ella. No me importaba si se arañaba o se rompía. El TOC es una cosa rara».

Aunque Domingo y Kathy vivían juntos como pareja, cada uno tenía su dormitorio. Ella solía burlarse de él y llamar al dormitorio de Domingo «el mausoleo», un espacio en el que guardaba su valiosa colección de objetos artísticos que tenía perfectamente colocados. Ella sabía bien que no debía tocar nada. «Si alguna vez limpio sus cosas, él se pone como loco. Tiene que ir a ver si he estropeado algo. Ni siquiera le hago la colada. Se me suele dar muy mal. Siempre termino manchando algo de lejía y eso también hace que se vuelva loco».

Kathy terminó dándose cuenta de que la resistencia de Domingo a los cambios o a las alteraciones en su vida tenía un lado positivo. Según nos contó, «si él no tuviera TOC, probablemente tendría diez novias». «Porque es, por naturaleza, muy promiscuo. Pero gracias al TOC, y esto es lo que me encanta, es fiel. Es latino, ¿sabes? Pero si quisiera engañarme tendría que decírmelo. Por esa cosa de la contaminación. Tendría que contármelo si hubiese tocado a otra persona». Domingo confirmó sus palabras: «Cuando me acostumbro a algo, o a alguien, mi ansiedad disminuye cada vez más. Con una persona nueva tengo que empezar desde el principio. Las personas que tenemos TOC somos distintas. Nos acostumbramos a cosas». Encuentran seguridad en lo que conocen.

Kathy venía a nuestro grupo de apoyo familiar, donde conoció a padres y familiares de otras personas con TOC. Muchos de ellos han sufrido un infierno por culpa del TOC y Kathy lo recuerda: «Muchos de ellos se preguntaban qué hacía yo con Domingo. No entendían por qué estaba con este hombre cuando tenía la posibilidad de no estarlo. No había nacido con él. No era su madre». La respuesta fue que, con TOC o sin él, ella apreciaba sus virtudes.

No es que no pasaran épocas malas. El instinto natural de Kathy le decía que se alejara, que se retirara, cuando veía que el TOC aparecía. «Era como "ay, Dios, tengo que salir de aquí. No puedo con esto. ¿Cómo voy a poder lidiar con esto el resto de mi vida?"». Pero cuando me preguntó cuál debía ser su rol, le dije que si decidía estar con Domingo, tenía que mostrar interés por su tratamiento e implicarse en él.

Cinco años después, Domingo y Kathy rompieron por razones que no están relacionadas con el TOC. Fue una época terrible para él y sufrió una recaída en el tratamiento. Según explicó: «Me acostumbro a las personas y a las cosas muy rápido. Si esa pauta se rompe, mi paz también. Entonces, tengo que esforzarme un poco para recuperar la paz». Recientemente se ha casado con una mujer a la que conoció después de la ruptura. Lo irónico es que se conocieron cuando él fue a una tienda de dietética a comprar el suplemento para ganar peso que Kathy le insistía en que tomara. La primera vez que su mujer le vio, según le contó después, notó en él algo «diferente» e «interesante». Él la invitó a cenar y le contó todo lo de su TOC. Ella nunca había oído hablar de ese trastorno y lo cierto es que no lo entendía, pero está aprendiendo. Domingo se apresuró a decirle: «Nunca me presiones, no me metas prisa o puede ser que me ponga agresivo. No me digas nunca que me dé prisa porque eso saca lo peor de mí. Me enfado mucho cuando los demás me dicen que me dé prisa porque no entienden lo que estoy sufriendo». ¿Por qué tarda tanto en hacer cosas sencillas como ponerse unos calcetines o darse una ducha? Domingo se pierde en sus rumias. Si se ve una mancha de kétchup en los pantalones puede obsesionarse con que es sangre o quedarse mirándola hasta que su mente entiende que no es más que kétchup.

El de «no me metas prisa» es un buen consejo para cualquiera que viva con una persona que esté enfrentándose a síntomas de un TOC.

JILL Y SUS HIJAS

Cuando Erica, la hija mayor de Jill, tenía once años, su mejor amiga murió en un accidente de tráfico. Jill se quedó destrozada. Las dos habían trabajado juntas en una inmobiliaria y, a menudo, habían compartido confidencias cuando salían a cenar después del trabajo, pero Jill no pudo ir a la morgue a identificar el cadáver de Marilyn ni tampoco asistió a su funeral. No podía. De haberlo hecho, todo su mundo se habría «contaminado».

Jill recuerda que el día que murió Marilyn, llegó a casa y vio que sus dos hijas —Erica y Tracy, de ocho años— estaban en la puerta esperándola. «Estaban llorando y yo también y abrieron los brazos

para abrazarme. Yo les dije: "No os acerquéis a mí. Estoy sucia"».
Entonces Jill se quitó la ropa allí mismo y entró a ducharse.

No salió de casa en varias semanas. «No podía ir a ningún sitio donde Marilyn y yo hubiéramos estado juntas. Era por lo de la contaminación». Durante más de veinticinco años, desde que era adolescente y tuvo que ir al funeral del mejor amigo de su novio, Jill había sufrido un miedo a la contaminación vinculado a la muerte y a la agonía. Aunque tardaron años en diagnosticarla, sufría un caso grave de TOC.

El día del funeral de Marilyn, ocurrió lo inimaginable: conscientes de que Jill estaba destrozada por la pérdida, varios amigos se pasaron por su casa para llevarle una cesta de frutas. Cuando Jill se asomó a la ventana y los vio allí, les dijo a Erica y a Tracy que no abrieran la puerta. Eran las mismas personas que habían identificado el cadáver de Marilyn en la oficina del forense. Estaban contaminadas. La cesta de frutas estaba contaminada. Jill, sus hijas y su casa se contaminarían si los dejaba pasar.

«Fue terrible», cuenta Jill. «Lo único que pude hacer fue quedarme allí y decir: "¡No puedo cogerla, no puedo, no puedo!"». Pero quería hacerlo, así que al final le dije a Erica que abriera la puerta, que cogiera la cesta, la llevara al baño y se metiera en la bañera. Mis amigos se marcharon y ahí estaba Erica, de pie dentro de la bañera, con la cesta de frutas en las manos. Yo no sabía qué hacer. Estaba contaminada y la cesta también».

Fue Erica la que la devolvió a la realidad cuando le gritó: «¡Mamá, no puedes tirar a Marilyn por el desagüe!».

Jill le dijo a Erica que dejara la cesta encima del frigorífico, donde pudiera verla pero no tocarla, y que, después, se diera una ducha. La cesta se quedó encima del frigorífico mucho tiempo y, después, Jill la tiró. Pero el recuerdo de aquel día ha seguido en las mentes de Erica y Tracy.

Tracy escuchó hace poco a Jill contar esa historia. Ahora tiene veintidós años y hasta hace pocos años no ha sido capaz de soltar la rabia que sentía hacia su madre por lo que les hizo a ella y a su hermana cuando eran niñas: aquellos rituales de limpieza tan estrambóticos; las mudanzas de una ciudad a otra, de un estado a otro, en busca de un lugar que no estuviera «sucio»; y la vergüenza de tratar de explicar a sus amigos por qué nunca podían entrar en su casa.

Jill se casó cuando solo tenía dieciocho años; a los veinte, ya tenía dos bebés. Varios años después, ella y su marido se divorciaron. El estrés fue en aumento. Ahora era una madre soltera que trataba de mantener su trabajo y que estaba enferma. No sabía qué enfermedad tenía, pero sí que no era normal. Sabía que no era normal hablar con sus parientes a través de una puerta cerrada ni prohibir a sus hijas que besaran a su abuelo porque era carnicero y había tocado sangre. Triste y deprimida, pasó varios meses sin salir de casa salvo para ir a la compra o llevar a las chicas en el coche a donde fuera.

Durante dieciséis años, cortó todo tipo de contacto con su madre, su padre, su hermano y su hermana. Estaban contaminados y ni siquiera podía hablar con ellos por teléfono. Jill, Erica y Tracy se mudaron en repetidas ocasiones porque barrios y ciudades enteras estaban contaminados.

Tracy es capaz de reírse ahora mientras recuerda: «Siempre teníamos que buscar un apartamento de dos roperos». Dejar un ropero como el «sucio» era la forma con la que Jill se enfrentaba al hecho de que sus hijas tuvieran que ir al colegio, donde podían contaminarse. Diseñó una rutina para mantenerlas «limpias» a ellas y a la casa: cuando las niñas llegaban a casa del colegio, Jill abría la puerta para que entraran. No les permitía que tocaran el pomo. A continuación, atravesaban de puntillas la casa hasta el «ropero sucio», donde se desnudaban y dejaban sus mochilas con los libros. Después, pasaban de puntillas hasta el baño para ducharse. Si tenían deberes, la rutina se complicaba un poco. Tenían que sentarse en el ropero con la puerta abierta mientras hacían los deberes. Después, podían ducharse. Jill, claro está, nunca se acercaba al «ropero sucio». Tracy recuerda que, si ella o su hermana tenían que ir al baño mientras hacían los deberes, tenían que ducharse antes —para que el baño siguiera limpio—, volver al ropero para terminar sus tareas y, después, ducharse otra vez.

Erica y Tracy asistían a un colegio privado y perdieron todo un año escolar cuando la situación económica de la familia se complicó. Jill siempre estaba sumida en un círculo vicioso. «Cuando me ponía muy mal, no podía trabajar porque me pasaba todo el tiempo limpiando. Tuvimos que mudarnos muchas veces porque no podíamos pagar el alquiler».

Cuando eran muy pequeñas, las niñas creían: «Ah, bueno, esto es lo que hace todo el mundo». Pero más tarde lo empezaron a pasar mal cuando tuvieron que explicar a sus amigos el peculiar comportamiento de su madre. Sin duda, a sus amigos les parecía raro que no los invitaran a su casa. «Mi madre nos daba excusas para que se las dijéramos a los demás. A mí me molestaba mucho lo de mis amigos. "¿Cómo es que tu madre no puede llevarnos a todos esta noche a la pista de patinaje?"». Tracy murmuraba algo así como «pues es que no puede».

Cuando Tracy estaba en tercer curso, todo su colegio se «contaminó». Si ella o su hermana tenían que ir al despacho del director, era una especie de doble contaminación. «Recuerdo una ocasión en la que yo sabía que iba a tener que entrar a ver al director. Era un colegio católico y yo era muy religiosa en aquella época. Y me puse a rezar a Dios para que no me llamaran para ir al despacho porque sabía que, después, tendría que sufrir todo ese sinsentido adicional». Una excursión al despacho del director significaba dos o cuatro duchas cuando volvieran a casa, siempre un número par.

Tracy empezó a mentir. Cuando Jill la interrogaba, decía que no había estado en el despacho del director cuando sí había ido. A veces, sacaba un libro de texto del «ropero sucio» y se lo llevaba al dormitorio para estudiar.

Cuando Jill descubrió que sus hijas le mentían, la «invadió la rabia». «Ahora, todo estaba sucio porque no tenía ni idea de dónde habían estado en realidad ni qué habían tocado tras estar allí. Empecé a sentir picores por todo el cuerpo y a hiperventilar». Cuando Tracy estaba en noveno curso, rompió su silencio y le habló a su mejor amiga de las cosas raras que hacía su madre. «Para mí fue un gran avance poder hablar por fin con alguien». Su amiga se lo contó a las demás chicas, claro. Poco después, las niñas del colegio empezaron a burlarse: «Eh, me parece guay. ¿Puedo ir a tu casa y meterme en el ropero contigo?». A Tracy no le parecía gracioso.

Las niñas odiaban el TOC de su madre, pero aprendieron a usarlo en su provecho. Según cuenta Tracy: «Erica y yo le decíamos: "Si no vas a dejar que vengan nuestras amigas, vas a tener que darnos dinero para salir"». No tenían permitido ganar algo de dinero haciendo de canguros porque el niño o su familia podrían estar contaminados. Aunque a Jill le costaba mantener las cuentas de la familia a flote, les daba lo que querían.

Por supuesto, la obsesión de Jill por la contaminación carecía de lógica y esto resultaba de lo más confuso para las niñas. Tracy lo recuerda así: «Erica y yo solíamos pasar mucho tiempo preguntándole: "¿Cómo es que esto está ahora sucio y antes no?"». Si llamaba por teléfono alguna persona «contaminada», Jill pasaba horas frotando la pared de al lado del teléfono mientras los platos sucios se amontonaban en el fregadero. «Eso era lo que enfadaba mucho a mis hijas. A veces, incluso me quitaba antes toda la ropa para no tener que lavarla. Ellas llegaban a casa y me encontraban allí, desnuda, con una toallita de papel y un bote de alcohol de fricción. Era de lo más raro. Me decían: "Mamá, eres una alcohólica". Y, por supuesto, ver que se enfadaban me hacía enfadar a mí. Es terrible que tus hijas sientan vergüenza por ti».

«La odiaba —dice Tracy—. Le decía todo el tiempo: "Te odio. Te odio por obligarme a hacer esto". El TOC afectaba a todos los aspectos de mi vida: tener que mentir a los demás, el conflicto que sentía en mi interior. Cuando ella me obligaba a ducharme cuatro veces, yo me decía: "Voy a hacerlo porque la quiero".

Y después, la odiaba. Sigo sintiendo lo mismo ahora. Le he llegado a pegar de tanto que me he enfadado. Y la quiero. No quiero pegar a mi madre».

Una vez, por diversión, Tracy y una amiga decidieron ir una noche a un cementerio. Cuando Jill le preguntó dónde habían estado, como siempre hacía, Tracy le contó la verdad. Durante varias semanas Jill no se lo podía sacar de la cabeza: cementerio-muerte-contaminación. Cuando, más tarde, la amiga de Tracy fue de visita mientras Jill estaba fuera, sabía que tendría que mentir al respecto. No habría suficiente alcohol en el mundo para que la casa volviera a estar limpia. Y así era, según cuenta Tracy: «Íbamos a la ciudad a comprar, literalmente, montones de cajas de alcohol. Tres, cuatro, cinco cajas. En aquella época, lo único que ella hacía era limpiar».

La situación se había descontrolado y las niñas estaban hartas. Tracy tenía dieciséis años y la familia vivía en Carolina del Norte cuando llegó «el gran estallido». Erica se enfrentó a Jill y le dijo que ella y Tracy llevaban años mintiéndole, haciendo cosas que ella les había ordenado que no hicieran y no haciendo otras que les había dicho que sí. «Le dijimos que no íbamos a vivir así, que no íbamos a tener una vida así». Y se marcharon. Se fueron con las familias de sus compañeras de clase. Jill estaba destrozada. Sabía que no podía tenerlas con ella si iban a traicionarla, pero estaba demasiado enferma como para entender lo que les había hecho.

Erica, que tenía diecinueve años, no volvió. Tracy y ella alquilaron un apartamento, pero poco después, Tracy volvió a casa. «La echaba de menos. La quería. Me sentía mal por ella. Sabía que estaba pasándolo mal».

Por supuesto, el regreso desencadenó un enorme «alcoholamiento» de la casa, pues Tracy estaba entonces seriamente contaminada. Jill lo recuerda: «Terminé limpiando también al gato». Según Tracy «limpió incluso los libros, página a página, y los álbumes de fotos». «Mis diplomas del colegio se mancharon con el alcohol y tuve que tirarlos. Aquello me destrozó. Estaba muy enfadada con mi hermana por haber hecho que le contáramos todo a mi madre, porque ahora todo estaba destrozado y yo tenía que volver a recoger los pedazos». Jill, infeliz y deprimida, había estado pensando que quizá les iría mejor en Florida. Decidió ir hacia el sur a echar un vistazo. Pero, antes, había que empapar en alcohol todas sus posesiones para dejarlas almacenadas.

Eran las vacaciones de primavera y, mientras su madre estaba en Florida, Tracy pensó en ir a Montgomery, Alabama, a visitar a sus antiguos compañeros de colegio, pero sabía que, para su madre, Montgomery estaba «muy sucio». Así que le mintió. Le dijo que iba a visitar a otros amigos a Savannah, Georgia. Planearon reunirse en Florida. Pero Jill estaba recelosa y, de camino a Florida, llamó a los amigos de Tracy. Sus peores temores quedaron confirmados: al final, Tracy había ido a Montgomery. Jill se sintió «traicionada por segunda vez. Me entristecía que me mintieran así. Y yo seguía estando muy confundida con respecto a mi enfermedad». Tracy estaba ahora contaminada. Ya no podrían vivir juntas. «Mi madre ni siquiera podía hablar con Erica ni conmigo por teléfono», cuenta Tracy.

Al final, Jill y Tracy arreglaron un poco las cosas y durante un tiempo compartieron apartamento cerca del campus de la UCLA, donde estudia Tracy. Durante años, Erica y Jill se mantuvieron alejadas. A Erica le costaba perdonarla. Vive en otra parte del país y solo se han visto una vez en los últimos cinco años, pero sí han hablado por teléfono. Jill comprende que «ella siente todavía gran parte de la antigua hostilidad. Pero han arreglado las cosas». «Ya no me culpa por haberme llevado a la familia. Entender que sufro esta enfermedad ha quitado mucha presión. Me ha perdonado. Sabe que es una enfermedad, que no soy yo».

Aunque Jill y Tracy no han resuelto del todo sus problemas, están en ello. Cuando las compulsiones de Jill le afectan, Tracy se enfada. «No quiero ser un bicho raro». En el fondo, le asusta un poco que pueda tener tendencia al TOC. A la misma Tracy le cuesta un poco enfrentarse a la muerte y es tremendamente aprensiva con lo que come.

Jill ha compartido con Tracy lo que ha aprendido sobre el TOC y su tratamiento conmigo y con otros miembros de la terapia de grupo del TOC a la que asiste con regularidad. Hace poco, a Jill le pusieron una multa de tráfico y ha tenido que seguir un curso de autoescuela en su casa. Eso suponía un problema: no podía tocar el manual por una vieja obsesión relacionada con la contaminación de documentos oficiales que empezó en la época en que se divorció. —Cuando Erica cumplió dieciséis años y quiso obtener el permiso de conducir, tuvo que esperar tres años porque Jill no podía entrar en el departamento de vehículos a motor, un edificio oficial—. Así que Tracy le pasaba las páginas. Pero, al final, Tracy le dijo: «Ahora tienes que firmar». Y lo hizo. Y Tracy aprovechó para decirle: «Ya que lo has firmado, ¿quieres seguir adelante y probar a tocarlo?». Tracy, al ver que Jill estaba nerviosa como un flan, se quedó pensando y, después, le dijo a su madre: «Yo creo que estaría muy bien que lo tocaras. Y conseguirías hacerte con una gran estrella dorada». No resultó fácil, pero Jill acercó la mano y tocó el manual. «De repente, mis manos y brazos se llenaron de manchas rojas y sentí un picor entre los dedos, pero sabía que quería tocarlo. Tenía que hacerlo, por mi terapia conductual».

En la actualidad, las obsesiones y compulsiones de Jill están en gran parte controladas. Ya no «alcoholiza» la casa. La muerte de su madre hace dos años supuso un revés. Los miembros de su familia, que ya no estaban contaminados, de repente, volvían a estarlo.

Pero está trabajando en ese problema, poniendo en práctica su terapia cada día. «Ya sabes, siempre he tenido un instinto de supervivencia muy fuerte», dice Jill.

BRIAN Y SU MUJER

Durante la mayor parte de los catorce años de su matrimonio, Sara ha compartido el TOC de su marido, su macabro temor al ácido de las baterías y su necesidad compulsiva de limpiar las calles para evitar que se contaminen.

Sara no se calla nada cuando habla de su marido, su enfermedad y cómo prácticamente ha terminado destruyendo su matrimonio: «El TOC me ha destrozado la vida. Te roba al marido. Te roba a tu amante, a tu compañero, a tu amigo. Te roba el tiempo, el dinero y la energía. Se lleva todo lo que puede sin devolverte nada a cambio. Y jamás da las gracias».

Sara y Brian se conocieron en la oficina en la que trabajaban los dos y estuvieron saliendo durante seis años antes de casarse. Durante todo ese tiempo, ella no había visto ninguna señal de la enfermedad de él. Pero apenas llevaban unos meses casados cuando empezó a ver comportamientos extraños. «Me pedía que no caminara por determinados sitios, que no pasara con el coche por determinadas zonas y que no me pusiera cierto tipo de calzado», pero se convenció de que no eran más que pequeñas excentricidades de él.

Por supuesto, estaban las larguísimas duchas que Brian se daba, pero, de nuevo, ella lo «achacaba a que era un hombre muy limpio».

Luego, cuando llevaban alrededor de un año de casados, hubo un derrame de batería en el trabajo y, según recuerda Sara, «él se puso como loco» y le tuvieron que hospitalizar. Las puertas del infierno se acaban de abrir para los dos.

Una noche tras otra, Brian se quedaba tumbado en la cama, escuchando las sirenas por las que sabría que había habido un accidente cerca. Siempre estaba en alerta, listo para coger un cubo y bicarbonato sódico e ir con el coche hasta el lugar para empezar a limpiar.

A veces, según contaba Sara, su marido estaba en medio de una frase cuando oía aquellas sirenas y, sin más, daba un salto y desaparecía durante cinco horas, olvidándose incluso de cerrar la puerta debido a su estado de pánico.

La familia, en la que se incluye un hijo de él y otro de ella de anteriores matrimonios, estaba desmoronándose por culpa del TOC. «Mis hijos no sabían qué estaba pasando», dice Brian. «Lo único que sabían era que papá tenía un miedo mortal a las baterías y al ácido de las baterías y que no podía salir en público. Era terrible, en serio. Terrible. Si mi mujer hubiera podido abandonarme sin sentirse culpable, lo habría hecho. Yo no podía hacer nada. Solo quería esconderme bajo una roca».

Por supuesto, los niños no podían llevar a sus amigos a casa porque Brian no podía controlar por dónde podrían haber pasado esos amigos o por dónde podrían pasar con el coche. En una ocasión, llegaron a casa del colegio y le contaron a Sara: «Hoy hemos estado haciendo experimentos químicos y había ácido sulfúrico por todas partes». Ocultaron este secreto a Brian, conscientes de que él cogería a los chicos allí mismo y empezaría a fregarlos. Al recordarlo, Brian dice: «Mi hijo estaba deseando entrar en la Marina. Yo creo que solo deseaba alejarse de mí, alejarse del problema».

A medida que su TOC fue avanzando, Brian ya no podía seguir trabajando. «Era un caso perdido. Pensaba que tenía todo lleno de ácido y que no podía limpiarlo. Estaba en mi dormitorio, en las paredes. Un día, vino a casa un amigo de mi mujer y supe que había pasado por una calle donde acababa de ocurrir un accidente de tráfico. Ahora estaba en sus ruedas. Pasé toda la noche a cuatro patas limpiando las alfombras con bicarbonato sódico y agua. Después, alquilé una de esas aspiradoras y limpié sin parar».

«Llegué a un punto en que esta cosa se descontroló del todo», cuenta. Limpiaba las calles durante toda la noche, se despertaba agotado y, después, empezaba otra vez.

¿Estaba loco? ¿Era ella la que estaba loca? Sara estaba tan confundida en aquella época que no estaba segura.

Algunas noches, él se sentaba delante de la televisión a ver el programa de la noche y, después, otros programas nocturnos durante horas, con la esperanza de poder posponer de alguna forma el amanecer y que comenzara otro día de miedo y de limpieza.

Buscó ayuda psiquiátrica, pero le dieron toda una lista de diagnósticos erróneos, incluido el de esquizofrenia. Treinta días internado en un hospital psiquiátrico le sirvieron de poco, igual que otras dos semanas en un segundo hospital. «Nadie tenía ni idea» de lo que le pasaba, según cuenta. La solución que le dieron pareció ser «recetarme un montón de cosas para dormir».

No recuerda casi nada de los primeros cinco meses de 1985. «Sara me dijo más tarde que algunos conocidos nuestros habían muerto en esa época, mientras yo estaba tumbado en la cama sin más, completamente grogui. Sufrí tremendos episodios de depresión y lloraba sin parar porque me estaba volviendo loco».

Entonces, una noche dio la casualidad de que estaba viendo un programa de entrevistas en la televisión y pusieron un reportaje sobre personas con TOC. Sara lo recordaba así: «Me sentí muy aliviada al ver que aquello tenía un nombre». «Sonó una campanita», cuenta Brian. Ahora sabía qué era lo que tenía. El reportaje hablaba de un programa ambulatorio de la UCLA para pacientes con TOC y Brian llamó. Cuando dio conmigo, se sintió tan aliviado que se vino abajo y empezó a llorar.

Brian sufre un caso típico y grave de TOC y sus avances han tenido altibajos, dependiendo de la regularidad con la que ha tomado su medicación, con la que ha practicado los Cuatro Pasos de la terapia conductual y con la que ha asistido a las terapias de grupo del TOC.

Si se esfuerza, es capaz de mantener sus síntomas bajo control, pero no ha aprendido la lección más importante: solo con la vigilancia constante se vence al TOC. Hasta que llegue ese momento, sufrirá las consecuencias y Sara tendrá que sufrirlas con él. Cuando su TOC se agrava, cuenta Sara, es tan tremendo que «usa pañuelos de papel y bolsas de plástico para abrir las puertas». «Y no podemos ir a la iglesia porque hay allí un hombre que es dueño de una empresa de baterías». Mientras Brian toma Paxil en la dosis recetada, es capaz de mantener a raya la depresión y sus tendencias suicidas.

Cuando ella se ve capaz de afrontar las consecuencias, entre las que casi inevitablemente se incluyen brotes de rabia, Sara intenta obligarle a enfrentarse a la realidad, a que reconozca que lo que le está perturbando no es el ácido de las baterías, sino el TOC. A veces, él lo reconoce y, otras, no. La mayoría de las veces, no lo hace. Según Sara, «el TOC es un monstruo gigantesco que se queda sentado en el rincón». «Nos está comiendo vivos, pero se supone que no lo notamos».

El problema del ácido es, de por sí, bastaste duro de soportar. «Brian ha destrozado más cosas intentando evitar que se contaminen de ácido que si las hubiera rociado con ello a diario», dice Sara. Su camino de entrada y su césped están inundados de bicarbonato sódico y amoniaco. Limpia incluso por debajo de los arbustos. Los fregaderos tienen grietas por culpa del amoniaco y Sara dice que espera que las tuberías se terminen desintegrando y rompiéndose algún día.

«Gastamos entre trescientos y cuatrocientos dólares al mes en bicarbonato sódico y amoniaco. Es muy frustrante ver ese despilfarro. Nos ha estropeado la ropa, los zapatos y la moqueta». Brian vigila por dónde camina ella y, después, puede decidir sacar sus zapatos del armario para limpiarlos. Su par de zapatos favoritos de gamuza azul quedaron con un verde espantoso tras empaparlos de amoniaco.

El dinero desperdiciado es un dinero que no pueden permitirse. Brian era socio propietario de un concesionario de coches que cayó víctima de una expansión excesiva, de la recesión y del nuevo trazado de una autovía principal a principios de los años noventa. Fue un desastre económico que le dejó arruinado. Debido a su TOC, su rendimiento desde entonces ha sido pobre. Su actual negocio de vendedor implica que tenga que conducir mucho y no puede asistir a las citas con sus clientes si ve que va a tener que ir por calles donde podría haber manchas de ácido.

Aunque anda escaso de dinero, Brian se sigue sintiendo obligado a comprar cosas que no necesita. Tiene el armario lleno de trajes y corbatas que nunca se ha puesto. «No quiere que se contaminen», explica Sara. En una ocasión, ella fue a unos grandes almacenes a comprarle un regalo de cumpleaños e, indecisa, le pidió a la vendedora que le diera alguna idea. Cuando esta le sugirió una corbata, Sara se apresuró a decidirse por otra cosa. Cuando la vendedora estaba registrando la compra, vio el nombre de la tarjeta de crédito y dijo: «No, está claro que él no necesita una corbata». Le reconoció como el hombre que no paraba de comprar corbatas.

Brian compra martillos y otras herramientas por duplicado y, una vez, tuvo que alquilar un garaje para almacenar todas las cosas que estaba acumulando. «Podríamos haber enviado a su hijo a la universidad con el dinero que él ha invertido en esta enfermedad», cuenta Sara.

Compra sin parar y, luego, le invade un enorme sentimiento de culpa. Piensa que, como tiene TOC, debe privarse de todo. «Todo», dice Sara. «Champús, cortes de pelo…, pero luego se recompensa en el mismo grado en que se priva» y se repite el ciclo de compras y privaciones.

Pero el mayor peaje que ha pagado la familia ha sido el emocional. «Si estás enfermo del cuello para abajo, todos te ayudan», dice Sara. «Si lo estás del cuello para arriba, es una vergüenza. Una mujer se queda al lado de su marido que es enfermo terminal y es una santa. Pero a mí me dicen que tengo que estar "loca" por seguir con Brian. Yo les pregunto: "¿No debería ser buena con él si tuviese polio o una enfermedad del corazón?"».

En muchas ocasiones, enfadada y frustrada, ha pensado en marcharse. «He llegado a subirme en el coche y me he puesto a conducir hasta quedarme casi sin gasolina, sin saber adónde ir. Al final, me detenía y me preguntaba dónde estaba».

«Le he dicho que quiero el divorcio. Es entonces cuando empieza a tomarse las pastillas en grandes cantidades y llama al médico para empezar a asistir a la terapia». Pero solo hasta que la crisis marital se olvida.

Son muchas las razones por las que ella se ha quedado: tiene cincuenta y seis años y este es su tercer matrimonio; su primer marido era esquizofrénico; el segundo, alcohólico. Y está el asunto de la responsabilidad. «Él me necesita enormemente. Incluso lo poco sólido, si es constante, se vuelve seguro».

Sara sabe que cuando Brian vuelve a ser el mismo de antes, es un hombre bueno, cariñoso y encantador, el hombre con el que se casó, el que era antes de verse abrumado por esta enfermedad y que no es capaz de pensar en otra cosa que no sean sus propias necesidades.

Sara odia el papel que se ve obligada a representar en su matrimonio. «Me he convertido en la madre, el perro guardián, el crítico. Persigo, regaño, intento controlar, lloro, me harto. Luego, no hay nada más que apatía y tristeza. Qué desperdicio... de él, de mí, de tiempo, de dinero, de todo».

Sobre todo, está la espantosa soledad. «La mayor parte del tiempo estoy sola, esté Brian en casa o no. Él ya no piensa en mí. Siempre está sumido en sus pensamientos, siempre piensa en el ácido de las baterías. Nunca he experimentado una soledad como esta. Ni siquiera estando divorciada me he sentido así de sola».

La mayor parte del tiempo, ella está «contaminada», por lo que las relaciones íntimas entre ellos están descartadas. «Ni siquiera toca nada que haya tocado yo ni usa la misma toalla ni la misma taza». A este problema se le suma el hecho de que ella trabaje en un concesionario de automóviles. En la mente de Brian, eso solo significa una cosa: ácido de batería.

A veces, ella ha extendido los brazos para abrazarle y ha visto «verdadero terror» en su cara. O le ha agarrado del brazo y él «se aparta». Con el tiempo, Sara ha aprendido a reprimir sus sentimientos, a no iniciar ninguna muestra de cariño para no verse rechazada. «Ya no soy una igual, ya no soy femenina, ya no soy un objeto de amor».

«El TOC te aísla como ninguna otra enfermedad», dice Sara. «Trata de alejar a tus familiares y amigos. No podemos planear reuniones ni vacaciones. Controla por dónde conduces, caminas, compras, ves películas, cada aspecto de tu vida. No queda nada intacto».

Sara dice con una sonrisa: «Si no tuviese sentido del humor, habría acabado con mi vida, o con la suya».

Cuando él está realmente mal, que es cuando deja la medicación y la terapia conductual, a ella le preocupa que Brian sienta ganas de suicidarse. «No quiero volver a casa del trabajo y preguntarme si se habrá colgado en el garaje».

A veces, a Sara le cuesta mantener la cordura. Se sienta y recita tablas de multiplicación, solo para así concentrarse en algo aparte de la enfermedad de su marido. Durante tres años, ella acudió a terapia. Y ha empezado a practicar algunas aficiones como acto de venganza. «Hago manualidades hasta la extenuación».

Pero su verdadera fuerza procede de «una profunda y pertinaz fe religiosa» mezclada con una habilidad para aguantar la presión que aprendió cuando vivía con un alcohólico. «Revivo en mi cabeza los buenos momentos y los utilizo una y otra vez» para soportar los malos.

Aun así, tiene que tomar medicación para controlar sus palpitaciones cardiacas. Y se da atracones de comer. «Aún no he aprendido que la comida no cura nada». En una ocasión en la que Brian no estaba en la ciudad, pidió kilos de pasta en su restaurante italiano preferido al que no pueden ir porque está «contaminado» y, poco a poco, terminó comiéndosela toda.

Unos años atrás, Brian y Sara decidieron llevar a sus hijos a Hawái. «Las vacaciones con las que yo había soñado», dice Brian. «Creía que lo íbamos a pasar de maravilla». Pero al segundo día decidieron salir a una excursión de esnórquel. Quiso la suerte que el dueño del barco les pidiera a todos que se quitaran los zapatos antes de subir a bordo. A continuación, abrió un armario y metió los zapatos dentro. Brian se quedó helado al ver que había baterías dentro de ese compartimento.

«Todo lo que llevábamos puesto quedó contaminado y todo lo que compramos también», cuenta Sara. «Aquello echó por tierra todas las vacaciones».

«Viví prácticamente un infierno durante los cinco o seis días que estuvimos allí», recuerda Brian. «Ni siquiera volví a ponerme los zapatos al salir del barco. Los dejé allí. Pero me resultó imposible limpiar todos los sitios por donde mis hijos habían llevado sus zapatillas y tampoco se las iba a quitar para darles unas nuevas».

Durante mucho tiempo, Sara fue un gran apoyo para Brian. En su momento de mayor desesperación, él consideró la posibilidad de que le hicieran una cirugía cerebral, pero ella le quitó la idea de la cabeza. Cuando buscó ayuda en la UCLA, Sara ya había consultado a un abogado para divorciarse. «Le supliqué que lo hiciera», afirma Brian. «Le dije: "Cariño, no creo que vaya a mejorar y no puedo permitir que tengas que soportar esto el resto de tu vida. Sal y busca a otro. Vamos a acabar con esto"».

No lo hizo. En primer lugar, porque no creía que él pudiera conseguirlo por sí solo. Y tenía la constante preocupación de que Brian acabara con su vida. «Había comprado ese libro que habla de cuatrocientas cincuenta formas de matarte. Había aprendido cómo cortarte las venas y muchas otras cosas de todo tipo. Nunca lo intenté, pero, sin duda, sí que lo pensé. Recuerdo que le dije al médico de la UCLA: "¿Sabe cómo estoy hoy de mal? Estoy tan mal que no hay ni una persona en ninguna de las camas del pabellón de oncología con la que no me cambiaría"».

Sara habla de lo agotada y sola que se siente. A veces, está tan cansada de enfrentarse al TOC de su marido que se da por vencida, aunque sabe que así no va a ayudarle a mejorar.

«He intentado no dejarme embaucar por su enfermedad, no ser codependiente ni propiciadora. Pero hay épocas en que la casa se convierte en un verdadero campo de batalla. No hay paz. Así que, si cree que hay ácido de batería en una calle determinada, acepto no pasar por ella con el coche para que pueda estar tranquilo. Voy por la vida de puntillas, intentando que todo esté tranquilo». Cuando él se siente con suficiente fortaleza, ella fuerza la situación y le obliga a enfrentarse a su enfermedad. Y él vuelve a la terapia conductual y a tomarse su medicación. En esos momentos, la situación mejora notablemente.

«Él está solo en esto y yo también lo estoy», dice Sara que es lo peor. Son raras las ocasiones en las que él se sincera hablando de lo que le perturba, que no es el ácido de batería, sino el TOC, pero en esas ocasiones ella siente mucho consuelo. «La bestia nos engulle a los dos y ambos fingimos que no nos afecta», la mayor parte del tiempo.

Sara desea oír a Brian decir: «Eres estupenda por quedarte conmigo», pero nunca lo hace. Ella no cree que su marido entienda lo que le está haciendo pasar. Al fin y al cabo, es él quien se levanta por las noches a limpiar las calles, no ella. Los amigos de Sara le dicen que tiene que ir a que le examinen la cabeza. Pero ella no soporta pensar «cómo estaría él y cómo viviría sin mí». Así que se queda a su lado.

Como él sabe en qué puede ayudar, ella mantiene la esperanza de que, antes o después, Brian decida vencer su enfermedad porque es su deber, por él mismo y por los suyos. Mientras tanto, dice Sara: «Brian está desperdiciando su vida y yo la mía mientras veo cómo lo hace. Quiero que vuelva a estar conmigo. Quiero que estemos juntos en esto. Estoy segura de que se siente solo, igual que yo».

No es fácil saber por qué Brian sigue soportando épocas tan largas de no cumplir con la medicación ni con la terapia conductual cuando es evidente para todos, él incluido, que muestra una clara y continuada mejoría cuando sí cumple. Desde un punto de vista de la psicoterapia clásica, está claro que tiene «conflictos emocionales» con respecto a su mejoría, pero no ha sido fácil llegar hasta el fondo de lo que son. La pauta de su colaboración con el plan de tratamiento da ciertas esperanzas de que los periodos de remisión son algo más largos, pero todo sigue siendo demasiado voluble.

La moraleja de esta historia es que no todos aprovechan en la misma medida la oportunidad de poder mejorar. Algunas personas parecen aferrarse a su sufrimiento más que otras. Nosotros esperamos que por fin Brian se decida y siga el tratamiento combinado de medicación y terapia conductual que ha demostrado ser efectivo con él.

JOEL Y SUS PADRES

Steven y Carol, ambos docentes, complacían al principio a su hijo de catorce años, Joel, en su recién adquirido interés en suscribirse a periódicos de distintas ciudades.

Lo que no sabían era que Joel no tenía un interés intelectual en esos periódicos. De hecho, ni siquiera los leía. Los acumulaba. Montones de periódicos se iban acumulando en su habitación. «Corríamos un verdadero peligro de incendio», dice Joel.

«Si entrabas en su habitación sentías en la cara el bofetón de ese tremendo olor tan intenso. Y, de repente, caías en la cuenta de que era el papel», recuerda Carol. Carol y Steven hicieron lo que era más lógico: sacaron al patio los periódicos, que para entonces llegaban a media tonelada, y le pidieron a Joel que separara los que quería conservar. Carol cuenta que empezó a elegirlos, pero, entonces, «le dio una especie de crisis nerviosa. No podía hacerlo». Aunque nunca leía esos periódicos, estaba obsesionado con la idea de que «tenía que guardar esa información». Durante mucho tiempo, Joel fue capaz de justificar que su «hábito de coleccionar» tenía sentido.

A sus padres les parecía un poco raro. No había modo de que supieran que, en realidad, se trataba de la primera fase de un TOC de acumulación compulsiva que terminaría descontrolándose por completo. Carol cuenta que enseguida «empezamos a encontrar viejos envases de comida. Estaba guardando cosas como los envoltorios del McDonald's. Yo rebuscaba y los encontraba por toda la casa. Al principio, pensó Steven: «Vale, está haciendo una colección» y le dejó que guardara una muestra de cada. Pero, al poco tiempo, Joel empezó a recorrer su callejón, rebuscando entre los cubos de basura de otras personas por si encontraba envoltorios de comida. Y luego, empezó a acumular folletos de propaganda. Carol tenía que llevar toda la propaganda al colegio en cuanto entraba en la casa para dejarla allí.

Evidentemente, Carol y Steven empezaron a notar una preocupante pauta en el comportamiento de su hijo, pero les desconcertaba completamente qué es lo que podía estar pasando dentro de su cabeza. Recuerdan ahora un episodio de varios años atrás que, al principio, les pareció inofensivo: Joel había empezado, de repente, a mostrar interés por grabar cintas de vídeo. Pero no se trataba de una experimentación típica de un adolescente. Enseguida empezó a grabar de forma compulsiva e indiscriminada; la cámara estaba encendida todo el día. Por supuesto, nunca reproducía ninguna de las cintas. La grabación en sí se había convertido en una actividad a la que dedicaba todo su tiempo.

Joel explicaba su acumulación compulsiva diciendo que le interesaba el reciclaje, pero Carol se dio cuenta de que «en realidad, no reciclaba nada». Simplemente, lo guardaba todo.

Para alivio de los padres, la obsesión de la acumulación empezó por fin a remitir. Joel no se deshizo de las montañas de basura de su habitación, pues estaba demasiado enfermo para enfrentarse a ello, pero dejó de traer más. Carol y Steven pensaron que «quizá solo había sido un problema de la adolescencia». Consultaron a un psiquiatra que les sugirió que las presiones y la rabia propias de la juventud pueden provocar que los adolescentes hagan todo tipo de cosas raras.

La vida pareció fluir con bastante normalidad durante unos años y, entonces, el día del dieciséis cumpleaños de Joel, Carol y Steven le llevaron a cenar a su restaurante favorito. Pero Joel no podía comer. Pidieron cambiar a otra mesa, pensando que eso ayudaría, pero Joel solo pudo comer unas cuantas cucharadas.

Joel les explicó que llevaba un tiempo pensando en pasarse a una dieta vegetariana orgánica y ahora, de repente, se sentía confundido y apartaba la comida. Como muchos jóvenes, mostraba interés y preocupación por el medioambiente y eso hacía que no quisiera ver que se mataban animales para comer su carne. Carol y Steven le entendieron; no pusieron objeción y, de hecho, trataron de incorporar a su rutina tanto como les fue posible las nuevas preferencias de su hijo para la dieta. En esta etapa, Joel seguía bebiendo leche y comía carne de vez en cuando si otra persona la había preparado.

Sin embargo, pronto empezó a mostrar señales de excesiva preocupación porque las cosas estuviesen «sucias». Empezó a lavarse las manos de forma repetida, utilizando enormes cantidades de agua, y a darse largas duchas. Carol y Steven empezaron a sospechar que se trataba de algo más que de conciencia ecológica lo que había tras los hábitos de comida cada vez más rígidos de Joel. Más tarde, entenderían que había empezado a identificar lo «no orgánico» con «sucio». Había empezado a dedicar horas a revisar las verduras en las tiendas de dietética saludable. En una ocasión, llevó a casa las verduras y pasó horas lavándolas. Incluso después de quedar blandas y empapadas, no siempre llegaba a creerse que estaban lo suficientemente limpias como para comerlas. «No solo era lo de ser vegetariano, lo cual podía comprender, sino el examen minucioso de cada posible contaminante, aquellas largas y angustiosas sesiones», recuerda Steven. Joel estaba dando un estirón y estaba bastante delgado para su altura y sus padres empezaron a preocuparse por que estuviese empezando a estar desnutrido.

En esta época, el lavado compulsivo se empezó a descontrolar. Aunque siempre había sido extremadamente puntual, ahora Joel no podía llegar a tiempo al colegio. Siempre que iba a salir de casa, recuerda Steven, «tenía que someterse a sesiones cada vez más largas de higiene». «Se volvieron cada vez más largas e intensas. No podía darles explicación, aparte de decir que tenía que hacerlo. Yo no sabía qué hacer. Gritar no había servido de nada, claro. Eso le habría vuelto más ansioso y quizá le habría hecho empeorar. En una o dos ocasiones pensé: "Bueno, quizá pueda sacarle de esto si cierro la llave de paso principal y corto el agua". Aquello provocó una espantosa consternación y, al final, no solucionó nada, pues las cosas empeoraron tanto que Joel no podía salir si no se podía lavar, así que se volvió un círculo vicioso. Al final, claro está, me di cuenta de que eso no estaba sirviendo de nada. Y no solo eso, sino que tampoco podía hacerlo más de una o dos veces sin estropear las cañerías. Sé que, si estás abriendo y cerrando continuamente la llave de paso, puedes buscarte un problema. Así que lo dejé».

Ahora, Carol y Steven sabían que lo que fuera que se había adueñado del control de su hijo era más fuerte que ellos.

La vida de todos ellos se estaba poniendo del revés. Como Joel no podía secarse las manos con toallas que pudieran haber usado otros, se acostumbró a agitar las manos sin más y dejar que el agua salpicara en el suelo. Dejaba que el lavabo se llenara tanto de agua al lavarse que terminaba rebosando. Tanto Carol como Steven se resbalaban con el suelo mojado y se caían. Tuvieron que comprar grandes fregonas para evitar un diluvio. Las manos de Joel se le estaban quedando en carne viva y enrojeciendo. Al recordarlo, describen la vida en casa durante aquella época como «un concurso de resistencia». Joel no podía precisar aquella «contaminación». No era exactamente un miedo a los gérmenes, sino una sensación de que «todo se iba llenando de asquerosidad. Una cosa entraba en contacto con otra y esta con otra más».

No podía sentarse a comer sin antes dar un salto para ir a lavar hasta dos veces su plato y sus cubiertos. Carol y Steven vaciaron los armarios de la cocina, los revistieron y lavaron todos los platos en el lavavajillas antes de volver a colocarlos. Aquello resultó un esfuerzo en vano porque Joel seguía sin estar convencido de que las cosas estuvieran limpias.

Poco después, empezó a evitar ir al baño para así no tener que lavarse las manos después. En el colegio: «No iba nunca al baño porque no quería que los demás me vieran lavarme las manos una y otra vez. Por supuesto, debían de saber que algo me pasaba porque yo llegaba a clase con diez, veinte o treinta minutos de retraso y las manos blancas por el jabón».

Para entonces, Joel ya lavaba también su ropa de forma compulsiva. Según Carol, «dedicaba siete u ocho horas a lavarla y, luego, tenía que limpiar la secadora antes de meter la ropa». Ella ya no se fiaba de estar lavando bien la ropa de Joel. Él sacaba cada prenda de la secadora por separado —con una mano— y salía corriendo escaleras arriba hasta su habitación, con el brazo donde llevaba la ropa extendido, como si estuviese a punto de explotar y sin tocar nada durante el trayecto. Había racionamiento de agua en el reseco sur de California y la familia estaba excediendo en mucho su cuota y los iban a multar. Steven instaló grifos y cabezales de ducha especiales para ahorrar agua, pero fue inútil. Joel, que antes de su enfermedad había estado concienciado con el problema de la sequía, dejaba correr más el agua. Carol y Steven hacían pequeñas bromas sobre Howard Hughes, pero fue en vano. Joel gastaba montones de toallas y enormes cantidades de jabón de origen no animal. «Empezábamos a vivir con miedo de que nos cortaran el agua», dice Carol. Desesperado, Steven improvisó un candado para la lavadora. Joel lo rompió. A veces, se quedaba junto a la lavadora y movía compulsivamente los mandos durante horas. En una ocasión en que perdió la paciencia, Steven le dio una bofetada, con la esperanza de hacerle volver a la realidad. Pero, en el fondo, sabía que eso no serviría de nada. Steven trató de quitar las toallas que Joel había puesto en el suelo para absorber el agua que rebosara del lavabo cuando se lavaba. Joel entró en pánico y empezó a tirar al suelo sillas y mesas.

Joel había estado viendo a un psiquiatra que le dijo a Carol y a Steven que, si la situación se descontrolaba del todo, quizá tendrían que llamar a la policía. Suponían que había llegado ese momento y llamaron a emergencias. Joel reaccionó dando un golpe a

Carol cuando intentaba arrancar el teléfono de la pared y salir corriendo. Se había ido cuando la policía llegó.

Era evidente que habían llegado a un punto crítico. Para entonces, Joel ya no podía tocar nada después de lavarse una y otra vez las manos. Empezó a usar la rodilla para cambiar el canal de la televisión y también para abrir la puerta de casa cuando salía para el colegio. Mientras que antes se había dedicado a acumular periódicos, ahora no podía leer ninguno porque no podía soportar sentir el papel en las manos.

Joel había abandonado todas sus aficiones, incluida la de radioficionado y la jardinería, para concentrarse en sus compulsiones. Resulta irónico que mientras dedicaba toda esta energía a mantenerse limpio a sí mismo y a su comida, su habitación se iba convirtiendo en una zona desastrosa debido a su incapacidad para tocar nada «sucio». Los periódicos se amontonaban en el patio de atrás, intactos, pero si alguien proponía tirarlos, Joel entraba en pánico y empezaba a gritar. Ya eran pocas veces las que sonreía o se comunicaba con sus padres, salvo de una forma combativa y agresiva. Había empezado a ser consciente de que estaba perdiendo el control de su vida, que estaba descuidando sus tareas escolares —siempre había sido un estudiante brillante— y lloraba con frecuencia, retorciéndose las manos con frustración. Estaba en el último curso del instituto, pero mostraba poco interés por las actividades de los más adultos y ni siquiera abrió las solicitudes para la universidad. Podía pasar todo un día haciendo la colada y lavándose.

Los temores de Joel hacia la comida fueron en aumento. Todavía podía beber leche, pero solo de una marca. Sus lavados compulsivos no le dejaban tiempo para el desayuno o la comida. Insistía en prepararse su propia cena vegetariana, pero era un proceso largo y desordenado porque ahora solo usaba una mano, aun después de haberse lavado las dos en repetidas ocasiones. Las ensaladas estaban descartadas, pues no podía lavar lo suficiente las verduras. Tenía la piel cada vez más irritada, pero cuando

Carol y Steven trataron de acabar con el problema de los lavados negándose a comprar más jabón especial para él, Joel empezó a usar el champú para lavarse. Pasaba gran parte de su tiempo de pie con los brazos cruzados y las manos apretadas, sin hacer nada, evitando tocar nada. Aunque antes le gustaba ir en su bici a la tienda de dietética, ahora tenían que llevarle en coche. Un día, Carol y Steven llegaron a casa y vieron que Joel estaba de pie y a oscuras, con las manos apretadas, sin atreverse a tocar el interruptor de la luz. Tenía los zapatos destrozados, pero se negaba a ponerse unos nuevos. Los zapatos nuevos serían rígidos y estarían sucios y tendría que tocarlos para ponérselos en lugar de meter los pies en ellos sin más.

Carol y Steven intentaban que Joel les hablara de sus angustias, pero o se quedaba en silencio o cambiaba de conversación. Solo era posible hablar con él de temas triviales.

Inevitablemente, todo este torbellino empezó a reflejarse en una caída en picado en sus calificaciones. Mientras que antes Joel había sido un chico tremendamente organizado y hacía sus deberes con meticulosidad, sus trabajos y redacciones eran ahora esfuerzos de última hora que tecleaba en el ordenador sin dedicarle mucha concentración ni investigación. —Todavía podía tocar el teclado y el ratón—. Rara vez podía concentrarse lo suficiente para estudiar para los exámenes. Por suerte, había solicitado el ingreso en varios campus de la Universidad de California antes de que el TOC le incapacitara y recibió varias cartas de aceptación. Carol y Steven le instaron a leer todas las cartas pensando que eso le levantaría el ánimo, pero mostró poco interés. Al final, tras una breve visita a varios campus, se decidió —sin mucho entusiasmo— por San Diego. Con sus deslucidas notas de último año, sus padres temían que la Universidad de California en San Diego pudiera retirar su oferta o que, en el último minuto, Joel decidiera quedarse en casa y no hacer nada.

Carol, Steven y Joel rara vez se sentaban juntos a comer en familia. Era demasiado estresante. Si alguno de los padres preparaba la comida en presencia de Joel, había una larga batalla sobre si estaba limpia. Carol y Steven empezaban a describir la fijación de su hijo como «molecularismo». Si existía la posibilidad de que hubiese contaminación, por muy pequeña o imaginaria que fuera, ese objeto estaría sucio y no podría usarse. Joel no podía ponerse ninguna ropa que por un casual hubiese rozado el suelo o si Carol o Steven la habían tocado. Su compulsión de la higiene se intensificó. Los desagües empezaron a tener fugas y Steven tuvo que colocar cubos debajo de ellos y vaciarlos con regularidad. La pared de detrás del lavabo estaba constantemente empapada del agua que le lanzaba Joel para limpiarla. Había centenas de toallas de papel arrugadas por toda la casa. Carol y Steven empezaban a sentirse como rehenes dentro de su propio hogar. «Nos descubrimos picoteando algo de comida cuando él no se pusiera nervioso. No soportaba que estuviésemos cerca de él dentro de la casa». Joel se quejaba incesantemente de que la casa estaba sucia. En realidad, era él quien la ensuciaba al ir tirando cosas por todos lados.

Las obsesiones de Joel con la comida fueron empeorando. Como todo estaba sucio, incluidos sus padres, no podía comer nada que ellos hubiesen cocinado. Y no podía comer nada en sus platos ni con sus cubiertos. Había empezado a subsistir a base de comidas vegetarianas orgánicas envasadas y de zumos orgánicos que bebía directamente de la botella. Para entonces, ya no podía tocar el teléfono ni abrir una puerta. Las películas eran su único entretenimiento. Tomaba el autobús para ir al cine llevando con él su propia comida para picar.

Hubo batallas familiares frecuentes. Joel se sentía frustrado y furioso. Por una parte, tenía la típica relación de amor-odio de todos los adolescentes con sus padres, pero, por la otra, tenía una excepcional dependencia de ellos en aspectos de lo más absurdos. Por ejemplo, para abrir una puerta. Físicamente, estaba agotado por tantas horas de actividad compulsiva y una dieta totalmente desequilibrada. Ya no dormía en su cama, sino que se quedaba dormido en una silla, agotado. Más tarde, a medida que sus rituales obsesivos se volvieron demasiado dolorosos, empezó a dormir en un saco de dormir para evitar tener que ducharse y cambiarse de ropa por la mañana.

Para empeorar las cosas, había desarrollado una obsesión con que determinadas zonas de la casa estaban infestadas de bichos imaginarios. Steven tuvo que comprarle un paquete de guantes desechables porque ahora incluso su ordenador estaba, a veces, contaminado. Pero Joel se quejaba de que los guantes no fuesen lo suficientemente largos o de que las «partículas» de los bichos habían encontrado el modo de meterse en los guantes.

Su clase del colegio iba a ir de viaje a Europa, pero Joel no tenía interés por ir. Prácticamente fue gateando durante su último año de instituto.

Justo antes de que Joel perdiera la capacidad de rendir, cuando aún podía salir a la calle, se topó con el libro de Judith Rapoport, *El chico que no podía dejar de lavarse las manos,* en una librería del campus y empezó a pasar las páginas con impaciencia. Alrededor de esa misma época, Carol vio el libro y llevó a casa varios ejemplares. Steven y ella lo devoraron de principio a fin, pero Joel no podía. Era incapaz de coger nada que hubiesen tocado ellos. Ahora, los tres sabían qué era lo que Joel tenía y, tras varias averiguaciones, Carol y Steven pudieron ponerle en contacto conmigo en la UCLA. «Aquella fue la primera vez que tuvimos una visión global. Fue cuando empezamos a comprenderlo», cuenta Steven.

Joel empezó a asumir que tenía un problema médico provocado por un desequilibrio químico del cerebro, pero sus reservas físicas eran tan bajas que poco podía hacer por combatirlo. Para entonces, ya se había recluido en su casa. No podía salir sin ducharse, pero no tenía fuerzas para enfrentarse al sufrimiento de una ducha de ocho o diez horas. Un sábado por la mañana, Joel despertó a Steven. Estaba llorando y le contó que había tenido una polución nocturna y que iba a tener que ducharse. Steven estuvo de acuerdo y le propuso algunos atajos para acortar el tiempo de la ducha, pero fue en vano. En aquella ocasión, Joel se estuvo duchando durante siete horas.

Joel seguía lavándose las manos repetidamente, pero no se atrevía a cerrar los grifos al terminar para no arriesgarse a ensuciarse de nuevo las manos. Un día, Carol y Steven volvieron a casa y vieron que el grifo había estado abierto todo el día. A veces, Joel los despertaba de noche para pedirle a alguno de ellos que cerrara el grifo.

Ya no podía beber agua corriente, solo embotellada. Con mayor urgencia y frecuencia, empezó a pedir a sus padres que hicieran viajes especiales a comprar comida o bebida de emergencia o algún producto anticontaminante especial. Ellos se negaban o aplazaban muchos de sus antojos, repitiéndole en varias ocasiones que tenían una limitada capacidad para satisfacer sus ilógicas necesidades.

Su ritual de la ducha se había vuelto tan doloroso que sencillamente dejó de ducharse. La idea misma de abrir el grifo era, en la mente de Joel, un desafío tan grande como el de «atravesar el desierto» a pie. Steven recuerda que «hubo una vez en la que tardó veintiún días en reunir el valor para darse una ducha». «Y fue para que pudiéramos llevarle al hospital». En todo este tiempo, Joel se había negado en rotundo ante la idea de medicarse porque la medicina podía estar contaminada. Todos, incluido Joel, habían llegado a convencerse de que su única esperanza era ingresar en un hospital. No estaba avanzando. Como él mismo dice, estaba «congelado».

Darse aquella ducha fue todo un hito. Como cuenta Steven, «hace falta muchísimo valor para hacer estas cosas cuando tu TOC es tan grave». «¿Sabes? Es muy fácil decirle a alguien: "Vamos, ¿por qué no te duchas y sales de aquí?". Pero es horrible. Es horrible. Nos dijo que podía meterse en la ducha y empezar a lavarse, pero, luego, esa parte que se había lavado se quedaría llena de gotas de agua y tendría que volver a lavarla. Incluso llegaría el momento en que se podría desmayar en la ducha por el vapor caliente. Y, por supuesto, su cuerpo se le quedaría después en carne viva. Cuando entró en el hospital, la capa exterior de la piel de sus manos y brazos le había desaparecido prácticamente a partir del codo».

Joel estuvo diez semanas en el hospital, lo cual acabó con el seguro familiar dedicado a «trastornos mentales». Como había terminado el instituto, a pesar de no tener aún los dieciocho años, le pusieron en el pabellón de adultos, lo cual era muy importante para él porque eso quería decir que podía formar parte de mi grupo. En el hospital, todo estaba monitorizado, incluido el tiempo de las duchas de los pacientes. «Tenían a un tipo grande y robusto que sacaba a los pacientes de las duchas desnudos. Tenían que hacerlo así», dice Steven. La terapia incluía ejercicios de exposición y prevención de respuesta en los que se ordenaba a Joel que tocara objetos «contaminados», como los pomos de las puertas del baño.

Durante varias semanas, Joel hizo diminutos avances, a continuación, se estancó y, después, hizo otra serie de pequeñas mejoras. Durante ese tiempo, reunió el valor de probar con la medicación, la cual le ayudó a aliviar su ansiedad. Aun así, hubo crisis en el hospital; cuando algún desconocido le tocaba la ropa, él les pedía a sus padres: «Lleváosla, no puedo soportarlo». En repetidas ocasiones, pidió a Carol y a Steven que le llevaran ropa nueva y que tiraran a la basura la vieja. Ellos sabían que no debían atender nunca sus demandas porque tendrían que llevarle la nueva ropa con envoltorios «no contaminados». Sabían también que terminarían dedicando todo su tiempo a llevar ropa al hospital y que no podían permitirse sustituir toda la que hubiese lavado el personal del hospital y que, por tanto, le resultara imposible ponerse. Lo cierto es que pensaron darle un ultimátum: o se ponía lo que tenía allí o podría ponerse batas del hospital. Pero sabían que eso sería demasiado molesto y humillante para alguien con ese tipo de ansiedad. Al final, diseñaron un plan para llevar una muda de ropa «limpia» en cada visita. La empaquetaban herméticamente y se la entregaban a un miembro del personal para que se la diera directamente a Joel. Esto pareció funcionar.

Justo antes de que terminaran las diez semanas, la enfermedad de Joel dio un importante giro para mejor. Una vez en casa, estaba decidido a no dar un paso atrás. Empezó a asistir con regularidad al programa ambulatorio para el TOC en la UCLA y a las reuniones semanales de la terapia de grupo. Seguía sufriendo múltiples tipos de ansiedad, pero era capaz de controlar sus rituales compulsivos. Si veía que empezaba a tener pensamientos sobre contaminación, se obligaba a Reenfocar en otra cosa. El desagradable episodio con la familia había quedado atrás. Tras unos seis meses de trabajo en la terapia conductual como paciente ambulatorio, las compulsiones de la higiene habían desaparecido en un noventa y nueve por ciento. Joel fue capaz de entrar en la universidad, a pesar de que aún se enfrentaba a problemas de concentración.

Carol cuenta que el momento de la verdad llegó cuando Joel les dijo un día: «He decidido que no puedo ser mejor que los demás. No voy a poder estar más limpio que los demás». Y su madre supo que todo se iba a solucionar cuando él hizo lo más difícil de todo: tocó el botón de la cisterna del baño. «Joel fue tremendamente afortunado de poder conseguir la ayuda adecuada, con las personas adecuadas y tan rápido. Si no hubiese empezado un buen tratamiento tan pronto, menos de un año después de tener claro que se trataba de un TOC, podría haber seguido así años y años», dice Steven. Por supuesto, contar con unos padres que buscaron el tratamiento adecuado y que continuaron apoyándole mientras él realizaba la terapia conductual también resultó fundamental.

Carol y Steven siguen estando alerta ante cualquier señal de retroceso y se enfrentarán a Joel si notan, por ejemplo, que le cuesta decidir si está lavando algo de la forma «correcta». Normalmente, sus padres se quedan tranquilos al ver que lo tiene todo bajo control. Se ha vuelto muy eficiente en el Reetiquetado y en la Revalorización activa. Prefiere seguir todavía una dieta vegetariana, pero puede comer con platos y cubiertos como cualquier otro.

Como tiene problemas de concentración, Joel dejó por un tiempo la universidad y empezó a hacer labor de voluntariado en el

Centro Médico de la UCLA, lo cual le ha llevado a conseguir un trabajo remunerado de media jornada. Gracias a una terapia en un centro psiquiátrico privado, ha empezado a trabajar en la superación de miedos como el pánico escénico. Steven consiguió controlar el deseo de preguntar a su hijo: «¿Por qué no haces tal cosa? ¿Por qué no tratas de concentrarte?». Sabía que «no es tan fácil para alguien que ha pasado por todo esto». «Para él, es duro, mucho. Es un hombre joven y ha sufrido mucho. ¿Qué más da si va a la universidad este trimestre o el próximo?». Con el tiempo, Joel se ha visto lo suficientemente fuerte como para marcharse de casa y entrar en una gran universidad de otro estado, donde estudia informática.

«Este terrible episodio ha quedado atrás», dice Steven. «Terminará encontrándose a sí mismo».

ANNA Y SU NOVIO

El primer recuerdo de Anna relacionado con una obsesión importante es de cuando estaba en quinto curso y había ido a un campamento de chicas. Había esperado pasarlo de maravilla, al igual que en campamentos anteriores. Pero un día, una niña que estaba en una litera al lado le habló a Anna de su hermana, que sufría una grave enfermedad del riñón, y empezó a describirle los síntomas con todo lujo de detalles. «Durante varios días, la idea de esa hermana enferma a la que yo nunca había visto se me quedó clavada en la mente y era imposible sacármela. No tenía sentido que yo me sintiera tan mal por una completa desconocida, pero era así», cuenta Anna. El campamento se convirtió en una triste experiencia y, cuando Anna regresó a casa, pudo por fin dejar atrás esos dolorosos pensamientos.

Años después, un pensamiento obsesivo igual de inexplicable e ilógico —este se centraba en unos miedos y dudas infundados relacionados con la fidelidad de su novio— llegó a sacar de quicio a su pareja y casi terminó con la ruptura de la relación antes de que ella supiera que no era una arpía celosa, sino una mujer con un grave TOC.

De niña, Anna era muy aprensiva y, durante la mayor parte de su vida, había sufrido diferentes tipos de ansiedad e inseguridades. Durante su segundo año de instituto tuvo su primera relación seria con un atractivo chico un año mayor que ella. Empezaron a salir de inmediato. «Decidimos que estábamos enamorados. Nos contábamos el uno al otro los detalles más íntimos de nuestras vidas». Un día, él le confesó que le gustaba masturbarse mientras miraba una foto de la supermodelo Cheryl Tiegs en biquini. Anna empezó a obsesionarse con aquello, y se lo imaginaba haciendo eso una y otra vez, hasta que sentía nauseas. «¿Por qué pienso esto?», se preguntaba, pero no encontraba ninguna respuesta. Más tarde, supo que era más la homosexualidad reprimida de su novio que la falta de atractivo de ella lo que hacía que él fantaseara con Tiegs mientras se mostraba menos cariñoso con ella. Aun así, a Anna le costó librarse de su obsesión por Tiegs. Era el final de la década de los años setenta y la foto de Tiegs estaba por todas partes. Cada vez que Anna la veía, sentía una oleada de asco mezclada con el miedo a que volvieran a despertarse sus intensas obsesiones.

Anna se examinó a sí misma y decidió que era hipersensible y celosa por naturaleza y se preguntó cómo iba a poder mantener relaciones duraderas con hombres en el futuro si ese tipo de problemas tan triviales le resultaban tan dolorosos. En la universidad, empezó una relación con un hombre que era drogadicto. Aunque trataba de mostrarse comprensiva al principio con respecto a su hábito, pronto empezó a tener rumias. Tenía que saber cómo tomaba las drogas y con quién. De alguna forma, se le metió en la cabeza que el problema con las drogas de él era culpa de ella. Esta idea la llevó a acudir a un psiquiatra de la universidad que, tras una consulta de quince minutos, concluyó que su verdadero problema era que estaba obsesionada con los pechos de su madre. Anna, con razón, no entendía qué conexión podía haber entre una obsesión así, sus rumias y los ataques de pánico cada vez más frecuentes.

Al final, le diagnosticaron agorafobia, un miedo poco común a salir de casa. No se trata esta de una complicación poco común en personas que sufren ataques de pánico espontáneos. «Me dijeron que mis ataques de pánico se debían probablemente a haberme criado en una familia perfeccionista y a que nunca me habían enseñado a expresar la rabia de forma efectiva». Aunque ahora creemos que los ataques de pánico, al igual que el TOC, se deben principalmente a factores biológicos, esa explicación alivió su temor a que estuviera volviéndose loca. Unos ejercicios de reafirmación personal y una terapia de exposición a situaciones y lugares que causaban los ataques —como las multitudes o los lugares oscuros— aliviaron sus desagradables síntomas, la sensación de terror, el miedo a estar sufriendo un infarto.

Aunque ella y su novio habían roto mucho tiempo atrás, seguía obsesionándole de vez en cuando su problema de drogadicción. Más tarde, el verano posterior a su graduación en la universidad, Anna se vio invadida por una nueva obsesión más abrumadora: la muerte. «Empecé a preguntarme cómo podía vivir nadie tranquilo sabiendo que antes o después la muerte acabaría con la vida y hacía que la existencia careciera de sentido». Empezó a buscar síntomas de que estaba perdiendo la cabeza.

Comenzó los estudios de posgrado y conoció a Guy. «Cada vez que he empezado una relación de cierta duración, han surgido obsesiones. Cuando conocí a Guy, las poco sanas relaciones con hombres que había tenido en el pasado me hicieron especialmente sensible a los problemas y me preocupaba pensar en las distintas formas en que un hombre podía destrozarme, aunque no fuese a propósito. Sabía que yo tenía tendencia a elegir hombres con problemas graves y, en muchas ocasiones, había sufrido sus efectos en mi delicado equilibrio mental. Resulta irónico que probablemente este deseo de protegerme del sufrimiento me llevara a mi ataque de TOC más intenso».

Guy fue la víctima inocente.

«Por una vez, había elegido a un compañero de confianza y comprensivo», cuenta Anna. «Luego empecé a presionarle. Al principio, me obsesioné con la idea de que él había tomado drogas —cosa que no había hecho— y le preguntaba continuamente sobre ello. Aunque era fiel y cariñoso, empecé a obsesionarme con sus relaciones pasadas», incluso con si alguna vez había leído revistas eróticas. Muchas conversaciones empezaban con «¿has estado enamorado antes?», «¿exactamente cuándo viste a esa persona por última vez?», «¿por qué no sigues viéndola?», «¿piensas en ella?». Anna quería saber cuándo había visto las revistas, por qué, de dónde las había sacado, cuándo había visto una por última vez, cuándo había sido la primera vez, el número total de veces que las había visto y qué revistas eran.

Y le exigía respuestas inmediatas. «No me extraña que Guy odiase esas conversaciones, que siempre terminaban con los dos enfadados», dice Anna. «Él se enfadaba porque sentía que yo era innecesariamente recelosa y desconfiada. Mi rabia estaba causada por la sensación de que sus respuestas eran vagas y obstruccionistas». Pasaba horas verificando una y otra vez las respuestas de él, enumerando mentalmente las informaciones que él le había dado, buscando discrepancias. «A menudo, oír una respuesta una vez no era suficiente. Si me daba una respuesta a una pregunta que yo ya le había hecho y esa respuesta no se correspondía con exactitud a la respuesta anterior, eso me provocaba una tremenda angustia mental. Me tomaba aquellas incoherencias como prueba de que Guy me había mentido al principio».

Guy se sentía desconcertado y maltratado. Anna se sentía vulnerable, asustada y avergonzada por no poder controlarse. Cuando ya llevaban alrededor de un año saliendo, ella empezó a desarrollar problemas psicológicos y a pensar en el suicidio de una forma algo abstracta. Había leído la historia de un hombre que sufría problemas mentales que se había pegado un tiro en la cabeza y que milagrosamente «se había curado» a sí mismo eliminando el punto podrido de su cerebro, lo cual resultó ser una historia distorsionada y engañosa. «Yo fantaseaba con una cura igual de milagrosa para mí». Ahora estaba convencida de que, en el fondo, era una persona gruñona, celosa, exigente, difícil e infeliz. Y ella odiaba a esa persona.

De adolescente, Guy había vivido en Europa y juntos hicieron un viaje en verano en el que incluyeron visitas a sus antiguos sitios favoritos y reuniones con sus antiguas amistades. Anna estaba consumida por una necesidad de saber exactamente qué papel habían tenido en su vida. ¿Desde hacía cuánto tiempo conocía a esas mujeres? ¿Había salido con ellas en el instituto? «Yo siempre empezaba respondiéndole, pero a la quinta vez que me hacía la pregunta, me parecía una absoluta estupidez», dice Guy. «Y le preguntaba: "¿Por qué me preguntas esto?". Y ella me respondía sin más: "Necesito saberlo. Necesito estar segura"». A veces, él le respondía de forma improvisada e imprecisa, pensando que ella se quedaría satisfecha: «Ah, pues la vi por última vez en agosto de hace tres años». Pero luego, en una conversación sin importancia, esa mujer mencionaba que en realidad hacía cuatro años o que había sido en julio y no en agosto y Anna empezaba con otro torrente de preguntas.

En su mente, lo que pasaba era una de estas dos cosas: o Guy le estaba mintiendo o ella se estaba volviendo loca. Como ella nunca tomaba nota de todos los detalles de las respuestas, nunca estaba segura del todo de si las discrepancias en ellas eran reales o imaginadas. Así que quería que él le probara que ella se había imaginado que le había contado dos versiones distintas.

Anna encontró una solución. Le dijo a Guy que iba a empezar a tomar nota de todo lo que él le contara. En ese momento, él se puso firme. «No, no vas a hacer eso. Es lo peor que puedes hacer». Tenía razón. «Yo sabía que si ella me preguntaba si había salido y me había emborrachado con una persona, yo podía responder sí o no, y ahí acababa todo. Pero si le decía que no y luego me preguntaba cuándo había sido la última vez que había visto a esa persona, probablemente yo no pudiera contestar con toda la precisión que ella consideraba necesaria» y entonces, ella empezaba con otra ronda de preguntas.

Durante los primeros años de su relación, hicieron varios viajes a Europa, donde vivía la familia de él. Aunque en aquella época Guy no era consciente, empezó a hacer terapia conductual con Anna. Supo ver que, si ella estaba muy cansada, su obsesión podía precipitarse, así que intentaba planear el viaje teniendo eso en cuenta. También planeaba las actividades que realizarían cada día, consciente de que, si ella estaba ocupada, no le hacía tantas preguntas absurdas.

En su segundo viaje al extranjero, se alojaron con la familia de él en su pequeña casa. Aquello resultó ser un error. La madre de Guy pensó que su hijo había llevado a su casa a una joven con un trastorno grave y mostró poca paciencia con sus extraños problemas. Ella tenía preocupaciones mucho mayores, pues su marido había sufrido recientemente un ataque al corazón. Dejó clara su impaciencia, lo cual no hizo más que aumentar el estrés de Anna y disparar sus obsesiones provocadas por el TOC. La madre de Guy le decía: «En el fondo, debes de estar deseando hacer esto. Debe de haber en ti un ansia especial». Anna, desesperada, le contestaba: «¡No, no! No lo entiendes». Ese conflicto estaba afectando a Anna y a Guy. «Se me fue la cabeza», dice Anna. «Quería acabar con mi vida porque estaba cada vez más obsesionada y empezaba a hacer todo tipo de locuras. Me obsesioné con intentar reconstruir su vida anterior, aunque lo cierto era que Guy había tenido una vida bastante anodina antes de conocerme».

Le interrogaba sobre cada mujer con la que había salido. «¿Cómo era?», «¿Qué comíais cuando salías con ella?», ¿Qué tomaba ella de aperitivo, de plato principal, de postre? ¿Se sentaban a comer a mediodía o cuatro minutos después? ¿De qué hablaban? Anna estaba destrozada. «No tenía ni idea de qué estaba pasando y me sentía realmente mal porque prácticamente estaba torturando a mi novio con todas esas preguntas tan locas. Él se enfadaba mucho. Pensaba que lo hacía por divertirme o algo así. Es un hombre muy sensible y creía que yo no confiaba en él, lo cual es verdad, en cierto modo. Pero ninguno de los dos sabíamos qué era esto. No teníamos ni idea. Yo ya había estado en terapia por mis ataques de pánico, así que sabía lo que eran los ataques de pánico, pero esto era algo completamente nuevo. [Entre un diez y un quince por ciento de las personas con TOC sufre también ataques de pánico]. Yo sabía que algo grave estaba pasando y que tenía que ir a ver a un psiquiatra, pero estaba en Europa, así que tendría que aguantar como pudiera el resto del verano».

En el fondo, ella sabía que Guy era un «chico muy equilibrado y bueno». Nunca le había visto ningún comportamiento indecoroso. En todo el tiempo que llevaba conociéndole, jamás le había visto beber demasiado. En el fondo, Anna sabía que, debido a sus propias inseguridades, estaba tratando de sabotear su maravillosa relación. Lo que no sabía era que sufría un TOC. Ese verano, cuando peor estaba, Guy le pidió que se casara con él. «De locos, ¿verdad?», dice él ahora riéndose. Sin embargo, poco después empezaron los dos a tener serias dudas sobre un futuro juntos. «Tuvimos varias discusiones en las que terminé gritándole, diciéndole que me había mentido porque le había preguntado si tal cosa había ocurrido un miércoles o un jueves o cuando fuera y él me lo había dicho mal. Pensé: "Vale, voy a tener que romper con este chico. Me está mintiendo"», recuerda Anna. En realidad, él solo estaba tratando de quitársela de encima. No recordaba cada respuesta que le había dado, pero ella sí.

De vuelta en Los Ángeles, los dos buscaron ayuda para ella y les hablaron de mí y del Instituto de Neuropsiquiatría de la UCLA. Para entonces, los dos estaban viviendo juntos y atravesaban un periodo estresante en sus vidas. Ella estaba en la escuela de posgrado y él había empezado a trabajar en una academia, un trabajo al que no podía dedicarle toda su atención. Guy recuerda aquella época como una «especie de nebulosa. Estábamos tratando de superar ese lío y yo no estaba seguro de si Anna era el problema o si yo era un absoluto incompetente como profesor».

Le diagnostiqué un caso típico de TOC. Esto ocurrió hace nueve años y Anna fue una de las primeras pacientes a las que pude explicar con cierta seguridad que el problema estaba en ese desequilibrio químico de su cerebro al que llamo «bloqueo mental». En cuanto le dije que tenía una enfermedad cerebral, Anna se sintió enormemente aliviada y se mostró ansiosa por empezar el tratamiento. Los Cuatro Pasos de terapia conductual no estaban todavía elaborados del todo, pero, por primera vez, apliqué la regla de los quince minutos de forma sistemática.

Aunque, a veces, los familiares tratan de sabotear el tratamiento de una persona con TOC porque temen que cambie, porque se niegan a seguir siendo el felpudo de la familia o por cualquier otro motivo, Guy estaba deseando ayudar a Anna. «Se trataba de la persona a la que yo quería. No era ella la que cometía esas locuras. Era algo que le ocurría a ella, y que le hacía sufrir». Al principio del tratamiento hubo muchas ocasiones en las que habría sido más fácil para él limitarse a responder a sus preguntas, pero entendió que si hacía eso no iba a ayudarla a ponerse bien. Así que estableció unas normas básicas: respondería a una pregunta sola, no a una larga lista de ellas y, después, le haría esperar quince minutos antes de responder a otra. Discutirían y ella lloraría, pero Guy tuvo la inteligencia de ver que la regla de los quince minutos era algo más que un tiempo de espera; se trataba de un reconocimiento implícito de que las preguntas de Anna eran absurdas, que no era ella, sino su TOC.

Según cuenta Guy, «a ella le costaba mucho decidir en quién confiar. Cuando le decía "es tu TOC", ella exigía saber si quizá era simplemente una pregunta que yo no quería responder». Él la tranquilizaba constantemente. «Solo es el TOC. No te preocupes». Con mucha calma, le decía: «Puedo responder a tus preguntas si de verdad quieres que lo haga», pero siempre le recordaba que el problema no estaba en su necesidad de conocer las respuestas. Su problema era el TOC. «Los tres primeros meses fueron traumáticos, un antagonismo entre ella y yo». Anna salía de la habitación dando un portazo o se limitaba a sentarse en la cama a llorar. Como vivían en un apartamento pequeño, cada uno se daba espacio al otro, literal y metafóricamente. Uno se iba a la cocina y el otro al dormitorio durante quince minutos. A veces, reconoce Guy, utilizaban la regla de los quince minutos, pero no de una forma constructiva: «Uno de nosotros se iba y se quedaba enfurruñado durante un rato».

A medida que el tratamiento de Anna fue avanzando, Guy pudo decirle: «¿De verdad quieres que responda a tu pregunta?», y ella contestaba que no. Un gran paso adelante. «En esas ocasiones ella se ponía muy contenta. Los dos sabíamos que no tenía sentido que yo respondiera a la pregunta. Ya me había hecho esa pregunta en el pasado y yo ya la había contestado, pero ella se había olvidado de la respuesta. Por tanto, por ósmosis, no había nada de qué preocuparse».

Anna odiaba lo que el TOC le había hecho y eso le servía de motivación para esforzarse por recuperarse. Durante varias semanas seguidas, podía resistir el deseo de hacer preguntas. Según cuenta él, «Anna sabía que tenía que seguir con su vida y que, si se deshacía de esto, podría hacerlo». A corto plazo, el sacrificio no resultaba fácil de lograr: quince minutos de espera en medio de una angustia muy real con la promesa de un alivio a largo plazo contra el alivio muy real e inmediato que podía obtener si hacía sus preguntas. Guy cuenta que «en el fondo, Anna sabía que era su cerebro el que le estaba haciendo esto, así que el valor de lo que suponía realizar la compulsión terminaba reduciéndose cuando lo identificaba con TOC». Cada semana que pasa, cada semana que esto se adueña de tu vida, el valor de no sucumbir a los impulsos negativos aumenta. Anna usaba palabras como «tengo que mantenerme alerta». Guy sabía que ella sufría muchísimo porque empezaba a hacer verificaciones frenéticas por toda la casa. Se mostraba malhumorada e introvertida. «Si yo llegaba a casa media hora tarde, se enfadaba mucho. Yo no había hecho lo que le había dicho que iba a hacer cuando le dije que lo iba a hacer».

A medida que fueron pasando los meses, ella fue cobrando cada vez más seguridad en que podría controlar los síntomas del TOC. Guy era su pareja en la terapia conductual. Le decía: «Oye, estás desanimada porque hoy sientes un poco más el TOC. Pero en la última semana no has estado tan mal» o «esta semana ha sido bastante mala, lo sé».

Anna llevaba dieciocho meses de terapia conductual semanal ambulatoria, con pequeñas dosis de medicación que usaba como manguitos para nadar. Durante ese tiempo, dice ella: «Guy aprendió mucho sobre cómo manejarme. Antes, él se limitaba a enfadarse y a decir: "Me estás torturando. Deja de hacer esto". Pero cuando ha sabido lo que era, ha tenido la fortaleza de decirme: "No voy a participar en esta obsesión. No voy a responder a tus preguntas. Puedes hacer lo que quieras, pero no vas a conseguir que responda a esas preguntas. Así que espera quince minutos, vuelve en quince minutos y hablaremos". Reconozco que ha desempeñado un papel muy importante en mi recuperación. Muchos familiares no ayudan nada, pero él ha estado a mi lado, haciéndome saber cuándo aparecía el TOC. Por supuesto, muchas veces yo no le creía. Le decía: "No, no lo es. Esto es real. Necesito ayuda". Y me desesperaba por hacer que respondiera a alguna de mis preguntas o verificara algún dato, pero él no lo hacía. A veces, yo me enfadaba mucho con él, pero me ayudó. Me ayudó de verdad. Antes del tratamiento, eso me habría puesto furiosa y habría sospechado que estaba ocultando algo. Sin embargo, ahora podía verlo como un paso positivo por mi propio bien».

Guy es muy consciente de todo lo que Anna se está esforzando, con su ayuda, por ponerse bien. «En ciertos aspectos tuvimos suerte porque yo estuve implicado por la naturaleza misma de su TOC. No tengo muy claro si, en caso de que hubiese tenido un grave problema de higiene de manos, yo me habría involucrado del mismo modo. Para mí era fácil ver que había un problema y colaborar en la terapia porque tenía que ver conmigo».

De vez en cuando, Anna sigue teniendo alguno de sus locos pensamientos. Suelen ser preguntas imposibles de contestar. Una noche que estaba tumbada en la cama empezó a obsesionarse: «¿Y si mi marido es homosexual?». Pero enseguida miró a Guy y le dijo que estaba teniendo un pensamiento absurdo y que sabía que era el TOC. Él le contestó: «Sí, tienes razón. Es el TOC. Es absurdo». Y volvió a dormirse.

Anna terminó un exigente curso de doctorado y tanto ella como Guy cuentan con una gratificante carrera en la docencia. Llevan cuatro años felizmente casados y tienen un bebé.

Anna describe ahora su vida como «normal».

PUNTOS CLAVE QUE HAY QUE RECORDAR

- El TOC siempre implica a la familia.

- Sé consciente de que los síntomas del TOC afectan a tus seres queridos.

- Sé consciente de si utilizas los síntomas del TOC como una forma de distanciarte de las necesidades de tus seres queridos.

- Evita a toda costa utilizar los síntomas del TOC como una forma de mostrar rabia o fastidio hacia tus seres queridos.

- Ayuda a tus familiares a que adquieran más información sobre el TOC y los Cuatro Pasos para ayudarlos a evitar críticas no productivas que puedan facilitar la aparición de síntomas.

- Los familiares pueden ser estupendos colaboradores de los terapeutas. Anímalos a ayudar, no a que critiquen.

- La aceptación mutua en el contexto de una interacción constructiva es muy propicia para mejorar la puesta en práctica de los Cuatro Pasos.

7

Los Cuatro Pasos y otros trastornos

Comer en exceso, drogodependencia, ludopatía y conducta sexual compulsiva

Muchos preguntan con bastante frecuencia cuál es la diferencia entre tratar el trastorno obsesivo-compulsivo (TOC) y tratar otros trastornos como los de la alimentación. ¿Cómo se puede aplicar este método de los Cuatro Pasos a otras enfermedades comunes que pueden estar también relacionadas con el TOC? Al igual que ocurre con el TOC, parece que los circuitos de serotonina participan en el tratamiento de trastornos de la alimentación y en otros trastornos del control de los impulsos como son la ludopatía, el consumo de drogas y el alcoholismo y la conducta sexual compulsiva.

La principal diferencia entre el tratamiento del TOC con los Cuatro Pasos y el de estos otros trastornos es que, con el TOC, el impulso de realizar la conducta compulsiva resulta desagradable. Quienes lo sufren se quejan no solamente de los impulsos de lavarse o de hacer verificaciones, sino también de que se sienten completamente asediados por esos impulsos, que consideran del todo inadecuados, y quieren deshacerse de ellos de una vez por todas.

Por desgracia, desde el punto de vista del tratamiento, el deseo de cambio no es tan claro en los trastornos de alimentación y de drogodependencia, la ludopatía y las conductas sexuales compulsivas. Resulta evidente que las personas que sufren problemas de conducta relacionados con la alimentación, las drogas, el juego o el sexo ven la complicación de la naturaleza excesiva y el poco control de impulsos que suelen acompañar a estos comportamientos. De nuevo, está claro que estas personas no desean dejar de comer del todo y que muchos drogodependientes preferirían consumir la droga de una forma controlada. Lo mismo ocurre con el juego y, aún más, en los comportamientos sexuales. Así pues, el principal problema del tratamiento está en saber en qué medida quienes sufren estos trastornos saben identificar que esos comportamientos excesivos y problemáticos son «auténticamente egodistónicos», es decir, hasta qué punto ven que su conducta no se corresponde con la idea que tienen de sí mismos y de lo que desean, como les pasa con la higiene y las verificaciones a las personas que sufren TOC.

INTENCIONES OCULTAS

Debido a esta diferencia, la aplicación de los Cuatro Pasos a los trastornos de la alimentación, la drogodependencia, la ludopatía y el sexo exige un esfuerzo adicional. Este esfuerzo podría considerarse como la necesidad de unos pasos adicionales. Las personas con problemas de control del impulso tienen que esforzarse mucho más que las que sufren TOC para identificar el papel que tienen estos comportamientos en sus vidas y la medida en que desean dejar de realizarlos. Las personas con TOC tienen también muchas razones ocultas para aferrarse a sus comportamientos compulsivos como excusa para no enfrentarse del todo a algunas de las verdaderas dificultades que la realidad les depara. Estas razones tienen que ver, a menudo, con el tipo de relación que tienen con sus familias y el miedo a asumir una mayor responsabilidad personal.

Sin embargo, también es cierto que las personas con TOC no disfrutan casi en ningún grado mientras lavan una y otra vez y no dejan de hacer verificaciones. También saben reconocer con bastante claridad que estos comportamientos no se corresponden con ellos, por lo que no suele resultar muy difícil hacerles entender, al menos hasta cierto punto, que pueden estar usando estos comportamientos para eludir el tener que enfrentarse a otros aspectos de la realidad que les pueden resultar desagradables o que les provoquen ansiedad, sobre todo, los que están relacionados con las relaciones interpersonales. A veces, los demás problemas de control de los impulsos son mucho más complejos, sobre todo, porque muchas personas que los sufren disfrutan realmente de ciertos aspectos de su conducta patológica, ya sea con la alimentación, el abuso de drogas, el juego o el sexo. Estos comportamientos tienen lo que en la teoría de la terapia conductual clásica se conoce como «propiedades de reforzamiento primario». Dicho de otro modo, tanto a las personas como a los animales se les puede inducir a que realicen un esfuerzo para conseguir comida, sexo o drogas que les provocan sensaciones de placer.

Esto es bien conocido por muchas personas, no solo los profesionales de la salud mental. Por tanto, la dificultad principal a la que tenemos que enfrentarnos, antes incluso de aplicar el paso del Reetiquetado a los problemas de control de los impulsos en general, está en saber hasta qué punto esa persona desea dejar de practicar ese comportamiento y en qué medida está dispuesta a sacrificar el placer que experimenta al realizarlo, sobre todo, cuando esos problemas están en sus primeras fases, antes de que las conductas se conviertan en verdaderas patologías.

Como vemos, hace falta algo más de lo que comúnmente se conoce como fuerza de voluntad para superar el impulso de comer, beber, tomar drogas, jugar o empezar una actividad sexual que la que se necesita para que una persona deje de lavarse o de hacer verificaciones. Ahí está la disyuntiva. Cuando alguien dice «no soy yo, es mi TOC», casi de inmediato es consciente de que no quiere hacer una verificación o no quiere lavarse. Buena parte del esfuerzo que requiere el perfeccionamiento de la práctica de los Cuatro Pasos gira alrededor de un conocimiento más profundo del hecho de que este impulso no forma parte de ti, sino que lo provoca un mensaje falso de tu cerebro. Pero esta labor es considerablemente más clara que para quienes sufren problemas con la alimentación, el alcohol, el juego o el sexo. El factor principal que determina si se pueden aplicar los Cuatro Pasos a problemas de control de los impulsos es el grado en que la persona que sufre ese problema es capaz de separar la idea que tiene de sí misma de la conducta que le está causando esas dificultades.

LLAMAR IMPULSO AL IMPULSO

Incluso para las personas con TOC, es necesario mucho esfuerzo, sobre todo, para ser profundamente conscientes de la diferencia que existe entre ellas y el TOC. Pero el TOC es genuinamente egodistónico: esas personas consideran que el impulso de lavar o hacer verificaciones no se corresponde con ellas. El nivel de conciencia al que puede llegar una persona con problemas de control de los impulsos con respecto a ese «No soy yo, es solo mi inadecuado impulso de comer, beber, tomar drogas, jugar o tener sexo» nos informa del grado en el que pueden resultar útiles los Cuatro Pasos para realizar la terapia conductiva-cognitiva. En este sentido, también se puede empezar a entender mejor el significado del paso de la Reatribución. Aunque este paso nos ayuda a entender que el impulso de lavarse y el de la verificación están provocados por falsos mensajes que proceden del cerebro, muchas personas terminan comprendiendo que parte de ese impulso está relacionada con una necesidad emocional de evitar las relaciones interpersonales íntimas y las responsabilidades personales no deseadas.

Cuando empezamos a entender que estos factores emocionales influyen en la Reatribución de impulsos obsesivos-compulsivos inadecuados a su verdadera causa, somos más conscientes del tipo de procesos mentales que debe aprender a utilizar una persona con problemas de control de los impulsos. Este tipo de personas deben empezar a identificar la diferencia entre quiénes son en realidad y quiénes quieren ser de verdad y el impulso de comer, drogarse, jugar o realizar una conducta sexual inadecuada. Cuando empiecen a ver con más claridad esta relación, para lo cual quizá necesiten de psicoterapia tradicional relacionada con las emociones, podrán usar de forma efectiva los Cuatro Pasos y aplicar el grito de guerra del TOC: «No soy yo, es mi impulso inadecuado». A medida que su conocimiento sea más profundo, comprenderán cada vez mejor la diferencia entre quiénes son y lo que es ese deseo de actuar de una forma impulsiva. Desde mi punto de vista, aunque la bioquímica cerebral tiene un papel importante en estos impulsos inadecuados, eso no hace que sea menor el grado de responsabilidad personal de una persona en su forma de responder ante estos impulsos inadecuados. Esto ocurre tanto en los problemas de control de los impulsos como en el TOC. El hecho de que el cerebro pueda estar enviándonos un mensaje doloroso al que resulta difícil responder no reduce nuestra responsabilidad de lidiar con el problema de una forma sana y realizar comportamientos funcionales en lugar de destructivos. Es aquí donde el paso del Reenfoque se puede aplicar igual de bien en personas con problemas de control de los impulsos que en las que sufren TOC.

MIRAR EN NUESTRO INTERIOR

Básicamente, claro está, los dos primeros de nuestro Cuatro Pasos están diseñados en gran medida para mejorar la capacidad de una persona para realizar el paso del Reenfoque según su propia exploración. En esto consiste el Espectador Imparcial: en tratar de observar tu propia conducta como si observaras la conducta de otro. Una vez que aumenta tu capacidad de poder hacer esto, serás capaz de Reenfocarte en nuevos comportamientos más flexibles. Por supuesto, es muy importante recordar que estos dos procesos son interactivos y se refuerzan entre sí. Cuanto más Reenfoques tus comportamientos, más fuerte se volverá tu Espectador Imparcial. Y cuanto más fuerte sea tu Espectador Imparcial, más fácilmente podrás Reenfocar tu atención y cambiar tus comportamientos a otros más funcionales y sanos. Esto se puede aplicar asimismo tanto a personas con problemas de control de los impulsos como a personas con TOC. Para las personas con problemas de control de los impulsos que desean iniciar el proceso de los Cuatro Pasos, el desafío está en examinar de forma honesta sus motivaciones y sus objetivos para el futuro y realizar el esfuerzo necesario para separar sus vidas emocionales de conductas compulsivas relacionadas con la alimentación, el alcohol, el juego o cualquier otro campo.

Cuando los pacientes hacen esto, empiezan a ser capaces de utilizar con mayor efectividad los pasos del Reetiquetado y la Reatribución y han iniciado ya el camino hacia la creación de arsenal terapéutico flexible de comportamientos sanos en los que Reenfocarse, igual que hace una persona con TOC.

En resumen, las personas con TOC cuentan con una ventaja a la hora de poner en práctica los Cuatro Pasos porque ya saben que son diferentes a su impulso de lavarse o de hacer comprobaciones. Las personas con problemas de control de los impulsos necesitan llegar a esa misma conclusión. Cuando lo consiguen, pueden aplicar los Cuatro Pasos de una manera similar a como lo hacen las personas con TOC.

Unas últimas palabras relativas a los impulsos de arrancarse el pelo, que es el síntoma fundamental de una enfermedad relacionada con el TOC, la tricotilomanía. Puedo ofrecer a este respecto un consejo que resulta muy práctico: a la hora de hacer el paso del Reenfoque y tratar de cambiar a comportamientos distintos al de arrancarse el pelo, es especialmente importante desarrollar conductas alternativas que impliquen el uso de las manos.

Muchas personas aprenden a hacer punto, a hacer croché, a bordar, a hacer cerámica, a tocar algún instrumento musical o a realizar alguna de las muchas actividades que implican el uso de las manos. Incluso se pueden hacer cosas tan sencillas como apretar una pelota de goma o, cuando la situación se complica de verdad, sujetarse las manos. El doctor Jefferys de Melbourne, Australia, afirma que ponerse un protector de goma para los dedos de los que usan las personas que cuentan dinero o clasifican papeles puede resultar muy útil. Eso hace que resulte mucho más difícil arrancarse el pelo, lo cual lleva a una merma del impulso. A algunas personas les viene bien incluso sentarse sobre sus manos durante quince minutos. De nuevo, como ocurre siempre con el paso del Reenfoque, cuando se intenta retrasar cada vez más la acción se notan cambios, aunque sean sutiles, en el impulso después de quince minutos o así.

Otro consejo muy importante para las personas que se arrancan el pelo es el de tratar de ser conscientes lo más rápido que puedan de cuándo se han llevado las manos hacia el pelo, porque las personas con tricotilomanía pueden empezar a arrancárselo sin darse cuenta, igual que los fumadores compulsivos se pueden encender un cigarro sin siquiera ser conscientes de que lo están haciendo. —Por cierto, todo esto que acabamos de decir sobre la drogadicción y los Cuatro Pasos se puede aplicar al abandono del hábito de fumar—. A veces, he dicho en broma a mis pacientes de tricotilomanía que adopten el hábito de decir cosas como «Son las diez, ¿sabes dónde tengo las manos?». Esto resulta muy útil y, de hecho, supone otra forma en la que el Espectador Imparcial realiza la percepción consciente. Las conductas automáticas pueden aparecer por sorpresa y empezar a controlarte muy fácilmente. La percepción consciente es tu mejor aliado a la hora de evitar comportamientos destructivos no deseados.

PUNTOS CLAVE QUE HAY QUE RECORDAR

- Los Cuatro Pasos se pueden aplicar casi a cualquier comportamiento que de verdad se desee cambiar.

- La clave del Reetiquetado y la Reatribución está en ver con claridad la diferencia que hay entre tú y el comportamiento que quieres cambiar.

- Aprende a acudir a tu Espectador Imparcial tanto como te sea posible en momentos de debilidad. Así podrás determinar cuáles son tus verdaderos objetivos e intereses.

8
Los Cuatro Pasos y los métodos tradicionales de la terapia conductual

(Elaborado con la colaboración de la doctora Paula W. Stoessel
y de la enfermera titulada Karron Maidment,
del Departamento de Psiquiatría de la UCLA)

El tratamiento del trastorno obsesivo-compulsivo (TOC) sufrió una revolución durante las décadas de 1970 y 1980 gracias al desarrollo de técnicas de terapia conductual denominadas «exposición y prevención de la respuesta». A continuación, describo brevemente otros avances en estas técnicas que ya son clásicas y que se realizaron en la UCLA en la década de 1990, en el contexto de nuestra labor con los Cuatro Pasos del autotratamiento cognitivo-bioconductual.

PARTE I:
LA APLICACIÓN CLÁSICA DE LA EXPOSICIÓN
Y PREVENCIÓN DE RESPUESTA PARA EL TOC

Empecemos con una visión general de las técnicas clásicas de terapia conductual. Tanto si el tratamiento se realiza en el hospital de la UCLA como en el centro ambulatorio de tratamiento del TOC de la UCLA, todas las personas con TOC pasan por las siguientes fases: (1) evaluación, incluida la educación; (2) diseño del tratamiento con la colaboración del terapeuta conductual y el paciente; (3) exposición y prevención de respuesta; y (4) seguimiento posterior al tratamiento.

1. EVALUACIÓN

Después de que se establezca un diagnóstico de TOC mediante una evaluación a fondo que incluye una entrevista estructurada, se enseña al paciente el verdadero significado de las palabras «obsesión» y «compulsión», tal y como se explica en la Introducción. Una vez que esa persona tiene clara la verdadera naturaleza de las obsesiones y las compulsiones, se realiza un perfil completo de todas sus obsesiones y compulsiones. En esta lista de obsesiones se incluyen señales internas y externas que hacen que surjan las obsesiones y también otras señales relacionadas con quejas o dolencias físicas o corporales. Entre las compulsiones se incluyen cosas que se evitan de forma inadecuada y también todo tipo de rituales, así como conductas compulsivas más típicas como puedan ser la del lavado y las verificaciones repetitivas.

En este momento, el terapeuta explica el tratamiento y ofrece las bases del mismo en términos conductuales, de la siguiente manera: se diseña una exposición y prevención de la respuesta para romper dos asociaciones habituales: (1) la que existe entre las obsesiones y la ansiedad y (2) la que existe entre la ansiedad y la realización de comportamientos compulsivos en un intento de aliviar la ansiedad.

Además de ofrecer este enfoque clásico conductual del tratamiento del TOC, el terapeuta conductual explica la neurobiología del TOC, tal y como se describe en el capítulo dos, lo cual sirve para que el paciente conceptualice este trastorno como un problema médico. El modelo médico libera al paciente de la autoinculpación, desestigmatiza el TOC y ayuda al paciente a superar la vergüenza de sufrir este trastorno. En la UCLA, hacemos hincapié en que los aspectos biológicos de este trastorno pueden estar influenciados por la genética, pero que genética y biología no interfieren en modo alguno con la respuesta a la terapia conductual. De hecho, la terapia conductual, así como la medicación psicotrópica —véase el capítulo nueve— han resultado muy eficaces en el tratamiento de la subyacente biología del TOC.

2. DISEÑO COLABORATIVO DEL TRATAMIENTO

El diseño del tratamiento es una labor de colaboración entre el terapeuta conductual y la persona con TOC. A cada obsesión y cada compulsión se le asigna un valor que indica unidades subjetivas de ansiedad —USA— en una escala del 0 al 100, en la cual, la que tenga un 100 es el factor cuyo enfrentamiento provoca más ansiedad. A continuación, se clasifican las obsesiones y compulsiones siguiendo una jerarquía de conductas, colocando abajo aquellas que provocan menos ansiedad y arriba las que más. —Esto es lo que el profesor Gallagher, al comienzo del capítulo uno, no hizo—. En general, en la jerarquía de una persona se representan entre 10 y 15 elementos y el tratamiento comienza en una USA de unos 50.

Una jerarquía hipotética de un paciente con miedo a la contaminación podría ser:

USA
100 orina
95 asientos de inodoros
85 botón de vaciado del inodoro
80 papel higiénico del inodoro
75 pomo de la puerta del baño
70 grifos del baño
50 sustancias pegajosas como la gelatina

Un paciente de TOC con fuertes preocupaciones de verificación podría elaborar la siguiente jerarquía:

USA
100 botones de la cocina
95 interruptores de luz
90 enchufes de aparatos de cocina
85 calefactor

80 calefactor del baño
70 cerraduras
60 puertas
50 televisión

Estas jerarquías hipotéticas se han simplificado para una mayor claridad. Debería tenerse en cuenta que muchas personas con TOC sufren obsesiones y compulsiones muy complejas. Sin embargo, los objetivos de la terapia conductual son los mismos, cualquiera que sea su complejidad.

3. EXPOSICIÓN Y PREVENCIÓN DE RESPUESTA

Una vez que se ha elaborado la jerarquía, el paciente está listo para comenzar el tratamiento. Al igual que ocurre con el diseño del plan del tratamiento, se insta al paciente a que colabore con el terapeuta en el desarrollo de las tareas.

Las exposiciones se realizan durante la sesión de terapia y, de nuevo, en casa. La primera tarea comienza en una USA de 50, aproximadamente, y luego, las siguientes tareas van ascendiendo hasta completar todos los puntos de la jerarquía. El paciente sentirá ansiedad durante las exposiciones, pero esta irá reduciéndose durante los siguientes noventa minutos, más o menos. —Aviso: estas son las técnicas de terapia conductual clásica que se realizan con la ayuda del terapeuta. Cuando se utilicen los Cuatro Pasos en el autotratamiento, las tareas se descompondrán en partes más pequeñas y se utilizará la regla de los quince minutos que se describe en el capítulo tres—. Cada vez que se repite la exposición, los niveles de ansiedad disminuyen. Si no hay ansiedad, es que la exposición no ha sido suficientemente difícil. Si la ansiedad es demasiado abrumadora, la tarea se deberá ajustar para que resulte adecuada.

En la UCLA, pedimos a los pacientes con TOC que se sometan a exposiciones, al menos, dos veces al día y que eviten responder con una compulsión hasta que el nivel de ansiedad disminuya. Esta exposición se repite hasta que la ansiedad inicial, o USA, de la exposición se hace más llevadera. A continuación, se pasa al siguiente punto de la lista. Un ejemplo de exposición inicial para el hombre que siente miedo a la contaminación podría ser ponerle gelatina en una mano y hacer que no se lave hasta que disminuya la ansiedad. Quizá empiece esta exposición con un nivel de USA de 90, lo cual indica que la gelatina le ha hecho sentirse extremadamente ansioso, y termine noventa minutos después con una USA de 30. El terapeuta debe estar presente o accesible durante todo el tiempo. La segunda vez que se someta a la exposición, es probable que la USA sea de unos 75 u 80 y que disminuya a menos de 30. La USA continuará disminuyendo en cada exposición. A la mujer que tiene el TOC de la verificación se le pedirá que salga de casa para acudir a la sesión de terapia sin verificar si ha apagado la televisión y que no vuelva a hacer ninguna verificación hasta que haya terminado la sesión. Al igual que ocurre en el hombre con el miedo a la contaminación, la ansiedad inicial de la mujer, o USA, quizá sea alta al principio, pero disminuye durante el tiempo que está sometida a una determinada exposición. La intensidad de los síntomas tiende a disminuir con cada exposición y prevención de respuesta posterior. Sin embargo, como la ansiedad inicial y las consiguientes USA pueden ser bastante altas a medida que la jerarquía se va complicando, será necesaria una mayor ayuda del terapeuta.

Mediante la exposición a la obsesión sin responder con una compulsión, el paciente rompe la relación entre la obsesión y la ansiedad, pues esta disminuye cada vez que se repite la exposición a la obsesión. Además, la compulsión deja de tener la función de reducir la ansiedad. Así pues, el bucle entre la obsesión y la compulsión que antes resultaba tan absorbente, provocaba tanto temor y se perpetuaba termina rompiéndose. Dicho de otro modo, el paciente debe enfrentarse a los temores obsesivos que genera una obsesión y no actuar conforme a la compulsión para así romper el ciclo de obsesiones y compulsiones. Este cambio en los pensamientos —obsesiones— y sensaciones —ansiedad— se logra gracias a los cambios en el comportamiento —compulsiones—.

4. SEGUIMIENTO POSTERIOR AL TRATAMIENTO

A la persona con TOC que ha completado cada paso de su jerarquía se le insta a que se someta a un seguimiento ambulatorio o, al menos, a tener contacto telefónico durante los siguientes seis meses. Si aparece un síntoma nuevo, se le enseña al paciente a realizar la exposición y prevención de respuesta dos veces al día, al igual que hacía durante el tratamiento.

PARTE II:
PUESTA EN PRÁCTICA DE LOS CUATRO PASOS

Los Cuatro Pasos se pueden combinar de una forma muy efectiva con estas técnicas de tratamiento clásico. Mediante la utilización del paso de Reetiquetado de forma habitual, los pacientes con TOC son cada vez más conscientes de sus síntomas más sutiles y de las cosas que evitan hacer por su miedo a los síntomas del TOC. El Reetiquetado los ayuda a crear un perfil sintomático completo cuando están elaborando la jerarquía de USA para la terapia conductual. El uso habitual del Reetiquetado y la Reatribución los ayuda a gestionar sus respuestas a la ansiedad y, a cambio, esto les permite hacer los ejercicios de la exposición y la prevención de respuesta. Este proceso les puede llevar a ascender de una forma más segura en la jerarquía de las USA.

En el paso del Reenfoque durante la exposición y prevención de respuesta con la ayuda del terapeuta, el paciente con TOC concentra su atención en la ayuda del terapeuta y en la interacción con él mientras espera a que se alivie la ansiedad provocada por la exposición a un estímulo que induce al TOC. Cuando lo haces por tu cuenta, como se describe en el capítulo tres, puedes Reenfocarte en otros comportamientos constructivos y utilizar la regla de los quince minutos como regla de oro para la prevención de respuesta y retrasar el momento. Por supuesto, hay que intentar siempre alargar cada espera y juntar secuencias de quince minutos. La idea no es esperar pasivamente, sino Revalorizar de manera activa los impulsos e identificarlos simplemente como síntomas del TOC que no vas a permitir que sigan controlando tu vida. A medida que vas adquiriendo un mayor control de tus respuestas conductuales, también mejoras tu función cerebral. La interrupción del bucle que utiliza la ansiedad y el miedo para amarrar con fuerza los pensamientos obsesivos a comportamientos compulsivos conduce a una progresiva Revalorización de las obsesiones e impulsos que tiene como consecuencia una disminución posterior de la ansiedad.

El uso de una jerarquía de conductas basada en la escala de USA como forma de elaborar ejercicios estructurados de exposición y prevención de respuesta es un magnífico punto de partida para la realización de la terapia conductual y la aplicación de los Cuatro Pasos.

PUNTOS CLAVE QUE HAY QUE RECORDAR

- Elabora una jerarquía de comportamientos.

- Empieza a trabajar en los síntomas que te provocan menor ansiedad y logra avances antes de pasar al siguiente paso de la jerarquía. No te abrumes. Tu objetivo debe ser el avance regular y continuado.

- Utiliza la regla de los quince minutos y trata de unir secuencias de espera.

- Utiliza los Cuatro Pasos de manera sistemática.

9
El TOC y la medicación

Mis más de veinte años de investigación se han centrado en gran parte en el aspecto biológico y de la medicación dentro de la psiquiatría y sigo abogando por el uso adecuado de los psicofármacos. Pero ¿cuál es exactamente el uso adecuado de los medicamentos en el tratamiento del TOC? Ahora mismo puedo contestar diciendo que no soy muy defensor de la escuela del «tómate esta pastilla y espera a ver si mejoras». Es demasiado pasivo, requiere muy poco esfuerzo dirigido por parte del paciente y deja gran parte de la responsabilidad del éxito del tratamiento en el hallazgo por parte del médico de la «fórmula adecuada».

A lo largo de este libro, he hecho repetidas referencias al uso de medicamentos como «manguitos para nadar», una expresión que acuñé durante mi labor con personas cuya capacidad para realizar los Cuatro Pasos parecía aumentar si se le añadía medicación. Con esto me refiero simplemente al hecho de que, durante las primeras etapas del tratamiento, muchas personas con TOC —normalmente entre la mitad y dos terceras partes— vieron que, al reducirse la intensidad de los síntomas, los medicamentos hacían más fácil la puesta en práctica del paso de Reenfoque. —Sin embargo, debemos hacer hincapié en que todas las personas que han participado en los estudios de escáneres cerebrales de la terapia conductual que hemos realizado en la UCLA no tomaban medicación—. Por tanto, la medicación funciona igual que los manguitos cuando un niño está aprendiendo a nadar: reduce el miedo y hace más fácil seguir flotando mientras aprendes a dar brazadas. Esta analogía parece especialmente acertada porque, al igual que los niños que están aprendiendo a nadar pueden avanzar cada vez con menos aire en sus manguitos y, finalmente, nadar sin ellos, las personas con TOC que realizan los Cuatro Pasos pueden avanzar con dosis de medicación cada vez menores a medida que pasan las semanas y siguen trabajando en su terapia conductual. Tal y como ha demostrado nuestro estudio, la sola realización de los Cuatro Pasos cambia la química cerebral casi de la misma forma que lo hace la medicación.

Los medicamentos estudiados hasta ahora que han resultado útiles de manera continuada en el tratamiento del TOC interactúan con un elemento químico del cerebro llamado serotonina. La serotonina es uno de los muchos neurotransmisores del cerebro, elementos químicos que ayudan a transmitir señales de una neurona a otra. Después de que una neurona libera un neurotransmisor, una de las principales formas en que queda inactivado es cuando lo recoge una «bomba» que vuelve a introducirlo en la neurona. Las complejas moléculas que recogen los neurotransmisores para dejarlos inactivos se conocen, por tanto, como «bombas de recaptación». Uno de los grupos de medicamentos que más se suelen recetar en la actualidad son los conocidos como inhibidores selectivos de recaptación de serotonina (ISRS), que bloquean o inhiben de forma selectiva la bomba de recaptación que deja inactiva la serotonina.

Tres de los ISRS que ha aprobado la Agencia de Alimentos y Medicamentos estadounidense —en inglés, Food and Drug Administration o FDA— para el tratamiento del TOC son la fluoxetina (Prozac), la paroxetina (Paxil) y la fluvoxamina (Luvox). La única otra medicación que ha aprobado la FDA para el tratamiento del TOC es la clomipramina (Anafranil), que también es un inhibidor de la recaptación, pero es un medicamento más antiguo, de la época de la psicofarmacología, no es selectivo y actúa de forma significativa en otros neurotransmisores aparte de la serotonina. Otro ISRS que cuenta con bastantes estudios para el tratamiento del TOC y que aún no ha sido aprobado por la FDA con este fin es la sertralina (Zoloft). Probablemente, lo más importante que hay que recordar para conseguir la máxima efectividad en el tratamiento del TOC con estos medicamentos es que tardan unos cuantos meses en mostrar su efecto completo. Por lo general, hay que tomar cualquiera de estos medicamentos durante tres meses para determinar si es efectivo para el tratamiento del TOC. Por supuesto, en cada caso, hay que seguir las instrucciones del médico —es también interesante recalcar que todos estos ISRS son también efectivos en el tratamiento de la depresión, normalmente en la mitad de tiempo que requieren en el tratamiento del TOC—.

Aunque se tarda tres meses en ver el efecto completo de estos medicamentos sobre los síntomas del TOC —lo que, por lo general, quiere decir una reducción en un cincuenta por ciento de la gravedad de los síntomas—, sí que pueden facilitar la realización de los Cuatro Pasos de una forma considerablemente más rápida. Por desgracia, no se ha realizado ningún estudio que demuestre si la terapia conductual puede hacer que los medicamentos actúen con mayor rapidez, pero, en mi opinión, tras haber tratado a muchos cientos de pacientes de TOC tanto con terapia conductual como con medicación, no me cabe duda de que es así. Tiene todo el sentido que sea así, puesto que la terapia conductual cambia el modo de actuar del cerebro del mismo modo que lo hacen los medicamentos. No hay duda de que aún hay que hacer muchos más estudios en el campo de la salud mental.

Un medicamento que aprobó la FDA para el tratamiento de la ansiedad funciona principalmente actuando sobre la serotonina, pero no sobre la bomba de recaptación. Se conoce como buspirona (BuSpar) y, aunque no es especialmente efectiva en la reducción de la intensidad de los síntomas de TOC por sí misma, sí que resulta bastante útil en personas que sienten demasiada ansiedad cuando tratan de iniciar una terapia conductual. Parece especialmente útil en la parte cognitiva del tratamiento, cuando los pacientes tienen tanto miedo al TOC que olvidan Reetiquetar y Reatribuir o sienten tanta ansiedad que no pueden Reenfocar ni pensar que «no soy yo, es el TOC». BuSpar es un medicamento leve, por lo general, bastante fácil de tolerar y normalmente tarda entre dos y cuatro semanas en actuar con efectividad. También se puede combinar fácilmente con los ISRS e incluso puede bloquear algunos de los efectos secundarios de ese grupo de medicamentos, si es que el médico quiere usarlos juntos.

Así pues, si te sientes abrumado por el TOC o crees que te vendrían bien unos manguitos que te ayuden a aprender a realizar los Cuatro Pasos, no dudes en consultar a tu médico la posibilidad de tomar medicación. Pero, por favor, recuerda que eres tú quien debe hacer el esfuerzo. Todo lo que siembres también lo cosecharás.

PUNTOS CLAVE QUE HAY QUE RECORDAR

- Los medicamentos son como los manguitos o las rueditas de las bicicletas: pueden ayudar a mantenerlo todo bajo control mientras aprendes los Cuatro Pasos.

- Deja varios meses para que la situación se equilibre.

- Reduce las dosis de medicación poco a poco.

- A la vez que se reduce la dosis, los síntomas del TOC pueden volverse más fuertes. Utiliza los Cuatro Pasos para gestionar tus respuestas de una forma controlada.

- A medida que tu cerebro cambia con la realización de los Cuatro Pasos, la necesidad de medicación casi siempre disminuye.

10
Formulario del test de detección de la obsesión-compulsión de la Universidad de Hamburgo

¿Te lavas las manos después de sentir que has estado demasiado cerca de un animal o un objeto sucio?

| 1 | Verdadero | Falso |

¿Vuelves a colocar manteles o alfombras porque crees que no están bien puestos?

| 2 | Verdadero | Falso |

¿Hay días en los que tienes que pensar tanto en ciertas palabras o imágenes que eres incapaz de hacer otra cosa?

| 3 | Verdadero | Falso |

¿Te suele resultar imposible dejar de repetir —aunque sea en silencio— una frase que ya has pronunciado?

| 4 | Verdadero | Falso |

A lo largo del día ¿piensas varias veces en tareas que ya has concluido?

| 5 | Verdadero | Falso |

¿Crees que no puedes dejar de contar mientras realizas determinadas actividades?

| 6 | Verdadero | Falso |

¿Intentas, a veces, alejarte de un pensamiento relacionado con que tu pareja haga algo que no querría que tú supieras?

7	Verdadero	Falso

¿Hay actividades que no puedes terminar antes de haber contado hasta determinado número?

8	Verdadero	Falso

¿A veces, te alejas conscientemente del pensamiento de hacerte daño o acabar con tu vida?

9	Verdadero	Falso

A lo largo del día ¿recuerdas con frecuencia una palabra, una imagen o una frase determinada?

10	Verdadero	Falso

¿Compruebas si están limpios los asientos públicos, como los de autobuses o taxis, antes de sentarte?

11	Verdadero	Falso

¿A veces repites en voz alta algo que ya se ha dicho, aunque intentas evitar hacerlo?

12	Verdadero	Falso

Tras salir de casa ¿tienes que pensar constantemente si todo estará en orden dentro de ella?

13	Verdadero	Falso

Antes de empezar a vestirte ¿piensas exactamente cómo lo vas a hacer?

14	Verdadero	Falso

¿Alguna vez te has descubierto contando sin ningún motivo en particular?

15	Verdadero	Falso

¿Algún día no has podido pensar en otra cosa que no sea hacerte daño o acabar con tu vida?

16	Verdadero	Falso

¿Te lavas las manos tras leer el periódico?

17	Verdadero	Falso

¿Alguna vez has notado que tocas algo varias veces antes o después de haberlo usado?

18	Verdadero	Falso

¿Alguna vez has tocado enchufes de aparatos eléctricos varias veces y has contado a pesar de intentar no hacerlo?

19	Verdadero	Falso

¿Buscas esquinas dobladas en las páginas de libros o revistas y las alisas de inmediato?

20	Verdadero	Falso

¿Doblas los periódicos en su posición inicial después de leerlos?

21	Verdadero	Falso

¿Te surge a menudo el pensamiento de que puedes estar enfermo, quedarte ciego o volverte loco?

22	Verdadero	Falso

¿Hay días en los que solo puedes pensar en hacerle daño a alguien o en acabar con su vida?

| 23 | Verdadero | Falso |

Después de acostarte ¿vuelves a levantarte para verificar todos los aparatos eléctricos?

| 24 | Verdadero | Falso |

¿El hecho de contar el número de veces que tocas los enchufes de los aparatos eléctricos interfiere en tu rutina diaria?

| 25 | Verdadero | Falso |

¿Vuelves a ordenar los objetos que hay en tu mesa, en tu armario o en otros lugares de forma repetida, aunque no se haya tocado nada desde la última vez que lo hiciste?

| 26 | Verdadero | Falso |

¿Compruebas la dirección del remitente inmediatamente antes de enviar una carta?

| 27 | Verdadero | Falso |

PUNTUACIÓN

A. Calcula el número total de respuestas en las que has señalado verdadero para las preguntas 3, 4, 5, 6, 7, 8, 9, 10, 13, 14, 15, 16, 22 y 23. Son obsesiones.

Si el número total de respuestas de verdadero para estas preguntas es

1 o 2: Probablemente no tengas obsesiones significativas desde un punto de vista clínico.

3, 4, 5 o 6: Probablemente tengas obsesiones significativas desde un punto de vista clínico.

7-14: Definitivamente, tienes obsesiones que son significativas desde un punto de vista clínico.

B. Calcula el número total de respuestas en las que has señalado verdadero para las preguntas 1, 2, 11, 12, 17, 18, 19, 20, 21, 24, 25, 26 y 27. Son compulsiones.

1, 2 o 3: Probablemente no tengas compulsiones significativas desde un punto de vista clínico.

4, 5, 6 o 7: Probablemente tengas compulsiones significativas desde un punto de vista clínico.

8-13: Definitivamente, tienes compulsiones que son significativas desde un punto de vista clínico.

Fuente: Doctores Iver Hand y Rudiger Klepsch, Universidad de Hamburgo, Alemania.

Si deseas más información sobre el TOC, no dudes en ponerte en contacto con la Obsessive-Compulsive Foundation National Headquarters (Sede Central Nacional de la Fundación de Trastornos Obsesivos-Compulsivos), P. O. Box 70, Milford, CT 06460, organización sin ánimo de lucro. Teléfono (203) 878-5669; fax (203) 874-2826.

11

Diario del autotratamiento de los Cuatro Pasos de un paciente con TOC

Nota. Uno de nuestros pacientes tomó estas notas sobre cómo aplicar los Cuatro Pasos a sus síntomas al principio del tratamiento. Aquí se presentan solamente a modo de ejemplo. Otras personas pueden organizar sus síntomas de una forma muy distinta.

ROMPE EL BUCLE INFINITO. ANALOGÍA DEL MONSTRUO. RECONOCE LOS PENSAMIENTOS DEL TOC

1. REETIQUETA inmediatamente como
A. Pensamiento obsesivo
   Idea obsesiva
   Frase obsesiva
   Palabra obsesiva —número de letras, simetría, asociaciones—

Tipos: Violento. Sexual. Escatológico. Blasfemia. Ser querido. Falta de placer en el futuro. Autocastigo —escrupulosidad—. Mala persona —culpa mía. Intención. ¿Lo digo de verdad?—.
Excusas: Falso deseo, esperanza. Rabia distorsionada. Realidad a medias distorsionada. Contaminación. Necesidad de ser perfecto. Necesidad de confesar. ¿Y si? Mala persona. Necesidad de apoyo.

B. Ansiedad. Temporal. Culpa. Tristeza. Nervios.
C. Compulsiones-Mentales. Sensación adecuada-Necesidad de. Negación. Sustituir por positivo. Rumias. Contar. Compulsiones-Visibles. Confesar. Buscar apoyo. Golpeteo.

2. REATRIBUIR. Enfermedad. Desequilibrio bioquímico. Teoría de la puerta: atascada —núcleo caudado/putamen/núcleo estriado—. Mensaje falso: alarma de coche. Interferencia. Ego-extraño. Enfermedad genética.

NO SOY YO, ES MI TOC. FUERA DE MI CONTROL. TRASTORNO. CULPA DEL CEREBRO

A. ANTICIPACIÓN. Prepararse. No hay que tener miedo. Culpa del cerebro.

B. ACEPTACIÓN. Oración de serenidad. Importancia. No es por mí, sino a pesar de mí.

3. REENFOCAR. Mirar a otro lado —otra mejilla—. Realizar otro comportamiento. Di que lo sabes. Aguanta-retraso en las compulsiones. No hacer caso.

4. REVALORIZAR. Restar valor-mensajes falsos. ¿A quién le importa si no desaparece? De todos modos, no es real. Apatía-indiferencia. Humor. Sarcasmo. No crees polémica, es solo química.

PARTE III

Manual de autotratamiento con el método de los Cuatro Pasos

Si tienes pensamientos obsesivos y conductas compulsivas, te aliviará conocer los importantes avances en el tratamiento de esta enfermedad. A lo largo de los últimos veinte años, la terapia conductual ha resultado ser tremendamente efectiva a la hora de tratar el trastorno obsesivo-compulsivo (TOC).

La idea del autotratamiento como parte del método de la terapia conductual supone un avance importante. En este manual, te enseño a convertirte en tu propio terapeuta conductual. Con el aprendizaje de algunos datos importantes sobre el TOC y el reconocimiento de que se trata de una enfermedad que responde a un tratamiento, podrás superar los impulsos de realizar comportamientos compulsivos y dominarás nuevos modos de enfrentarte a pensamientos molestos y obsesivos.

En la UCLA, llamamos a este método «autotratamiento cognitivo-bioconductual». La palabra «cognitivo» procede de la palabra del latín que significa 'conocer'; el conocimiento tiene un papel importante en este método en la enseñanza de técnicas básicas de terapia conductual. Los estudios han demostrado que las de exposición y prevención de la respuesta son técnicas de terapia conductual muy efectivas para el tratamiento del TOC. En la exposición y prevención de respuesta tradicional, los pacientes con TOC aprenden —con el asesoramiento continuado de un terapeuta profesional— a exponerse a estímulos que intensifican sus pensamientos obsesivos e impulsos compulsivos y, después, aprenden a no responder a dichos pensamientos e impulsos de una forma compulsiva. Por ejemplo, a las personas que tienen una obsesión irracional con contaminarse de suciedad se les puede ordenar que cojan algo sucio con sus manos y que, después, no se las laven durante, al menos, tres horas. Hemos hecho algunas modificaciones en este método para que puedas hacerlo por tu cuenta.

A esta técnica se le llama «prevención de respuesta» porque con ella se aprende a prevenir las respuestas compulsivas habituales y sustituirlas por otros comportamientos nuevos y más constructivos. A nuestro método le hemos llamado «bioconductual» porque utilizamos información nueva sobre la base biológica del TOC para ayudar a controlar tus reacciones de ansiedad y a aumentar tu capacidad de resistencia a los molestos síntomas del TOC. Nuestro tratamiento se diferencia de la técnica de exposición y prevención de respuesta clásica en un aspecto importante: hemos desarrollado un método de Cuatro Pasos que aumenta la capacidad de someterse a la exposición y prevención de respuesta estando solos y sin que esté presente un terapeuta.

El principio básico es que con la comprensión de lo que son en realidad estos pensamientos e impulsos, se puede aprender a gestionar el miedo y la ansiedad que provoca el TOC. La gestión del miedo, posteriormente, te permitirá controlar las respuestas conductuales de una forma mucho más efectiva. Utilizarás tu conocimiento biológico y percepción cognitiva para ayudarte a realizar la exposición y prevención de respuesta por tu cuenta. Esta estrategia consta de Cuatro Pasos básicos:

> Paso 1. Reetiquetado
> Paso 2. Reatribución
> Paso 3. Reenfoque
> Paso 4. Revalorización

El objetivo es practicar estos pasos a diario. —Los tres primeros son especialmente importantes al principio del tratamiento—. El autotratamiento forma una parte fundamental de esta técnica para aprender a gestionar tus respuestas al TOC a diario. Empecemos aprendiendo en qué consisten los Cuatro Pasos.

PASO 1: REETIQUETADO

El primer paso fundamental es aprender a reconocer pensamientos obsesivos e impulsos compulsivos. Es mejor no hacerlo de una forma superficial. Más bien, deberás esforzarte para conseguir comprender de verdad que esa sensación que tan molesta resulta en ese momento es una sensación obsesiva o un impulso compulsivo. Para ello, es importante aumentar la percepción consciente de que estos pensamientos e impulsos intrusivos son síntomas de un trastorno médico.

Mientras la percepción sencilla y rutinaria es casi automática y normalmente bastante superficial, la percepción consciente es más profunda y precisa y solamente se logra a través de un esfuerzo de concentración. Requiere del reconocimiento consciente y del registro mental del síntoma obsesivo o compulsivo. Deberás hacer literalmente notas mentales como «este pensamiento es una obsesión; este impulso es compulsivo». Deberás hacer el esfuerzo de gestionar los intensos pensamientos e impulsos biológicamente mediatizados que se cuelan con tanta insistencia en la conciencia. Esto implica tener que dedicar el esfuerzo necesario para mantener la percepción de lo que llamamos el Espectador Imparcial, el poder observador que tenemos en nuestro interior y que proporciona a cada persona la capacidad de reconocer lo que es real y lo que solo es un síntoma y de repeler el impulso patológico hasta que empiece a disminuir y desaparecer.

El objetivo del Paso 1 es aprender a Reetiquetar los pensamientos e impulsos intrusivos de tu mente como obsesiones y compulsiones y hacerlo con firmeza. Empieza a llamarlos así; utiliza las etiquetas de obsesión y compulsión. Por ejemplo, acostúmbrate a decir: «No creo ni siento que mis manos estén sucias» o «No siento la necesidad de lavarme las manos. Estoy teniendo un impulso compulsivo de realizar la compulsión de lavármelas».

—Esta técnica es la misma para otras obsesiones y compulsiones, incluida la verificación compulsiva de puertas y aparatos y contar sin necesidad—. Debes aprender a reconocer como TOC los pensamientos e impulsos intrusivos.

En el paso del Reetiquetado la idea básica es «llamar al pensamiento obsesivo o al impulso compulsivo lo que de verdad es». Reetiquétalo de forma tajante para así poder empezar a entender que esa sensación no es más que una falsa alarma, con poca base de realidad o ninguna en absoluto. Tras muchos estudios científicos, ahora sabemos que estos impulsos están provocados por desequilibrios biológicos del cerebro. Al llamarlos como lo que de verdad son —obsesiones y compulsiones— empiezas a entender que, en realidad, no dicen la verdad. Simplemente, son mensajes falsos que proceden del cerebro.

Es importante recordar que solo con Reetiquetar estos pensamientos e impulsos no van a desaparecer. De hecho, lo peor que puedes hacer es intentar obligarlos a que desaparezcan. Eso no va a funcionar porque esos pensamientos e impulsos tienen una causa biológica que queda fuera de tu control. Lo que sí puedes controlar es tu respuesta conductual a dichos impulsos. Con el Reetiquetado, empiezas a entender que por muy reales que parezcan, lo que están diciendo no es real. El objetivo es aprender a resistirse a ellos.

Recientes estudios científicos sobre el TOC han demostrado que si aprendes a resistir las obsesiones y compulsiones mediante la terapia conductual, puedes cambiar de verdad la bioquímica que está provocando los síntomas del TOC. Pero no hay que olvidar que el proceso de cambio del problema biológico subyacente y, con él, el cambio del impulso mismo puede durar semanas o incluso meses. Requiere un esfuerzo de paciencia y persistencia. Intentar hacer que estos pensamientos o impulsos desaparezcan en segundos o minutos solo provocará frustración, desmoralización y estrés. De hecho, puede hacer que los impulsos empeoren. Probablemente, lo más importante que se aprende con este tratamiento conductual es que tus respuestas a los pensamientos e impulsos están dentro de tu control, por muy fuertes y molestos que puedan ser. El objetivo es controlar tus respuestas a esos pensamientos e impulsos, no controlar los pensamientos e impulsos en sí.

Los dos pasos siguientes están diseñados como herramientas para que puedas aprender nuevas formas de controlar las respuestas conductuales a los síntomas del TOC.

PASO 2: REATRIBUCIÓN

La clave de nuestro método de terapia conductual autodirigida para tratar el TOC se puede resumir en una sola frase: «No soy yo, es mi TOC». Ese es nuestro grito de guerra. Es un aviso de que los pensamientos e impulsos del TOC no tienen sentido, que son mensajes falsos que envía el cerebro. La terapia conductual autodirigida te permite entender mejor este hecho.

Estás dirigiéndote hacia un profundo entendimiento de por qué el impulso de verificar esa cerradura o por qué el pensamiento de que «tengo las manos sucias» pueden ser tan poderosos y abrumadores. Si sabes que el pensamiento no tiene sentido, ¿por qué responder a él? Entender por qué el pensamiento es tan fuerte y por qué no va a desaparecer es la clave para aumentar tu fuerza de voluntad y te permite combatir el impulso de lavarte o hacer la verificación.

El objetivo es aprender a Reatribuir la intensidad del pensamiento o del impulso a su verdadera causa, reconocer que la sensación y la incomodidad se deben a un desequilibrio bioquímico del cerebro. Es el TOC, una enfermedad. Reconocerlo como tal es el primer paso hacia el desarrollo de una mejor comprensión de que estos síntomas no son lo que parecen. Aprendes a no tomarlos al pie de la letra.

Muy dentro del cerebro existe una estructura llamada núcleo caudado. Científicos de todo el mundo han estudiado esta estructura y creen que, en las personas con TOC, el núcleo caudado puede tener un fallo. Pensemos en el núcleo caudado como un centro de procesamiento o estación de filtrado de los muy complicados mensajes que genera la parte frontal del cerebro, la cual es probablemente la que se usa para el pensamiento, la planificación y la comprensión. Junto a su estructura hermana, el putamen, que está a su lado, el núcleo caudado funciona como la transmisión automática de un coche. El núcleo caudado y el putamen, a los que juntos se les conoce como núcleo estriado, reciben mensajes de partes muy complicadas del cerebro, las que controlan el movimiento corporal, las sensaciones físicas y el pensamiento y planificación que implican esos movimientos y sensaciones. Funcionan al unísono como una transmisión automática, garantizando la fluida transición de un comportamiento a otro. En general, cuando cualquiera decide hacer un movimiento, se filtran y descartan automáticamente otros movimientos que se entrometen y sensaciones engañosas de tal modo que se puede realizar el movimiento de una forma rápida y eficaz. Hay un cambio de marchas rápido y suave.

A lo largo de un día normal, hacemos muchos cambios de comportamiento rápidos de una forma fluida y fácil y, normalmente, sin pensarlo. Es el funcionamiento del núcleo caudado y el putamen lo que hace que esto sea posible. En el TOC, parece que el problema está en que el filtrado fluido y eficaz y los cambios de pensamientos y comportamiento quedan alterados por un problema técnico en el núcleo caudado.

Como consecuencia de este mal funcionamiento, la parte frontal del cerebro se vuelve hiperactiva y utiliza excesiva energía. Es como si tu coche se quedara atascado en una cuneta. Haces girar las ruedas sin parar, pero, sin tracción, no podrás salir de la zanja. Con el TOC, se usa demasiada energía en una parte frontal del cerebro que conocemos como corteza orbitofrontal. Es como si la corteza orbitofrontal, que tiene un circuito de detección de errores, se quedara atascada. Probablemente esta es la razón por la cual el TOC hace que quienes lo sufren tengan una sensación de que «algo va mal» que no desaparece. Hay que hacer el esfuerzo de ponerlo en punto muerto y cambiar de marcha. Tendrás una caja de cambios manual en lugar de automática. De hecho, la persona con TOC tiene una caja de cambios manual atascada; deberá cambiar de marcha. Esto requiere un enorme esfuerzo porque el cerebro tiende a «quedarse atascado». Pero mientras la caja de cambios de un automóvil está hecha de metal y no sabe arreglarse a sí misma, las personas con TOC pueden aprender a cambiar mediante la terapia conductual autodirigida. Al hacerlo, podrán lograr arreglar esa palanca de cambios del cerebro que está rota. Ahora sabemos que puedes cambiar la bioquímica de tu propio cerebro.

La clave del paso de la Reatribución está en ser consciente de que la desagradable intrusión y la tremenda intensidad de los pensamientos del TOC se deben a una enfermedad. Unos problemas subyacentes del cerebro están provocando que estos pensamientos e impulsos sean tan intrusivos. Esa es la razón por la que no desaparecen. Al realizar el método de los Cuatro Pasos de la terapia conductual autodirigida, se puede cambiar la bioquímica del cerebro. Para ello, se necesitan semanas o incluso meses de mucho esfuerzo. Mientras tanto, comprender el papel que desempeña el cerebro en los pensamientos e impulsos del TOC te ayudará a evitar una de las cosas más desmoralizantes y destructivas que casi todas las personas con TOC hacen: el frustrante intento de «deshacerse» de esos pensamientos e impulsos. No se puede hacer nada para que desaparezcan de inmediato. Pero recuerda esto: no tienes que actuar conforme a ellos. No los tomes al pie de la letra. No los escuches. Sabes qué son. Son mensajes falsos del cerebro que tienen su origen en una enfermedad que se conoce como TOC. Utiliza esta información para evitar actuar conforme a ellos. Lo más efectivo que puedes hacer —y que, a largo plazo, te ayudará a cambiar tu cerebro para mejor— es aprender a dejar a un lado estos pensamientos y sensaciones y pasar a otro comportamiento. A esto es a lo que nos referimos cuando hablamos de cambio de marcha: realizar otro comportamiento. Intentar hacer que desaparezcan no hará sino añadir más estrés al ya existente. Y lo único que consigue el estrés es empeorar los pensamientos e impulsos del TOC.

El paso de la Reatribución te ayudará también a no realizar rituales en un vano intento de «tener una buena sensación» —por ejemplo, una sensación de «uniformidad» o de culminación—. Al ser consciente de que el impulso de tener esa «buena sensación» lo provoca un desequilibrio bioquímico del cerebro, puedes aprender a no hacer caso de ese impulso y pasar a otra cosa. Recuerda que «no soy yo, es mi TOC». Cuando te niegas a escuchar al impulso y a actuar conforme a él, consigues cambiar tu cerebro y que la sensación disminuya. Si tomas el impulso al pie de la letra y actúas conforme a él, quizá logres un alivio momentáneo, pero en muy poco tiempo, ese impulso se volverá más intenso. Probablemente sea esta la lección más importante que deben aprender las personas con TOC, pues las ayuda a no ser «ingenuas» y morder el falso anzuelo del TOC.

Los pasos de Reetiquetado y Reatribución se suelen realizar juntos para lograr una mayor comprensión de lo que de verdad ocurre cuando un pensamiento o impulso del TOC te provoca tanto sufrimiento. Lo Reetiquetas, lo llamas por su nombre —obsesión o compulsión—. Utiliza la percepción consciente para mirar más allá de una apreciación superficial del TOC y lograr otra más profunda en la que los pensamientos e impulsos no son más que la consecuencia de una enfermedad.

PASO 3: REENFOQUE

Es en el paso del Reenfoque donde se hace el verdadero esfuerzo. Al principio, es posible que lo tomes como el paso del «sin esfuerzo no hay recompensa». El ejercicio mental es como el físico.

Para Reenfocar tienes que hacer un esfuerzo: debes cambiar tú mismo la marcha. «Con el esfuerzo y la conciencia plena y centrada, vas a hacer lo que normalmente hace el núcleo caudado de una forma fácil y automática», que es avisarte de cuándo cambiar a otro comportamiento. Pensemos en un cirujano que se frota las manos antes de una operación: el cirujano no tiene que esperar a que un cronómetro dé la señal para dejar de lavarse. Al poco tiempo, ese comportamiento se vuelve automático. Al poco tiempo, tiene la «sensación» de que ya se ha frotado las manos lo suficiente. Pero las personas con TOC no pueden tener la sensación de que algo ha terminado cuando ya ha terminado. Tienen estropeado el piloto automático. Por suerte, la puesta en práctica de los Cuatro Pasos suele arreglarlo.

Con el Reenfoque, la idea es sortear los pensamientos e impulsos del TOC dirigiendo la atención a otra cosa, aunque solo sea durante unos minutos. Al principio, es posible que elijas un comportamiento específico que sustituya al lavado o a la verificación compulsivos. Cualquier comportamiento constructivo y agradable te servirá. Las aficiones suelen resultar especialmente bien. Por ejemplo, es posible que te decidas por dar un paseo, hacer ejercicio, escuchar música, leer, ponerte algún videojuego, coser o lanzar unas canastas.

Cuando aparece el pensamiento, primero lo Reetiquetas como pensamiento obsesivo o comportamiento compulsivo y, después, lo Reatribuyes al hecho de que tienes un TOC, una enfermedad. Después, Reenfocas tu atención a este otro comportamiento que has elegido. Empieza el proceso del Reenfoque negándote a tomar al pie de la letra los síntomas obsesivo-compulsivos. Piensa: «Estoy sufriendo un síntoma del TOC. Necesito realizar otro comportamiento».

Debes aprender un nuevo método de respuesta a esos pensamientos e impulsos para redirigir tu atención a otra cosa que no sean los síntomas del TOC. El objetivo del tratamiento es dejar de responder a esos síntomas mientras reconoces que, a corto plazo, estas sensaciones van a seguir molestándote. Empiezas a «sortear-las» realizando otro comportamiento. Aprendes que, aunque la sensación del TOC sigue ahí, no tiene por qué controlar lo que haces. Tomas la decisión de qué es lo que vas a hacer, en lugar de responder a los pensamientos e impulsos del TOC como haría un robot. Cuando Reenfocas, recuperas tu capacidad de tomar deci-siones. Esos fallos bioquímicos de tu cerebro dejan de tener la sartén por el mango.

La regla de los quince minutos

Reenfocar no es fácil. Sería una falsedad decir que reducir los pen-samientos e impulsos y pasar a otra cosa no requiere un esfuerzo importante e incluso tener que soportar cierto sufrimiento. Pero solo si aprendes a resistirte a los síntomas del TOC podrás cambiar el cerebro y, con el tiempo, hacer que ese sufrimiento disminuya. Para ayudarte a realizar esta tarea, hemos desarrollado la regla de los quince minutos. El objetivo es retrasar tu respuesta a un pensa-miento obsesivo o a tu impulso de realizar un comportamiento compulsivo dejando que pase un tiempo, preferiblemente quince minutos, por lo menos, antes de que pienses siquiera en actuar conforme al impulso o el pensamiento. Al principio, o cuando los impulsos son muy intensos, es posible que necesites establecer un tiempo de espera más corto, digamos cinco minutos. Pero la nor-ma es siempre la misma: no realizar nunca la compulsión sin un tiempo de espera. Recuerda que no se trata de un tiempo de espera pasiva. Es un tiempo en el que pones en práctica de una forma ac-tiva los pasos de Reetiquetado, Reatribución y Reenfoque. Deberás tener la percepción consciente de que estás Reetiquetando esas sensaciones incómodas como TOC y las estás Reatribuyendo a un desequilibrio bioquímico del cerebro. Estas sensaciones las provo-ca el TOC; no son lo que parecen. Son mensajes defectuosos que proceden del cerebro.

Luego, debes realizar otro comportamiento; cualquiera que resulte agradable y constructivo servirá. Una vez que ha pasado el tiempo establecido, vuelve a evaluar el impulso. Pregúntate si ha habido algún cambio en la intensidad y toma nota en caso de que así sea. Incluso la disminución más sutil puede servirte como estímulo para esperar más tiempo. Así, aprendes que, cuanto más esperes, más cambiará el impulso. El objetivo será siempre la espera de quince minutos o más. A medida que practicas esto, verás que con la misma cantidad de esfuerzo conseguirás una mayor disminución de la intensidad. Así pues, en general, cuanto más practiques la regla de los quince minutos, más fácil resultará. Es posible que, en poco tiempo, llegues a veinte, treinta o más minutos.

Lo que haces es lo que cuenta
Es de vital importancia Reenfocar tu atención alejándola del impulso o pensamiento y dirigiéndola a otra tarea o actividad que sea lógica. No esperes a que el pensamiento o la sensación desaparezcan. No esperes que lo hagan de inmediato. Y, sobre todo, no hagas lo que el TOC te dice que hagas. Al contrario, dedícate a cualquier actividad constructiva que elijas. Verás que dejar un tiempo de espera entre la aparición del impulso y el simple pensamiento de actuar conforme a él hará que ese impulso se desvanezca y cambie. Y lo que es más importante, aunque ese cambio en el impulso sea apenas perceptible, como suele ocurrir, aprendes que puedes tener cierto control sobre tu respuesta a ese mensaje erróneo de tu cerebro.

La aplicación de la percepción consciente y el Espectador Imparcial te dará fortaleza, sobre todo, si llevas años sintiéndote a merced de una fuerza extraña y aparentemente inexplicable. El objetivo a largo plazo del paso del Reenfoque es, por supuesto, no volver a realizar nunca más un comportamiento compulsivo como respuesta a un pensamiento o impulso del TOC. Pero el objetivo más inmediato es imponer un tiempo de espera antes de realizar cualquier compulsión. Aprendes con esto a no permitir que las sensaciones del TOC determinen tus actos.

A veces, el impulso será tan fuerte que terminarás realizando la compulsión. Esto no es una invitación para que te mortifiques. Recuerda que cuando practicas los Cuatro Pasos y tu comportamiento cambia, también cambiarán tus pensamientos y sensaciones. Si te rindes y realizas una compulsión tras un tiempo de espera y tras un intento de Reenfoque, haz un esfuerzo adicional de continuar Reetiquetando el comportamiento y reconocer que esta vez el TOC te ha superado. Recuerda: «No me estoy lavando las manos porque estén sucias, sino por mi TOC. El TOC ha ganado esta partida, pero, la próxima vez, esperaré más tiempo». De este modo, incluso la realización de un comportamiento compulsivo puede llevar en sí un elemento de terapia conductual. Es muy importante ser consciente de esto: Reetiquetar un comportamiento compulsivo como comportamiento compulsivo es una forma de terapia conductual y resulta mucho mejor que realizar una compulsión sin hacer una nota mental clara de lo que es.

Un consejo para aquellos que se están enfrentando a comportamientos de verificación —verificar cerraduras, cocinas y otros aparatos—: si tu problema es, por ejemplo, verificar si una puerta está cerrada, intenta cerrarla con una atención adicional y percepción consciente la primera vez. De este modo, contarás con una buena imagen mental a la que acudir cuando surja el impulso compulsivo. Anticipando que vas a sentir el impulso de verificación, debes cerrar la puerta esa primera vez con lentitud y de una forma deliberada, tomando notas mentales como «La puerta está ahora cerrada. Puedo ver que la puerta está cerrada». Te será útil tener una imagen mental clara de esa puerta cerrada para que, cuando te atrape el impulso de verificar la puerta, seas capaz de Reetiquetar de inmediato y decir: «Es una idea obsesiva. Es el TOC». Reatribuirás a tu TOC la intensidad e intrusión del impulso de verificar de nuevo. Recordarás: «No soy yo, es mi cerebro».

Reenfocarás y empezarás a «sortear» los impulsos del TOC realizando otro comportamiento, con una imagen mental preparada de que has cerrado la puerta porque lo has hecho con mucho cuidado y atención esa primera vez. Puedes utilizar este conocimiento para que te ayude a Reenfocarte de forma activa en la realización de otro comportamiento, incluso mientras Reetiquetas y Reatribuyes el impulso para comprobar que ha aparecido, tal y como ya anticipaste.

Escribir un diario

Es importante escribir un diario de la terapia conductual para registrar tus logros al Reenfocar. No tiene por qué ser nada elaborado. La idea es simplemente contar con un registro por escrito que te recuerde tus avances en la terapia conductual autodirigida. El diario es importante porque puedes acudir a él para ver qué comportamientos te han servido mejor para Reenfocar. Pero, y esto es igual de importante, también te sirve para ganar más confianza cuando ves cómo crece tu lista de logros. En el fragor de la batalla contra un impulso compulsivo, no siempre resulta fácil recordar en qué comportamiento hay que Reenfocar. Escribir un diario te servirá para cambiar de marcha cuando la situación se ponga difícil, cuando el pensamiento obsesivo o el impulso compulsivo se caldeen y, así, enseñarás a tu mente a recordar qué es lo que ha funcionado en el pasado. A medida que se va alargando tu lista de logros, se va convirtiendo en un estímulo.

Registra solamente los éxitos. No es necesario dejar constancia de los fracasos. Tienes que aprender a darte una palmada en la espalda. Las personas con TOC han de aprender a hacer esto con más frecuencia. Asegúrate de darte ánimos reconociendo conscientemente como un trabajo bien hecho lo que has logrado con la utilización del paso del Reenfoque. Refuerza ese logro registrándolo en tu diario de terapia conductual y regalándote una pequeña recompensa, aunque solo sea diciéndote a ti mismo lo estupendo que eres por haberte esforzado tanto. Para muchas personas, el simple hecho de tomar nota de un comportamiento de Reenfoque al día y ponerle el nombre de «La jugada del día» contribuye de forma significativa a su autoestima.

PASO 4: REVALORIZACIÓN

El objetivo de los tres primeros pasos es usar tu conocimiento del TOC como enfermedad provocada por un desequilibrio bioquímico en el cerebro como ayuda para dejar claro que esta sensación no es lo que parece y para no tomar al pie de la letra esos pensamientos e impulsos, evitar realizar rituales compulsivos y Reenfocarte en comportamientos constructivos. Puedes considerar los pasos del Reetiquetado y de la Reatribución como un trabajo en equipo para la puesta en práctica del paso de Reenfoque. El efecto combinado de estos tres pasos es mucho mayor que la suma de sus partes consideradas de forma individual. El proceso de Reetiquetado y Reatribución intensifica el aprendizaje que se da durante el duro esfuerzo del Reenfoque. Por consiguiente, empiezas a Revalorizar esos pensamientos e impulsos que, antes de la terapia conductual, te llevaban invariablemente a realizar comportamientos compulsivos. Tras el adecuado aprendizaje de los tres primeros pasos, serás capaz de, con el tiempo, dar un valor muy inferior a los pensamientos e impulsos del TOC.

Hemos utilizado el concepto del «Espectador Imparcial» que desarrolló el filósofo Adam Smith en el siglo XVIII para ayudarte a entender mejor qué es lo que estás logrando al poner en practica los Cuatro Pasos de la terapia cognitiva bioconductual. Smith describió al Espectador Imparcial como una persona que está en nuestro interior en todo momento, una persona que es consciente de todos nuestros sentimientos, estados y circunstancias. Cuando hacemos el esfuerzo de reforzar la perspectiva del Espectador Imparcial, podemos acudir a nuestro propio Espectador Imparcial en cualquier momento y observar literalmente nuestra forma de actuar. Dicho de otro modo, podemos ser testigos de nuestras propias acciones y sensaciones igual que podría serlo cualquier persona que no estuviese implicada en ellas, como un observador imparcial. Tal y como Smith lo describió:

«Nos suponemos a nosotros mismos como espectadores de nuestro propio comportamiento». Smith entendió que mantener en mente y con claridad la perspectiva del Espectador Imparcial, que prácticamente es lo mismo que utilizar la percepción consciente, es una tarea difícil, sobre todo, en circunstancias dolorosas, y que requiere «de un esfuerzo máximo y de lo más extenuante». La tarea difícil a la que se refería parece estrechamente ligada a los intensos esfuerzos que hay que hacer a la hora de poner en práctica los Cuatro Pasos.

Las personas con TOC deben esforzarse mucho para gestionar los impulsos que tienen una causa biológica y que se cuelan en la percepción. Tienen que esforzarse por mantener la conciencia del Espectador Imparcial, el poder observador que tienen en su interior y les proporciona la capacidad de repeler los impulsos patológicos hasta que empiecen a disiparse. Debes usar tu convencimiento de que los síntomas del TOC no son más que señales sin sentido, mensajes falsos del cerebro, para así poder Reenfocar y cambiar de marcha. Deberás servirte de tus recursos mentales: «No soy yo, es mi TOC. No soy yo, es mi cerebro». Aunque a corto plazo no puedas cambiar tus sensaciones, sí que puedes cambiar tu comportamiento. Al hacerlo, verás que tus sensaciones también terminan cambiando con el tiempo. Este tira y afloja se reduce a lo siguiente: ¿Quién tiene el poder, tú o el TOC? Aun cuando el TOC te abrume, cedas y realices la compulsión, debes ser consciente de que no es más que el TOC y comprometerte a esforzarte más la próxima vez.

Con los comportamientos compulsivos, solo con el cumplimiento regular de la regla de los quince minutos y Reenfocando en otro comportamiento, normalmente se consigue que aparezca a continuación el paso de la Revalorización, que implica ser consciente de que no merece la pena prestar atención a esa sensación ni tomarla al pie de la letra, a la vez que se recuerda que es un TOC y que está provocado por una enfermedad. Como consecuencia, das un valor muy inferior, o ninguno, a la sensación del TOC. Con los pensamientos obsesivos, deberás tratar de mejorar este proceso haciendo la Revalorización de una forma más activa aún. Hay dos fases, las dos A, que te ayudan en el paso de la Reatribución: la Anticipación y la Aceptación. Cuando utilizas estas dos fases, estás haciendo una Revalorización activa. La Anticipación significa «estar preparado», saber que va a aparecer la sensación, así que te preparas para ella; no dejes que te pille por sorpresa. La Aceptación significa no desperdiciar energía castigándote por tener estas malas sensaciones. Sabes qué es lo que las provoca y que tienes que sortearlas. Cualquiera que sea el contenido de tu obsesión —ya sea violento o sexual o se manifieste de cualquiera de otras muchas formas— sabes que puede aparecer cientos de veces al día. Quieres dejar de reaccionar cada vez como si se tratara de un pensamiento nuevo, algo inesperado. No dejes que te sorprenda; no dejes que te deprima. Anticipando tu pensamiento obsesivo, podrás reconocerlo en el mismo momento en que aparece y Reetiquetarlo de inmediato. Al mismo tiempo, lo Revalorizarás de una forma activa. Cuando aparezca la obsesión, estarás preparado. «No es más que mi absurda obsesión. No tiene sentido. Solo es mi cerebro. No hace falta prestarle atención». Recuerda: no puedes hacer que el pensamiento desaparezca, pero tampoco tienes por qué prestarle atención. Puedes aprender a pasar al siguiente comportamiento. No hay necesidad de darle más vueltas al pensamiento. Sigue adelante. Es aquí cuando entra en juego la segunda A, la Aceptación. Piensa en la alarma de un coche que te molesta y te distrae. No le des más vueltas. No digas: «No puedo hacer nada más hasta que esa maldita alarma se apague». Simplemente, trata de no hacerle caso y sigue con lo que estabas haciendo.

En el Paso 2 has aprendido que el molesto pensamiento obsesivo lo provoca el TOC y está relacionado con un desequilibrio bioquímico del cerebro. En la fase de Aceptación de la Reatribución, tomas conciencia de esa verdad de una forma muy profunda, puede que hasta espiritual. No te vengas abajo. No tiene sentido criticar tus motivaciones solo por culpa de un desequilibrio dentro de tu cerebro. Con la aceptación de que el pensamiento obsesivo está ahí a pesar de ti, no por tu culpa, podrás reducir el espantoso estrés que normalmente provocan los repetitivos pensamientos obsesivos. Recuerda siempre: «No soy yo, es el TOC. No soy yo, es mi cerebro». No te mortifiques tratando de hacer que ese pensamiento desaparezca porque, a corto plazo, no va a desaparecer. Y lo que es más importante, no rumies, no fantasees con las consecuencias de actuar conforme a un terrible pensamiento obsesivo. No vas a actuar conforme a él porque, en realidad, no quieres hacerlo. Deshazte de todas esas críticas negativas y degradantes sobre «el tipo de personas que tienen pensamientos así». Con respecto a las obsesiones, la regla de los quince minutos se puede acortar a uno, incluso a quince segundos. No es necesario darle más vueltas a ese pensamiento, aunque siga presente en tu mente. Aun así, puedes avanzar —de hecho, es lo que debes hacer— hacia el siguiente pensamiento y el siguiente comportamiento. De esta forma, el Reenfoque es como un arte marcial. El pensamiento obsesivo o el impulso compulsivo es algo muy fuerte, pero también estúpido. Si te plantas delante de él y recibes todo el impacto de su poder, intentando alejarlo de tu mente, te vencerá siempre. Tienes que hacerte a un lado, sortearlo, y pasar al siguiente comportamiento. Estás aprendiendo a mantenerte alerta ante un oponente poderoso. La lección que aprendes aquí va más allá de la superación del TOC: al controlar tus actos, controlas tu mente… y tu vida.

CONCLUSIÓN

Quienes sufrimos TOC debemos aprender a entrenar nuestras mentes para que no tomen al pie de la letra las sensaciones intrusivas. Tenemos que aprender que esas sensaciones nos confunden. De una forma gradual, pero consciente, vamos a cambiar nuestras respuestas a esas sensaciones y vamos a resistirnos a ellas. Tenemos una nueva visión de la realidad. De este modo, adquirimos nuevas perspectivas de la realidad. Aprendemos que incluso las sensaciones intrusivas y persistentes son transitorias y pasajeras y se desvanecerán si no actuamos conforme a ellas. Y, por supuesto, siempre debemos recordar que estas sensaciones tienden a intensificarse y a abrumarnos cuando cedemos ante ellas. Debemos aprender a reconocer el impulso como lo que es y también a resistirnos. Durante la puesta en práctica de este método de los Cuatro Pasos del autotratamiento conductual, estamos poniendo los cimientos para la construcción de un verdadero dominio personal y del arte del autocontrol. Mediante la resistencia constructiva a las sensaciones e impulsos del TOC, aumentamos nuestra autoestima y experimentamos una sensación de libertad. Nuestra capacidad de tomar decisiones conscientes y autodirigidas mejora.

Al tomar conciencia de este proceso por el cual cobramos fuerza para enfrentarnos al TOC y al ver con claridad el control que adquirimos enseñando a nuestra mente a superar las respuestas compulsivas y automáticas ante pensamientos o sensaciones intrusivas, adquirimos una percepción más profunda de cómo recuperar nuestras vidas. El cambio de la química de nuestro cerebro es una feliz consecuencia de este acto de afirmación de la vida. La verdadera libertad se encuentra a lo largo de este camino de clara percepción del verdadero interés personal.

BREVE RESUMEN DE LOS CUATRO PASOS DEL AUTOTRATAMIENTO COGNITIVO-BIOCONDUCTUAL PARA EL TOC

Paso 1: REETIQUETADO
Reconoce que los pensamientos e impulsos obsesivos intrusivos son CONSECUENCIA DEL TOC.

Paso 2: REATRIBUCIÓN
Sé consciente de que la intensidad e intrusión del pensamiento o el impulso son PROVOCADAS POR EL TOC. Probablemente estén relacionadas con un desequilibrio bioquímico en el cerebro.

Paso 3: REENFOQUE
Sortea los pensamientos del TOC centrando tu atención en otra cosa durante, al menos, unos minutos: REALIZA OTRO COMPORTAMIENTO.

Paso 4: REVALORIZACIÓN
No tomes el pensamiento del TOC al pie de la letra. No tiene importancia por sí mismo.

El doctor JEFFREY M. SCHWARTZ

es psiquiatra e investigador de la Facultad de Medicina de la Universidad de California en Los Ángeles, también un influyente pensador y experto en el campo de la neuroplasticidad autodirigida. Es autor de más de cien publicaciones científicas en el campo de la neurociencia y la psiquiatría. Sus ensayos académicos más recientes se han centrado en el ámbito de la conciencia plena, concretamente en el papel de la voluntad en la neurobiología humana.

El doctor Schwartz ha aplicado esta perspectiva de «mente sobre cerebro» a los campos del liderazgo empresarial y el comportamiento organizativo, tal y como se refleja en tres artículos publicados en la revista *Strategy+Business* de 2006, 2011 y 2016. Fue asesor de Martin Scorsese y Leonardo DiCaprio en la película *El aviador* (y aparece con ellos en el DVD con contenido extra de dicha película). Entre sus pasiones actuales se encuentran la filosofía de Søren Kierkegaard, la música contemporánea cristiana, el *jazz* clásico y el papel de la meditación cristiana para mejorar la percepción consciente y sus efectos en la relación entre mente y cerebro.

Printed in the USA
CPSIA information can be obtained
at www.ICGtesting.com
CBHW031615040524
8037CB00005B/21

9 788491 398417